本书是湖南省社科基金一般项目"武陵山区乡村生态富民的实现机制与路径优化研究"（24YBA062）的阶段性研究成果

武陵山片区新型城镇化与生态环境的交互关系研究

邵　佳　著

中国财经出版传媒集团

经济科学出版社
Economic Science Press
·北 京·

图书在版编目（CIP）数据

武陵山片区新型城镇化与生态环境的交互关系研究／
邵佳著． -- 北京：经济科学出版社，2025.6. -- ISBN
978 - 7 - 5218 - 6741 - 1

Ⅰ．F299.277；X321.27

中国国家版本馆 CIP 数据核字第 2025PN9077 号

责任编辑：谭志军
责任校对：蒋子明
责任印制：范 艳

武陵山片区新型城镇化与生态环境的交互关系研究

邵 佳 著

经济科学出版社出版、发行 新华书店经销

社址：北京市海淀区阜成路甲 28 号 邮编：100142

总编部电话：010 - 88191217 发行部电话：010 - 88191522

网址：www. esp. com. cn

电子邮箱：esp@ esp. com. cn

天猫网店：经济科学出版社旗舰店

网址：http://jjkxcbs. tmall. com

北京季蜂印刷有限公司印装

710×1000 16 开 15 印张 280000 字

2025 年 6 月第 1 版 2025 年 6 月第 1 次印刷

ISBN 978 - 7 - 5218 - 6741 - 1 定价：68.00 元

（图书出现印装问题，本社负责调换．电话：010 - 88191545）

（版权所有 侵权必究 打击盗版 举报热线：010 - 88191661

QQ：2242791300 营销中心电话：010 - 88191537

电子邮箱：dbts@ esp. com. cn）

前言
PREFACE

　　推进新型城镇化建设，是实现我国社会主义现代化的必由之路，而推动生态文明建设则是关乎人民福祉，民族未来的大计。在生态文明理念和原则指导下，推进新型城镇化建设，实施乡村振兴战略，推动区域协调发展，不仅有利于解决我国城乡发展不平衡不协调的矛盾，促进农业农村发展，也有利于提升我国城镇化水平和质量。近年来随着我国城镇化进程的加快，城市发展在给人们的物质生活带来极大改善的同时，也引起了一系列生态环境问题，如环境污染、水土流失、资源枯竭等。历史经验证明，以牺牲生态环境为代价换取区域经济发展是难以持久的，其结果必将是在短暂的经济繁荣后，引起一系列严重的生态问题，从而反过来制约区域经济社会的快速、健康发展。武陵山片区是我国典型的"老、少、边、穷"地区和长江流域重要的生态安全屏障，在推进新型城镇化，实施乡村振兴战略进程中，如何做到降低生态环境风险、保护生态环境，实现城乡协调可持续、高质量发展，将是片区城镇化过程中面临的重大课题。本研究立足武陵山片区区情，综合运用生态经济学、区域经济学、地理学、系统学等多学科理论与方法，系统研究了武陵山片区新型城镇化与生态环境风险之间的交互关系、作用规律和影响机理。主要研究内容如下。

一、构建新型城镇化与生态环境交互关系研究框架

　　通过梳理国内外城镇化发展动力机制、生态环境风险识别与评价方

法，以及城镇化与生态环境风险交互关系等相关文献，以区域可持续发展理论、环境库兹涅茨曲线理论、系统理论、系统耦合协调理论等国内外基础理论与思想为指导，运用归纳分析法和演绎推理法，分析总结新型城镇化过程中人口、土地、经济（产业）、社会与生态环境要素之间的交互关系、作用规律和影响机理，明确提出了城镇化与生态环境协调发展的理论基础，构建了"现象刻画—理论诠释—实证分析—机理总结—政策建议"的分析研究框架。

二、分析总结武陵山片区基本概况与发展现状

收集、整理、分析、总结武陵山片区 71 个县市区人口、经济、社会、气候、资源、环境相关统计数据与基本情况，总结概括片区基本发展概况。运用常规数理统计分析方法对武陵山片区新型城镇化（包括人口、经济、土地、社会城镇化）进程进行分域比较分析，对片区生态环境保护取得的成效、面临的主要问题，及已采取的生态环境保护措施进行归纳总结，为进一步探究片区新型城镇化与生态环境风险之间的交互关系打下扎实的基础，提供翔实的数据资料支撑。

三、揭示武陵山片区新型城镇化发展质量与时空演变特征

在深入分析总结武陵山片区基本区情的基础上，参考国家标准化管理委员会发布的品质城市评价指标体系和就地城镇化评价指标体系，构建片区新型城镇化发展质量评价指标体系。运用熵权法和层次分析法相结合的组合赋权方法，构建综合评价模型，对案例区新型城镇化质量进行综合评价，进而揭示片区城镇化发展质量的时空演变特征。同时运用波士顿矩阵分析方法对县域城镇化质量排名与县域经济实力、城市空间、财政实力进行匹配度分析，以期进一步揭示城镇化发展质量水平与社会、经济及资源投入之间的变动关系。

四、识别评价武陵山片区生态环境安全及其演变趋势

在 PSR 理论框架的指导下，结合武陵山片区生态环境现状，构建区域生态环境安全评价指标体系，运用熵权法与灰色关联模型相结合的评价模型方法，对案例区 2011～2020 年生态环境安全进行综合评价。采用 GIS 空间分析方法，研究分析案例区生态环境安全的县域差异和时空演变趋势。进而在 ESDA 分析框架基础上，借助 ESTDA，运用 LISA 时间路径、时空跃迁等分析工具，揭示案例区生态环境安全格局的时空动态特征。

五、分析揭示武陵山片区城镇化与生态环境风险之间交互效应

为了进一步探究武陵山片区新型城镇化与生态环境风险之间交互关系，本研究选取人均 GDP、常住人口城镇化率和城市建成区面积三个指标表征案例区新型城镇化水平，选取城市污水排放量和年细颗粒物（PM2.5）平均浓度两个指标表征案例区生态环境风险水平，构建面板向量自回归模型（PVAR 模型），采用格兰杰因果关系检验、脉冲响应、预测方差分解等方法，进一步考察揭示新型城镇化与生态环境风险之间的交互效应。

六、测度武陵山片区城镇化与生态环境耦合协调发展程度

本研究构建新型城镇化与生态环境耦合协调度的评价指标体系，运用耦合协调度模型、Tapio 脱钩模型对 2011～2020 年案例区新型城镇化与生态环境耦合协调关系及其解耦过程进行测度与分析，并从县域角度选取 2011 年、2014 年、2017 年和 2020 年四个时间截面，运用 ArcGIS 分析软件绘制片区县域新型城镇化与生态环境耦合协调发展的时空演变趋势，进而刻画两者交互耦合的脱钩状态特征，进一步揭示了片区新型城镇化与生态环境的交互耦合关系及其解耦过程。

七、提出武陵山片区城镇化与生态环境协调发展机制和实现路径

在深入剖析武陵山片区新型城镇化与生态环境协调发展问题的基础上，基于现实情况，着眼未来发展，提出构建具有严谨性、权威性、一致性的战略规划协调机制，具有创新性、协同性、常态化的区域联动管理机制，具有互补性、协作性、地域特色的产业协同发展机制，以及责任清晰、监督有力、整改坚决的生态保护长效机制。同时建议统筹片区生产、生活、生态需要，从推进城镇化建设、促进城乡一体化、构建绿色产业体系、倡导绿色生活方式、建立健全生态环境市场、促进历史文化传承与生态文明理念融合等方面入手，建立路径清晰的行动蓝图。

相较于已有的关于区域新型城镇化与生态环境关系的研究文献，本

研究可能在以下方面有所改进。

一是构建新型城镇化与生态环境关系研究框架，拓展了重点生态功能区城镇化与生态环境协调发展研究思路。在构建"现象刻画—理论诠释—实证分析—机理总结—政策建议"分析研究框架基础上，分析总结研究区城镇化发展现状和生态资源环境概况，揭示新型城镇化与生态环境风险的交互关系、作用规律和影响机理，提出促进片区城镇化与生态环境协调发展的机制与路径建议，拓展了重点生态功能区城镇化与生态环境协调发展研究思路。

二是构建多维度数理评价模型，多尺度研究了新型城镇化与生态环境交互关系的内在机理。在系统梳理前人研究成果，深入分析研究区发展概况的基础上，以区域可持续发展理论、环境库兹涅茨曲线理论、系统理论、系统耦合协调理论等基础理论为指导，构建多维度数理评价模型，从片区、省域、县域多尺度研究了片区新型城镇化与生态环境交互关系的内在机理，发展了城镇化与生态环境关系的研究方法。

三是构建新型城镇化与生态环境协调发展机制，提出了新型城镇化发展与生态环境保护协调发展的实现路径。在深入解析武陵山片区新型城镇化与生态环境交互关系及其耦合发展机制的基础上，从规划协调、管理联动、产业协同、长效保护四个方面构建协调发展机制，从推进城镇化、城乡一体化、绿色产业体系、绿色生活方式、生态环境市场、历史文化传承等方面入手，提出路径清晰的行动蓝图，可为实现片区城镇化与生态环境协调发展提供借鉴。

目录
CONTENTS

第一章　绪　　论

第一节　研究背景与研究意义

一、研究背景

城镇化是伴随工业化发展，非农产业在城镇集聚、农村人口向城镇集中的自然历史过程，是人类社会发展的客观趋势，是国家现代化的重要标志①。改革开放以来，我国进入了快速工业化和快速城镇化阶段，经济社会发展取得了举世瞩目的成就，经济总量跃居世界第二位，占世界1/5的人口从温饱不足迈向全面小康。但在快速工业化和城镇化过程中，各种城市生态环境问题也在急剧地增加，主要体现在：城市基础设施建设相对滞后，城市内涝、废水排放、河水污染等问题严重；传统生产方式导致的主要污染物超标，空气、水、土壤等生态环境承载力过大；生态保护让步工业发展，清洁空气、洁净饮水、优美环境等优质生态产品供给匮乏等。面对各种严峻的问题和挑战，加快生态文明建设，将生态文明理念融入城镇化全过程，走集约、智能、绿色、低碳的新型城镇化道路，成为新时代我国经济社会可持续发展的必然选择。

党的十八大报告将生态文明建设纳入社会主义现代化建设总体布局，强调要"把生态文明建设放在突出地位，融入经济建设、政治建设、文化建设、社会建设各方面和全过程，努力建设美丽中国，实现中华民族永续发展"。这给生态文明建设提供了重要机遇，也赋予了城镇化新内涵。《国家

---

① 中共中央，国务院．国家新型城镇化规划（2014—2020年）［DB/OL］．http://www.gov.cn/gonghao/content/2014/content_2644805.Htm，2014-03-16.

新型城镇化规划（2014—2020 年）》进一步明确："把生态文明理念全面融入城镇化进程，着力推进绿色发展、循环发展、低碳发展，节约集约利用土地、水、能源等资源，强化环境保护和生态修复，减少对自然的干扰和损害，推动形成绿色低碳的生产生活方式和城市建设运营模式"。党的十九大提出要坚持人与自然和谐共生，强调"建设生态文明是中华民族永续发展的千年大计"，"必须树立和践行绿水青山就是金山银山的理念，坚持节约资源和保护环境的基本国策，像对待生命一样对待生态环境。"党的二十大再次明确指出："中国式现代化是人与自然和谐共生的现代化"，"我们坚持可持续发展，坚持节约优先、保护优先、自然恢复为主的方针，像保护眼睛一样保护自然和生态环境，坚定不移走生产发展、生活富裕、生态良好的文明发展道路，实现中华民族永续发展。"这些论断为新时期进一步坚持生态文明理念，推动城镇化与生态环境协调发展指明了方向。目前，我国城镇化与生态环境保护之间的矛盾尚未得到有效解决，尤其是转移承接低端产业较为集中的我国中西部，高能耗、高污染产业带来的生态环境问题仍然较为突出。因此，坚持生态优化、绿色发展，积极回应人民群众对美好生活和优美环境的向往，是新时代新型城镇化建设的重要目标和内在要求。

武陵山片区跨湖南、湖北、重庆、贵州四省市，是我国典型的"老、少、边、穷"地区，区内水能、矿产、土地、旅游等资源丰富，是我国亚热带森林系统核心区、长江流域重要的水源涵养区和生态屏障，在保障长江中下游地区生态环境安全等方面具有重要的作用。长期以来武陵山片区采取粗放型经济增长方式，历史的惯性使得社会经济发展与生态环境压力之间的矛盾突出。随着城镇化进程快速推进，城市人口规模迅速扩大，资源消耗急剧增长，随之而来的是，城市生态环境逐步恶化，陷入了"贫困加剧—人口增长—环境退化"的"PPE 怪圈"，给武陵山片区本已十分脆弱的生态环境造成了巨大的压力。近年来，国家非常关注武陵山片区发展，国务院扶贫开发领导小组办公室、国家发展和改革委员会联合颁布《武陵山片区区域发展与扶贫攻坚规划（2011—2020 年）》，将其定位为跨省协作创新区、民族团结模范区、国际知名生态文化旅游区和长江流域重要生态安全屏障，明确了片区区域发展的总体要求、空间布局、重点任务和政策措施。2015 年环境保护部颁布的《全国生态功能区划》将武陵山片区定位为我国生物多样性保护和水源涵养重要区，进一步强化了片区生态系统服务功能保护的重要性。在国家支持政策的扶持下，武陵山片区各项改革逐步深入，经济结构及时调整，社会事业全面发展，基础设施持续改善，国民经济综合实力明显增强，但进一步考察片区内各县市的城镇化发展情况，发现片区城乡发展不平衡、不充分，整体城镇化水平仍落后于全国平均水平，城镇化水平仍有较大的提升空间。在落实新型城镇化战略和乡村振兴战略过程中，如何做到降低生态环境风险、保护生态环境，统筹推进城乡建设和区域生态环境保护，实现社会经济的可持续发展，不断满足人民群众日益增长的美好生活需要，仍是以生态为特色、发展为核心的武陵山片区面临的重大课题。

二、研究意义

本研究以我国重要的生态功能区武陵山片区为研究区，在深入梳理国内外城镇化与生态环境风险相关研究成果的基础上，分析总结研究区城镇化发展现状与生态环境概况，以区域可持续发展理论、环境库兹涅茨曲线理论、系统论、系统耦合协调理论为指导，构建评价指标体系和评价模型，对片区新型城镇化发展质量和生态环境安全进行评价，揭示新型城镇化与生态环境之间的交互关系，作用规律及影响机理，客观测度两者耦合协调发展程度，提出促进片区城镇化与生态环境协调发展的机制和路径。

（一）理论意义

1. 拓宽城镇化与生态环境协调发展研究视角

近年来，国内外学者从不同角度研究了城镇化与生态环境的互动关系，并取得了丰富的研究成果。梳理相关研究成果发现，在研究尺度上，大多数学者更为关注发展速度快、发展水平高的特大中型城市或城市群，其研究内容或侧重于分析城镇化进程中生态问题，或从单一学科角度探究城镇化与生态环境风险之间的关系。而选择生态脆弱、发展落后的重要生态功能区的研究文献较少，深入系统研究城镇化与生态环境协调发展的文献更少。基于此，本研究将目光投向我国重要的生态功能区武陵山片区，在分析总结片区发展概况的基础上，运用多学科理论与方法，多视角、多尺度地研究武陵山片区新型城镇化与生态环境之间的交互关系，拓宽了城镇化与生态环境协调发展研究视角，为深化片区城镇化与生态环境的良性互动提供理论基础。

2. 丰富城镇化与生态环境交互关系研究内容

本研究选择我国重要的生态功能区武陵山片区为研究对象，以区域可持续发展理论、环境库兹涅茨曲线理论、系统论、系统耦合协调理论等基础理论为指导，将各交叉学科的综合性与研究区的特殊性相结合，构建"现象刻画—理论诠释—实证分析—机理总结—政策建议"的分析研究框架，采集社会经济与生态环境统计数据、遥感监测数据和地图矢量数据，构建评价指标体系与数理统计模型，深入分析、揭示片区新型城镇化与生态环境之间存在的交互关系、作用规律及影响机理，客观测度两者耦合协调发展程度，解析其解耦过程，并运用 GIS 空间分析工具，直观刻画地域发展差异和时空演变特征，在此基础上提出城镇化与生态环境协调发展的机制与实现路径建议，丰富了城镇化与生态环境协调发展研究内容。

3. 深化城镇化与生态环境协调发展理论内涵

推动城镇化与生态环境协调发展，其核心是要实现城镇可持续发展。实施以人为本、四化协同、优化布局、生态文明、文化传承的新型城镇化战略，其本质也是要推动城镇可持续发展。因此作为一种发展理念，城镇可持续发展是可持续发展理论在城镇化研究上的拓展。本研究从人口、土地、经济、社会等不同角度诠释了新型城镇化的基本内涵，深入剖析人口城镇化、土地城镇化、经济城镇化、社会城镇化与生态环境要素之间交互关系、作用规律及影响机理，在此基础上将研究聚焦于生态脆弱的武陵山片区新型城镇化与生态环境之间的交互关系，全面深入探究片区城镇化与生态环境协调发展理论与实践问题，这不仅深化了城镇可持续发展理论，也为相对落后地区城镇化与生态环境协调发展研究提供新思路，添加新成果。

（二）实践意义

1. 为深刻把握武陵山片区城镇化与生态环境协调发展趋势提供帮助

武陵山片区是长江流域、珠江流域重要的水体补足区和生态安全屏障，大部分区域被划为限制开发区和禁止开发区。随着城镇化和工业化进程的加速推进，片区资源开发与生态保护的矛盾开始凸显，主要体现在：水土流失严重，生态变得更加脆弱，片区生态破坏与环境污染问题逐步成为片区快速发展的重大障碍；经济转型发展和产业结构调整受到更多制约，人业地失调的现象在片区城镇化过程中开始集中显现。本研究通过全面分析总结片区发展概况，揭示并解析了片区新型城镇化与生态环境之间的交互关系及其变动趋势，积极探索与片区生态环境承载能力相适应的城镇化发展模式和路径，这对于缓解片区新时期人业地矛盾，深刻把握片区城镇化与生态环境协调发展趋势具有重要的现实意义。

2. 为构建武陵山片区城镇化与生态环境协调发展策略提供决策支持

武陵山片区地处我国中西部四省交界地带，片区内部社会经济发展不平衡，城镇化进程和质量各异，面临的生态环境风险不完全相同。在城镇化进程中，由于发展规划、产业结构和生态环境治理等方面缺乏政策协调，片区内部同质化竞争激烈，难以形成各具地域特色的发展模式和产业集群，多年面临的生态环境保护难题仍然没有得到根本解决，对片区实现可持续发展造成了负面影响。本研究从片区、省域、县域角度深入揭示和解析片区城镇化和生态环境交互关系，在此基础上提出解决促进片区城镇化与生态环境协调发展具体路径和措施，为片区政府理性认识城镇化与生态环境之间的关系，制定科学、合理、有针对性的发展策略和措施，保障片区城镇化与生态环境协调发展提供决策支持。

3. 为其他相似地区实现城镇化与生态环境协调发展提供经验借鉴

除了武陵山片区外，我国相似的地区还有六盘山区、秦巴山区、乌蒙山区、滇桂黔石漠化区、滇西边境山区、大兴安岭南麓山区、燕山—太行山区、吕梁山区、大别山区、罗霄山区等，这些地区的城镇化发展特点与发展路径，与武陵山片区具有相似性，都属于生态脆弱山区、省际交界边缘区和民族聚居区，均面临城镇化发展相对滞后、规模偏小、中心城市辐射能力差、生态环境脆弱、生态承载能力不强，产业要素难集聚，内生动力缺乏等难题。特殊的社会经济条件和自然资源环境使得这些地区难以参照与平原地区、发达地区相同的模式推进城镇化发展。因此，探究武陵山片区城镇化与生态环境之间的交互关系，总结其发展规律和发展路径，其研究结论可以为相似地区实现城镇化与生态环境协调发展提供经验借鉴。

第二节 研究内容与关键问题

一、研究内容

本研究以区域可持续发展理论、环境库兹涅茨曲线理论、系统理论及系统耦合协调理论等为指导，系统研究武陵山片区新型城镇化与生态环境之间的交互效应及耦合协调发展过程，构建城镇化与生态环境协调发展的机制，提出两者协调发展的实现路径与具体措施。主要研究内容如下。

（一）构建新型城镇化与生态环境交互关系研究框架

通过梳理国内外城镇化发展动力机制、生态环境风险识别与评价方法，以及城镇化与生态环境交互关系等相关文献，以区域可持续发展理论、环境库兹涅茨曲线理论、系统理论、系统耦合协调理论等国内外基础理论与思想为指导，运用归纳分析法和演绎推理法，分析总结新型城镇化过程中人口、土地、经济（产业）、社会与生态环境要素之间的交互关系、作用规律和影响机理，明确提出了城镇化与生态环境协调发展的理论基础，构建了"现象刻画—理论诠释—实证分析—机理总结—政策建议"的分析研究框架。

（二）分析总结武陵山片区基本概况与发展现状

收集、整理、分析、总结武陵山片区 71 个县市区人口、经济、社会、气候、资源、环境相关统计数据与基本情况，总结概括片区基本发展概况。运用常规数理统计分析方法对武陵山片区新型城镇化（包括人口、经济、土地、社会城镇化）进程进行分域比较分析，对片区生态环境保护取得的成效、面临的主要问题，及已采取的生态环境保护措施进行归纳总结，为进一步探究片区新型城镇化与生态环境之间的交互关系打下扎实的基础，提供翔实的数据资料支撑。

（三）揭示武陵山片区新型城镇化发展质量与时空演变特征

在深入分析总结武陵山片区基本区情的基础上，参考国家标准化管理委员会发布的品质城市评价指标体系和就地城镇化评价指标体系，构建片区新型城镇化发展质量评价指标体系。运用熵权法和层次分析法相结合的组合赋权方法，构建综合评价模型，对案例区新型城镇化质量进行综合评价，进而揭示片区城镇化发展质量的时空演变特征。同时运用波士顿矩阵分析方法对县域城镇化质量排名与县域经济实力、城市空间、财政实力进行匹配度分析，以期进一步揭示城镇化发展质量水平与社会、经济及资源投入之间的变动关系。

（四）识别评价武陵山片区生态环境安全风险及其演变趋势

在 PSR 理论框架的指导下，结合武陵山片区生态环境现状，构建区域生态环境安全评价指标体系，运用熵权法与灰色关联模型相结合的评价模型方法，对案例区 2011～2020 年生态环境安全进行综合评价。采用 GIS 空间分析方法，研究分析案例区生态环境安全的县域差异和时空演变趋势。进而在 ESDA 分析框架基础上，借助 ESTDA，运用 LISA 时间路径、时空跃迁等分析工具，揭示案例区生态环境安全格局的时空动态特征。

（五）分析揭示武陵山片区新型城镇化与生态环境风险之间交互效应

为了进一步探究武陵山片区新型城镇化与生态环境风险之间交互关系，本研究选取人均 GDP、常住人口城镇化率和城市建成区面积三个指标表征案例区新型城镇化水平，选取城市污水排放量和年细颗粒物（PM2.5）平均浓度两个指标表征案例区生态风险水平，构建面板向量自回归模型（PVAR 模型），采用格兰杰因果关系检验、脉冲响应、预测方差分解等方法，进一步考察揭示新型城镇化与生态环境风险之间的交互效应。

（六）测度武陵山片区新型城镇化与生态环境耦合协调发展程度

本研究构建新型城镇化与生态环境耦合协调度的评价指标体系，运用耦合协调度模型、Tapio 脱钩模型对 2011～2020 年案例区新型城镇化与生态环境耦合协调关系及其解耦过程进行测度与分析，并从县域角度选取 2011 年、2014 年、2017 年和 2020 年四个时间截面，运用 ArcGIS 分析软件绘制片区县域新型城镇化与生态环境耦合协调发展的时空演变趋势，进而刻画两者交互耦合的脱钩状态特征，进一步揭示了片区新型城镇化与生态环境的交互耦合关系及其解耦过程。

（七）提出武陵山片区新型城镇化与生态环境协调发展机制与实现路径

在深入剖析了武陵山片区新型城镇化与生态环境协调发展问题的基础上，基于现实情况，着眼未来发展，提出构建具有严谨性、权威性、一致性的战略规划协调机制，具有创新性、协同性、常态化的区域联动管理机制，具有互补性、协作性、地域特色的产业协同发展机制，以及责任清晰、监督有力、整改坚决的生态保护长效机制。同时建议统筹片区生产、生活、生态需要，从推进城镇化建设、促进城乡一体化、构建绿色产业体系、倡导绿色生活方式、建立健全生态环境市场、促进历史文化传承与生态文明理念融合等方面入手，建立路径清晰的行动蓝图。

二、研究目标

（一）理论层面

在区域可持续发展理论、环境库兹涅茨曲线理论、系统理论、系统耦合协调理论等国内外基础理论指导下，结合研究区基本情况，构建"现象刻画—理论诠释—实证分析—机理总结—政策建议"的分析研究框架，揭示新型城镇化与生态环境的交互关系、作用规律和影响机制，为推动城镇化与生态环境协调发展研究提供理论基础支撑。

（二）方法层面

从城镇化与生态环境交互关系出发，运用归纳分析法和演绎推理法，定性分析总结人口、经济、土地和社会城镇化与生态环境之间的交互关系；运用数理模型方法，实证分析城镇化与生态环境风险之间交互效应，定量测度城镇化与生态环境耦合协调发展程度；运用 GIS 空间分析方法，揭示研究区城镇化与生态环境协调发展的地域差异和时空动态特征。

（三）实践层面

在分析总结研究区基本概况，深入剖析并实证检验城镇化与生态环境风险交互效应的基础上，揭示研究区城镇化与生态环境的互动互馈机理。进而在生态文明理念的指引下，针对处于不同城镇化水平和生态环境风险状态下的区域提出城镇化与生态文明建设联动的政策建议，为案例区及其他同类型地区城镇化与生态文明建设协调发展提供借鉴。

三、拟解决的关键科学问题

武陵山片区是我国重要生态功能区，生态环境承载能力不强，经济发展与生态环境保护矛盾突出。在推进新型城镇化，实施乡村振兴战略过程中，如何做到降低生态环境风险、保护生态环境，实现城乡协调可持续发展，是片区需要解决的关键问题。主要包含三个方面的问题。

（一）揭示新型城镇化与生态环境之间的交互机理

运用数理模型分析方法，解析县域新型城镇化与生态环境之间的交互效应，探究影响武陵山片区新型城镇化与生态环境风险交互效应的关键因素，进而揭示新型城镇化与生态环境之间的交互机理，是本研究要解决的首要关键问题。

（二）测度新型城镇化与生态环境耦合协调发展程度

定量测度和解析武陵山片区新型城镇化与生态环境耦合协调发展程度及其解耦过程，判断其发展阶段和发展类型，运用 GIS 空间方法揭示片区城镇化与生态环境耦合协调发展格局与时空演化特征，是本研究要解决的第二个关键问题。

（三）提出新型城镇化与生态环境协调发展的联动政策建议

在分析总结新型城镇化与生态环境风险的交互机理，定量测度其耦合协调发展程度的基础上，基于现实情况，着眼未来发展，提出促进武陵山片区新型城镇化与生态环境协调发展的机制与路径，是本研究需要解决的第三个关键问题。

第三节 研究方法与研究思路

一、研究方法

武陵山片区是经济社会发展相对落后的地区，也是我国重要的生态功能区和典型的生态脆弱区，以武陵山片区作为新型城镇化与生态环境风险交互关系研究的对象，具有一定代表性。在研究过程中，需要综合生态学、地理学、经济学、统计学等多个学科门类的理论与方法，依托 STATA 和 GIS 等技术平台，运用文献分析法、实地调查法、专家访谈法、统计分析法、数理模型法、空间分析法等研究方法，探究武陵山片区新型城镇化过程及其与生态环境之间交互关系。

（一）文献分析法

通过中国知网、Web of Science、Spinger Link 等国内外文献数据库，检索与城镇化与生态环境风险相关的研究文献，对其进行系统性的梳理、分析与评述，从整体上认识城镇化与生态环境关系研究的最新进展，归纳总结相关的理论、技术与方法，建立本研究的理论基础和研究框架。

（二）实地调查法

组织课题组成员赴研究区实地调查，直观了解片区县域城镇化发展、产业发展、基础设施、自然资源及生态环境现状。同时通过政府统计、住建、环境等部门，获取片区县域新型城镇化与生态环境保护的第一手资料，为深入研究片区新型城镇化与生态环境之间的关系提供数据资料支撑。

（三）专家访谈法

通过访谈生态经济、环境管理等领域的专家、学者、政府工作人员和普通民众，收集、整理、分析、总结他们对武陵山片区新型城镇化发展质量与生态环境保护情况的看法和意见，为后续合理构建综合评价指标体系、科学设置评价标准、建立数理评价模型提供有价值的信息支撑。

(四) 数理模型法

在定性分析的基础上，采取定量的数理统计模型对片区新型城镇化进程及其与生态环境的交互关系进行考察与检验；运用耦合协调度模型及其他计量经济模型和方法定量测度和考察武陵山片区城镇化与生态环境耦合协调发展程度，为片区城镇化与生态环境关系研究提供方法支持。

(五) 空间分析法

在 ArcGIS 空间分析软件支持下，建立武陵山片区城镇化发展要素数据库和生态环境要素数据库，借助 GIS 空间分析技术，研究武陵山片区城镇化发展质量与生态环境保护的时空格局和地域差异，并进行空间可视化表达，为构建武陵山片区城镇化与生态环境协调发展机制和路径奠定基础。

二、研究思路

本研究围绕研究目标，从发展思想、国家战略、区域协调和学科发展四个层面，阐述研究武陵山片区新型城镇化与生态环境关系的重要性和紧迫性。全面系统梳理国内外关于城镇化发展与生态环境保护相关的文献资料，提炼本研究拟要解决的关键科学问题。在深入研究区实地调研的基础上，收集、整理与本研究相关的第一手数据资料。在区域可持续协调发展理论、环境库兹涅茨曲线理论、系统理论、系统耦合协调理论等国内外基础理论指导下，运用归纳分析方法和演绎推理方法，构建研究区新型城镇化与生态环境关系研究的理论分析框架。依托 STATA 和 GIS 技术平台，综合运用数理模型分析、常规统计分析和 GIS 空间分析，分析总结武陵山片区新型城镇化发展现状与生态环境保护概况，揭示解析片区新型城镇化与生态环境风险的交互效应及其机理，测度片区新型城镇化与生态环境耦合协调发展程度。从整体性、协调性的角度提出促进武陵山片区新型城镇化与生态文明建设互动和协同的对策建议。

三、技术路线

具体研究思路与技术路线如图 1-1 所示。

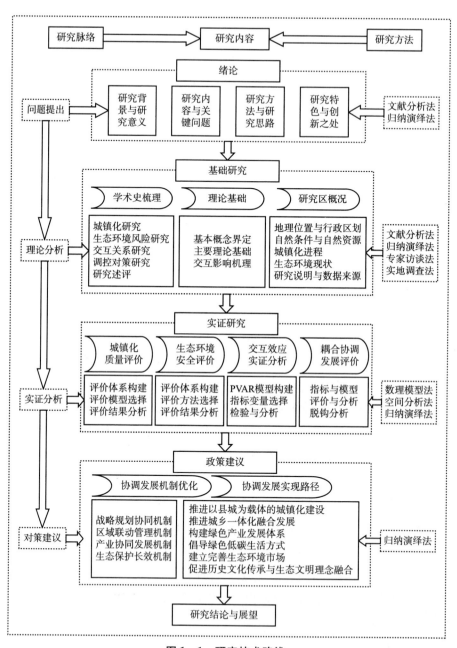

图 1-1 研究技术路线

第四节　研究特色与创新之处

相较于已有的关于区域城镇化与生态环境关系的研究文献，本研究可能在以下方面有所改进。

第一，构建新型城镇化与生态环境关系研究框架，拓展了重点生态功能区城镇化与生态环境协调发展研究思路。

在构建"现象刻画—理论诠释—实证分析—机理总结—政策建议"分析研究框架基础上，分析总结研究区城镇化发展现状和生态资源环境概况，揭示新型城镇化与生态环境风险的交互关系、作用规律和影响机理，提出促进片区城镇化与生态环境协调发展的机制与路径建议，拓展了重点生态功能区城镇化与生态环境协调发展研究思路。

第二，构建多维度数理评价模型，多尺度研究了新型城镇化与生态环境交互关系的内在机理。

在系统梳理前人研究成果，深入分析研究区发展概况的基础上，在区域可持续发展理论、环境库兹涅茨曲线理论、系统理论、系统耦合协调理论等基础理论指导下，构建多维度数理评价模型，从片区、省域、县域多尺度研究了片区新型城镇化与生态环境交互关系的内在机理，发展了城镇化与生态环境关系的研究方法。

第三，构建新型城镇化与生态环境协调发展机制，提出了新型城镇化发展与生态环境保护协调发展的实现路径。

在深入解析武陵山片区新型城镇化与生态环境交互关系及其耦合发展机制的基础上，从规划协调、管理联动、产业协同、长效保护四个方面构建协调发展机制，从推进城镇化、城乡一体化、绿色产业体系、绿色生活方式、生态环境市场、历史文化传承等方面入手，提出路径清晰的行动蓝图，可为实现片区城镇化与生态环境协调发展提供借鉴。

第二章　国内外学术史梳理及研究动态

研究区域城镇化与生态环境风险的交互效应和机制，提出城镇化与生态文明建设的联动机制与政策，这既需要实践革新，也需要科学研究为其提供建设性指导。已有的研究在以下几个方面对本书研究有所支持。

第一节　城镇化研究进展

一、城镇化动力机制研究

城镇化动力机制，是指促进这些力量生成与强化，并使之在城镇化过程中持续、有序发挥作用的方式，是以既定资源为约束，以资源配置方式为条件，以各种制度为保障的综合系统（张沛，2009）。国内外学者从内在动力与外在动力、宏观层面与微观层面等不同的视角研究城镇化发展动力机制。

（一）"推—拉"动力机制

早期英国学者拉文斯坦（Ravenstein，1885）基于20多个国家人口转移现象的实证研究，得出人口迁移定律，在此基础上，赫伯尔（Herberle，1938）提出了"推—拉"理论，该理论认为，"农村落后因素的推力与城市优越因素的拉力形成的共同作用，导致了人口在乡村与城市之间流动迁移"。阿格萨（Agesa，2000）以发展中国家为研究对象，认为工资差距是引起人口从农村向城市迁移的外在拉力。张宏霖和宋顺峰（Zhang K. H & Song S. F，2003）的研究结果同样表明巨大的城乡收入差距促进了中国省际间与省内人口迁移，带来了城市人口的增长，这也是中国实现城镇化的根本动因。弗农（Vernon，2005）认为农村人口向城市转移，带来人才的聚集与社会技术进步，从而推动生产力发展，推进城镇化进程。陈浩（1996）和李惠娟（2001）认为劳动力外流的动力机制是农村地区对劳动力的外推力，城镇对农村劳动力的内拉力，发达地区，尤其是城市对农村劳动力产生巨大吸引力。安晓明（2022）认为基础教育、稳定就业、市民化生活方式是目前农产品主产区县域城镇化的主要外推力。丁万钧和李诚固（2004）将城市的拉力分为城市化内力和城市化外力，这构成了多元化的城市化动力支撑体系，具体而言，城市化内力是指区域中心城市集聚功能增强，城市化外力是指城市化外向度提高。

（二）产业发展动力机制

国内外众多学者认为产业的发展与升级是加速城镇化进程的重要动力因素，伴随着产业结构的不断升级，城市规模不断扩张，城市发展质量不断提升，特别是新世纪以来，包括信息产业在内的第三产业对城市化的推动作用越来越明显。早期经济学家认为，随着社会经济的发展，第一产业在GDP中的比重逐渐下降，第二、第三产业的比重逐渐增加，与之对应的产业劳动力从第一产业逐渐流向第二、第三产业，推动了城镇化进程。近年来学者们的研究也得出了同样的结论，如戴维斯和亨德森（Davis & Henderson，2003）认为在产业结构升级的过程中，劳动力从农业流向工业、服务业，人口密度与人口分布在不同区域间发生改变，实现了人口在城市中的聚集，推动了城镇化的发展。杜兰顿和普加（Duranton & Puga，2004）认为城市化通过产业在地理空间上的聚集，从而实现投入品的广泛分享、生产要素的优化匹配，最终提高劳动生产率，这种产业的集聚效应成为推动城镇化进程与经济增长的引擎。盖伊（Guy et al.，2008）认为产业的升级、发展与城镇化的进程两者互为动力，一方面，产业的分工与重组推动了城镇化进程，另一方面，伴随着城镇化进程的加速，现代新兴产业与服务业也实现了集聚发展。李小静和赵美玲（2017）认为在经济发展新常态下，以农业为基本依托，通过农业与第二、第三产业联动发展，形成以农业为核心的产业集聚，推动农民就地城镇化发展，这是实现新形势下农村城镇化快速发展的新途径。杨钧（2018）分析了农村产业结构调整对城镇化发展产生的区域效应与结构效应，研究结果表明农村剩余劳动力转移、规模效应和外部效应都是农村产业结构调整影响城镇化发展的主要理论路径。刘淑茹等（2021）基于我国 2000~2018 年的省级面板数据，分析了产业结构优化具有推动城镇化高质量发展的作用，且这种作用表现出区域的异质性，即东部地区产业结构优化对城镇化高质量发展的推动作用强于中西部地区。黄海立（2021）认为城镇化过程的重要内容实质是就业人口从第一产业转移到第二、第三产业，第一产业在总产业中的比重逐渐降低，第二、第三产业逐渐占据主导地位，城镇化与产业结构优化之间的协调发展水平影响着社会经济的健康和可持续发展。刘伟（2022）提出近年来绿色发展成为各国和各地区的共同选择与重要战略任务，通过产业的绿色转型，使科技革命融入第一、第二、第三产业，将其转化为人工智能、"互联网＋"等新型绿色产业，这将成为引领城镇化高质量发展的重要推动力。

（三）政府主导下的城镇化动力机制

政府主导下的城镇化发展动力主要是指通过行政手段和政策引导等政府行为对城市发展的各方面进行调控，如各级党政部门通过严格履行对城市规划、土地使用、基础设施建设、改造拆迁等事务审批权和决定权，有序推进城镇化进程。辜胜阻和李正友（1998）认为在 20 世纪 80 年代以前，我国的城镇化采取的是自上而下的模式，即政府在决策中处于主体地位，决定了城镇化的方向、速度和形式。李强等（2012）认为政府主导机制是我国城镇化动力机制的最突出特征，也是我国城镇化与欧美国家城镇化的最主要区别。胡智勇（2001）认为改革开放 20 多年来，自上而下型的动力机制，即由国家有计划地投资建设新城或扩建旧城以实现乡村—城市的转型，一直主导城市的生长。刘西峰等（2002）认为东北地区大多数城市的发展动力来自国家财政投资，如沈阳、长春、大连等大城市的形成发展是建立在国家直接投资下的矿产资源开发、大中项目布局及重化工业体系建立的基础上的。李春华等（2003）认为新疆城市的建立与发展更多依靠国家对资源开发项目或基础设施项目的计划投资和城镇政策的推动，其城市化的过程受国家政策变化的影响很大，整体上表现出一种自上而下城市化动力机制。

(四) 多元主体与多要素推动的城镇化动力机制

改革开放以后，大多数地区的城市化进程进入多元主体与多要素推动时期。宁越敏（1998）从政府、企业、个人三个城市化主体的角度提出我国城市化动力机制与特点，在"三元"主体的推动下大大加快了我国城市化的进程。朱磊（2006）提出了"城市行为者"的概念，认为城市化是城市行为者——居民、企业和政府空间行为的结果，其中企业是我国城市化的行为主体，但政府及个人对企业行为及城市化的影响也不容忽视。熊曦等（2021）认为推动绿色城镇化发展的动力因素包括根本动力、外部动力和内部动力，其中根本动力是指区域经济高质量发展，外部动力包括国家政策与战略、地区之间的竞争与条件，内部动力包括人的城镇化发展、产业结构优化升级、区域经济增长、城镇发展的要素禀赋等。赵永平和朱威南（2022）认为推动城镇化发展的动力机制包括政府动力、数字动力、共享动力和市场动力，四种动力机制在不同的省份表现出区域异质性特征，但整体上来看，数字动力对城镇化高质量发展的推动力越来越明显。安晓明（2022）提出目前农产品主产区县域城镇化的动力源包括基础教育、稳定就业和市民化生活方式，其中基础教育是农民进城的最大动力来源，稳定就业是进城农民家庭的生活保障，市民化的生活方式是进城农民对市民身份的逐渐认同，只有当三者都具有较强吸引力时，农民才能真正实现向市民身份的转变。

二、城镇化质量评价研究

随着城镇化内涵的不断拓展与城镇化发展质量要求的提高，有关城镇化发展质量的评价研究越来越多，评价的维度不断拓展，从城市发展单一维度过渡到城市发展与城乡统筹综合的两个维度，再过渡到城市发展、城乡统筹和城镇化推进效率三个维度对城镇化发展质量进行综合评价。

(一) 城市发展视角的城镇化发展质量评价

部分学者认为城市发展的质量与城镇化质量是内涵一致的两个概念，因此他们一般以城市或县城为研究对象，从研究区城市发展水平这一维度对城镇化发展质量进行评价，评价指标体系也逐渐从单一评价指标向多维度复合评价指标转变。早期研究成果中学者们多采用单一指标对城镇化发展质量进行评价，有部分学者认为城镇化的过程表现为农业人口向非农人口转变，常采用城镇人口占总人口比重或城市化率等单一指标衡量城镇化发展水平，如李玲（1997）在研究城市化快速发展的过程中将目光关注于城市人口比重的变化；沈迟（1997）采用非农业人口与农业人口中从事非农产业的人数之和除以总人口，用该指标衡量城镇化发展水平。也有学者从城市化与非农产业发展水平或经济整体发展水平的关系出发，以城市建设投资或城镇经济效率为衡量指标测度城镇化发展水平，如徐波和渡田淳三（Xu B & Watada J，2007）将城镇化发展与工业化水平相联系，以城市建设投资为参考因素，通过城镇密度指标测量城镇化发展水平；查内斯（Charnes A et al.，1989）则引用城镇经济效率指标对城镇化水平进行研究。

随着研究视角的不断拓展与丰富，学者们逐渐采用多维度复合指标体系对城镇发展质量进行评价。常阿平（2005）选取了人均 GDP、第三产业从业人员比重、第三产业增加值占 GDP 比重、人均铺装道路面积、万人拥有公共汽车、万人拥有医生数、万人拥有电话机数、万人拥有高校学生数、人均居住面积、人均绿地面积等十个指标，运用多变量统计因子分析方法，对我国省会城市和直辖市的城市化质量进行了定量分析。何文举等（2009）从物质文明、精神文明、生态文明三个角度选取 23 个指标，构建了湖南省城市化质量评价指标体系，运用聚类分析、因子分析等方法对研究区城市化质量进行综合评价。李静和张平宇（2014）从经济发展、产业结构、生活水平、社会发展、基础设施和生态环境等方面构建指标体系，对三江平原垦区的 22 个县市进行城镇化质量测度。夏南凯和程上（2014）将城镇化质量分解为经济发展质量、社会发展质量、空间发展质量、人口发展质量 4 个子系统，对浙江省城镇化质量进行实证分析。李莉等（2022）从人口城镇化、经济发展、社会民生、资源环境等维度构建广东省中心镇新型城镇化质量评价指标体系。

整体而言，从城市发展视角开展城镇化质量评价的研究成果颇为丰富，可以比较全面地衡量研究区人口、经济、社会、空间等不同领域城镇化进程及其协调发展的程度。

（二）城市发展与城乡统筹的城镇化质量评价

对于城乡统筹协调发展的研究最早可追溯到 1902 年，霍华德（Howard，2010）认为城市与乡村要协同发展，相互补充，这样才能打造宜居、健康的田园城市。随着研究的不断拓展，叶裕民（2001）认为城镇化质量评价研究不仅要包括城镇化核心载体，即城市发展质量，还要包括城镇化域面载体，即城乡一体化的发展情况。苏红键等（2015）则认为城乡统筹发展是城乡关系的最高级阶段，也是城镇化进程中不容忽视的问题，在城镇化发展质量评价过程中需要综合考虑城乡协调发展的相关内容。近年来，随着我国城镇化水平的不断提高，过快的城市发展带来了一系列问题，城乡二元结构显著就是其中的突出问题，因此新型城镇化的发展进程中需要将城市发展与城乡统筹结合起来。在城镇化质量评价过程中，众多学者将"城乡统筹""城乡协调"纳入了整体评价指标体系。李燕娜（2020）从人口城镇化、经济发展、城乡统筹和生态环境等方面选取评价指标，对湖南省各地市的新型城镇化发展水平进行综合评价，并认为要提升研究区新型城镇化质量水平，不仅要推进人口与经济的城镇化，也要推动城乡一体化发展。金丹和孔雪松（2020）从人口、土地、社会、经济和城乡协调发展五个方面评价研究区城镇化发展质量，采用空间自相关分析方法，分析不同县域单元城镇化发展水平在空间上的关联特征。欧进锋等（2023）构建"经济发展、基础设施、城乡统筹、绿色低碳、创新发展"五维度的新型城镇化质量评价指标体系，对广东省新型城镇化质量发展水平进行分析。马胜春等（2023）从人口发展、经济发展、居民生活、城乡协调、社会共享、绿色发展六个角度构建新型城镇化发展质量评价指标体系，采用改进的熵值法对西部地区77 个地级市的新型城镇化发展质量进行评价。

（三）城市发展、城乡统筹和城镇化推进效率的城镇化质量评价

在推动城镇化高质量发展的进程中，政府部门与相关学者越来越关注城镇化推进效率，在《国家新型城镇化规划（2014—2020 年）》的目标体系中，城镇化的资源环境效率提升到与公共服务、基础设施建设同等重要的地位。在对城镇化质量评价中，研究内容也拓展到城市发展质量、城乡融合程

度、城镇化推进效率等不同的维度。张雪茹等（2017）从人口、经济、社会、基础设施、生态、空间发展、发展效率、城乡统筹等方面构建城镇化质量评价指标体系，运用熵值法对成渝地区 13 个城市城镇化质量开展评价。蓝庆新等（2017）从城镇自身发展质量、城镇化推进效率和城镇化协调程度三个方面，构建城镇化质量评价指标体系，运用熵值法与层次分析法相结合的方法，对我国 31 个省份的城镇化质量与效率水平开展综合评价。肖祎平等（2018）基于对城市化质量内涵的探索，从城市自身发展质量、城市化推进效率、城乡一体化程度和城市可持续发展能力等方面构建城市化质量综合评价指标体系，运用纵横向拉开档次法对我国各省市的城市化质量进行综合评价与分析。居尔艾提·吾不力等（2022）从城镇发展度、城镇宜居度、城乡协调度和城镇发展效率等维度构建指标体系，采用多目标线性加权函数法，对关中平原城市群城镇化质量进行评价。瞿诗进等（2023）在对长江中游地区县域开展城镇化质量评价过程中，关注人口发展质量、土地发展质量、社会经济发展质量、基础设施发展质量、生态环境发展质量，在此基础上构建指标体系，运用熵值法、障碍因子诊断模型、地理探测器等方法，揭示长江中游区域县城城镇化质量演变过程。

综上所述，随着人们对城镇化发展质量内涵的不断深化，城镇化质量评价体系不断丰富完善，评价方法持续改进，对城镇化核心载体——不同城市的城镇化整体质量、城镇化演进过程、空间格局等方面开展了研究工作，并取得了非常丰富的研究成果。

三、城镇化影响效应研究

城镇化进程对城乡居民收入、经济增长、社会发展等方面产生深远影响，在城镇化的理论与实践研究领域，学者们围绕城镇化影响效应展开了系列研究，取得丰硕的研究成果。

（一）城镇化的收入效应研究

经典的库兹涅茨曲线表明，在经济发展的过程中，收入差距呈现先扩大后缩小的"倒 U 型"变化特点，即在城镇化初期收入差距扩大，但随着城镇化进程的不断推进，农村劳动力向城镇流动，引起要素报酬均等化，从而使得收入差距逐步缩小，收入分配格局得到有效改善。国内外相关学者以此为理论出发点，研究城镇化进程中收入差距的演变趋势。莱斯曼（Lessmann，2014）利用56个不同发展阶段的国家的面板数据进行分析，发现经济发展水平与收入差距之间存在"倒U型"关系，且这种关系非常显著。利德尔（Liddle，2017）将研究的样本进一步扩大，利用133个不同发展阶段的国家数据开展研究，发现城镇化水平与城乡收入差距之间存在明显的"倒U型"关系。王晓等（Wang X et al.，2019）认为影响我国收入差距的关键因素是城镇化，伴随着城镇化进程的加快，农村居民将获得更多收入增长的机会，收入差距随之缩小。万广华等（2022）也认为城镇化不但能够显著提高生产率，拉动我国消费需求，助推"双循环"，而且还能缩小城乡收入、消除城乡差异，是解决我国"三农"问题、实现共同富裕的根本出路。

关注我国城镇化发展对收入差距产生影响的学者们，大多以省级面板数据为基础，验证我国城镇化水平与收入差距之间的"倒U型"关系，探究城镇化水平对收入差距影响的拐点位置。陆铭和陈钊（2004）基于1987～2001年的省级面板数据开展实证检验，结果表明城镇化对降低收入差距具有显著作用。李靖等（2023）以四川省为研究区域，分析2009～2019年新型城镇化与城乡收入差距的时空演化情况，发现新型城镇化对城乡收入差距存在非线性影响，两者呈现"倒U型"变化特征，并提出积极稳妥地推动城镇化，可以有效缩小我国城乡收入差距。

（二）城镇化的经济增长效应研究

城镇化与经济增长之间的关系一直都是国内外学者关注的重要问题，目前学界对于两者之间的关系并未得出一致的结论，陈明星等（Chen M et al.，2014）认为城镇化速度与经济增长速度之间不存在相关性。还有学者认为城镇化与经济增长两者之间的关系在不同区域或同一区域的不同时期存在异质性，如哈里斯（Harris，1990）认为在不同收入水平的国家，城镇化与经济增长的关系是存在差异的。亨德森（Henderson，2003）利用生产函数和不同国家不同时期的面板数据分析城镇化与经济增长的关系，发现两者之间呈动态变化的特点，即在某些时期城镇化推动经济高速增长，而在某些时期城镇化则与低速经济增长、甚至经济负增长并行。尽管如此，多数学者还是认为城镇化与经济增长之间存在正相关关系，兰帕德（Lampard，1955）基于美国的历史数据发现，城市发展与经济增长之间呈现显著的正相关关系。项本武和张鸿武（2013）基于我国省级面板数据，运用面板协整与误差修正方法，实证检验发现我国城市化对经济增长具有显著的拉动作用，两者之间存在稳定的长期协整关系，且城市化率每提高1个百分点，带动经济增长平均增加2.33个百分点。在分析城镇化与经济增长关系的基础上，相关学者还进一步探究了城镇化对经济增长产生影响的作用机制与途径。杜兰顿和普加（Duranton & Puga，2004）认为在人口与产业实现空间集聚的城市化过程中，投入品得到广泛分享、生产要素获得高效率匹配，城市集聚效应得到充分发挥，从而提高劳动生产率，推动经济增长。王婷（2013）构建了以人口与空间城镇化为解释变量，以消费、投资为控制变量的经济增长解释模型，通过该模型分析发现，人口与空间城镇化通过投资传导促进经济增长。孙文凯（2011）认为城镇化进程中，通过人口与产业的集聚效应、大量交易带来的分工与专业化、人力资本的积累、基础设施使用效率的提高等多种途径促进经济增长。景维民和王鑫（2015）认为城镇化影响经济增长的途径主要包括劳动力流动与就业、居民消费、农民收入与城乡收入差距、人力资本与技术创新等方面。

（三）城镇化的社会发展效应研究

城镇化的社会发展效应主要体现在城镇化对人口转移、就业、城市空间、居民幸福感等方面产生的影响。王宣（2022）认为城镇化带动产业结构升级，产业结构升级为社会提供更多就业岗位，大幅提升劳动力吸纳水平，从而推动劳动力在不同地域、不同产业间的流动。吴青山等（2022）认为新型城镇化在一定程度上有效缓解了劳动力错配状况，并且以人为核心的新型城镇化，不仅要实现劳动力跨区域自由流动，还要提升劳动力的基本技能与素养。王桂新（2021）研究发现2010年以来，新型城镇化战略的推出强劲地推动了中国人口流动的爆发性增长，这种爆发性增长以近距离人口流动的增长为主。罗淳和朱要龙（2023）认为城镇化的实现并不在于人口聚居形态的空间变化，而取决于人口从业属性的非农转变，这种转变以市民身份及其权益的平等获得为标志。黄明和耿中元（2012）运用脉冲响应分析和面板数据回归方法，对我国城镇化与城镇就业的关系开展实证分析，发现城镇化率的提高与城镇就业规模相互促进。汪泓和崔开昌（2012）应用ADF检验、协整检验、误差修正模型、格兰杰因果检验、脉冲响应分析及方差分解，研究我国就业增长与城镇化水平之间的关系，结果表明城镇化是就业增长的格兰杰原因，城镇化在一定时期内对就业增长具有较强的推动作用。麻学峰和孙洋（2022）认为城镇化水平提高会积极作用于当地第三产业就业，并在旅游业发展及就业吸纳中起中介作用。刘秉镰和高子茗（2023）认为中国式新型城镇化发展模式，可以改善城市群结构，破除现阶段城镇化过程中粗放城市蔓延、规模体系失调、劣质空间形态、激进土地出让等问题，从而实现在协调发展过程中优化空间布局，在规模增长过程中优化资源配置，在城乡融合过程中实现共同富裕。罗必良和洪炜杰（2021）分析了不同的城镇化模式特征对城乡居民尤其是农民幸福感和公平感的影响，认为改善城镇等级结构能够显著增进农村居民的幸福感与公平感，同时不会损害城市居民的福利水平。陈宏胜等（2020）认为城镇化率大于70%的城市的居民主观福祉水平显著低于城镇化率50%～70%的城市的居民，城镇化水平与居民主观福祉呈"倒U型"结构关系。

第二节　区域生态环境风险研究进展

区域生态环境风险研究主要集中在区域生态环境风险评价研究中，区域生态环境风险评价兴起于20世纪90年代，属于生态环境风险评价研究中的一个重要领域（殷贺等，2009）。区域生态环境风险评价是以区域为研究尺度，主要分析并评价区域生态系统受到自然灾害、人为活动、环境污染等因素影响时产生的不利作用的可能性过程。区域生态环境风险评价为区域生态环境风险管理提供理论支撑及技术支持（付在毅和许学工，2001）。国内外区域生态环境风险评价研究主要包括以下几个方面。

一、区域生态环境风险评价模型研究

生态环境风险评价首先就要建立理论框架模型，至今国内外常用的生态环境风险评价理论框架模型有 PSR 模型、DSR 模型、DPSIR 模型、DPSER 模型等，这些模型既考虑了人类活动对生态环境造成的压力，也考虑了人类为减少、预防和阻止生态环境逆向发展所采取的积极调控对策。

（一）PSR 模型

PSR（Pressure - State - Response）模型是 1998 年由联合国经济合作开发署（OECD）针对环境问题所建立的，该框架的基础概念是：人类活动对环境施加压力，改变资源数量和环境质量，即改变区域环境状态，区域政策是社会对环境变化的响应。具体来看，压力（P）指标表征人类的经济和社会活动对环境的作用；状态（S）指标反映特定时间阶段的社会、环境状态和变化情况；响应指标（R）指社会和个人为减轻、恢复和预防人类活动对环境的负面影响、实现可持续发展所采取的措施。PSR 模型具有较强的系统性，它分析了人类系统与生态环境系统之间的相互作用、相互影响，并对生态环境指标进行分类和组织，是目前应用最为广泛的模型。该模型也为区域生态环境风险指标构建提供一种逻辑基础，即从环境、资源、社会经济协调发展的角度，客观准确地反映了自然、经济、社会子系统在生态复合系统中的相互作用及其给生态系统安全带来的影响。拉波特和辛格（Rapport & Singh，2006）基于 PSR 模型构建生态环境评估框架，认为生态环境的压力（P）来自人类的生产生活等各项活动，从而改变生态环境的状态（S），当生态环境出现恶化，使得生态系统承载力下降并严重影响人类生产生活时，社会将通过调整政策等行为对此状态做出响应。解雪峰等（2014）基于 PSR 模型，对东阳江流域生态环境安全进行评价，其中压力（P）分解为环境压力与非环境压力两大类。状态（S）分解为组织与功能两大类，响应（R）分解为自然响应与社会经济响应两大类。曹君丽等（2023）认为 PSR 模型以整体的方式反映了生态系统中自然、社会和经济因素之间的关系，在该评价模型下，压力主要涉及人口、能耗和交通等指标，状态主要涉及大气、水体、土地资源和生物多样性等指标，响应主要涉及新科技发展与投入等指标。

（二）DSR 模型

在 PSR 模型框架下，1996 年，联合国可持续发展委员会（UNCSD）建立了 DSR（Driving force – State – Response）模型，其中驱动力（Driving force）是指能够改变环境压力的社会经济影响因素，这种驱动力不仅包含了人类活动影响生态环境的负面因素，还包含了人类活动影响生态环境的正面因素。张苗等（2015）认为 DSR 模型的应用机理在于能够检测驱动力、状态和响应子系统下各指标之间的连续回馈机制，从而帮助探索人类活动与环境影响之间的因果链。高玉琴等（2023）也认为基于 DSR 模型构建指标体系，可以从动态的角度反映评价指标间的相互作用，体现人类社会和自然环境之间相互影响作用的复杂关系，反映自然生态与经济社会协调发展问题中所牵涉的指标间的联系。谈迎新和於忠祥（2012）基于 DSR 模型，从资源、社会、环境三个方面构建生态环境安全的驱动指标，用资源环境的状态表征生态环境安全的状态指标，从环境响应与经济响应两个方面构建生态环境安全的响应指标，对淮河流域的生态环境安全变化进行评价。张会恒和魏彦杰（2016）认为 DSR 模型体系可以分析造成生态环境恶化的本质原因，也可以分析任何压力作用下产生的负面状况，并针对这些状况与原因提出相应的解决对策，以此模型体系为基础，对研究区生态文明发展水平进行测度，发现研究区生态文明建设呈现"政策响应较为积极、内在驱动力不足、生态状态仍然偏弱"的特征。

（三）DPSIR 模型

在对 PSR 模型框架扩展的基础上，欧洲共同体统计局及欧洲环境署共同提出了 DPSIR 模型，即驱动力（Driving）—压力（Pressure）—状态（State）—影响（Impact）—响应（Response）模型。熊曦（2020）认为 DP-SIR 模型能够更加明确细致地分析描述影响生态环境各种因素之间的相互关系，能够描述"制度—经济—社会—环境"系统之间的相互关系并表征各个方面的协调程度，基于该模型显示，可通过增强"驱动力"、降低"压力"、优化"状态"、妥对"影响"、全面"响应"等途径增强生态文明示范区的建设效果。张曼玉和彭建军（2023）认为 DPSIR 模型能够反映人类与生态环境之间的互动关系，体现生态系统内部社会、经济、环境要素之间的逻辑与关系，具有系统性强、可操作性、应用前景广泛等优点，并运用该模型对中原城市群生态环境安全开展评价。傅晓华等（2022）认为在 DP-SIR 模型中，驱动力（D）是区域社会中的经济活动对其他地区发展的支撑，压力（P）主要是指区域生产活动对区域资源生态环境的消耗，状态（S）是指在上述驱动力与压力的双重作用下资源环境承载力呈现的状态，影响（I）指系统状态对经济社会环境、生态带来的变化，响应（R）是指地区可持续发展而采取的积极有效的措施与对策，在此基础上运用该模型对长江经济带资源环境承载力进行测度和比较分析。李世祥等（2023）认为 DPSIR 模型作为一个系统考察人类经济社会活动与自然环境之间因果关系的有效工具，能够为构建低碳竞争力指标体系提供指导，因此基于该模型构建了低碳竞争力分析框架，并对长江经济带的低碳竞争力水平进行测度。

（四）其他扩展与改进模型

在上述模型的基础上，部分学者还提出了修正模型和扩展模型。杨沛等（2011）构建了 PESR（压力—效应—社会—响应）流域综合生态环境风险评价模型，并探讨了快速城市化对深圳河流域生态环境的影响。左伟等（2002）提出了驱动力—PSR 生态环境系统服务的概念模型，该模型中的压力含义更丰富、广泛，包含了来自人文社会、自然等方面的各种压力。王耕和吴伟（2006）在剖析了区域生态安全和生态安全空间概念的基础上，提出了 SDR（状态—隐患—响应）生态安全机理框架。李晓燕等（2007）构建 PFC（压力—反馈—调控）模型，探讨社会环境与生态系统之间的作用机制。王正环（2008）分析了 PSR 模型及传统 DFSR 模型存在的不足，提出了改进的 DSR 模型，该模型更多强调的是社会行为中经济和竞争行为的因素，可以更好地说明社会可持续发展中所面临问题的内在逻辑关系。基于改进的 DSR 模型，通过相应指标体系的构建，可以为可持续发展的有关政策制定提供精确而合理的指导。呙亚玲和李巧云（2021）认为传统的 PSR 模型缺乏对具体影响因素相互作用的分析，因此需要对此进行修正和改进，在改进的 PSR 模型中，P 代表社会发展、人口、地表覆盖变化给生态系统带来的压力，S 代表人类开发资源、社会经济活动向生态系统排放等对生态系统结构与功能状态的影响，R 代表压力之下，生态系统在原有状态的基础上做出反应，并反馈于社会经济的发展过程，人类对生态系统的反馈做出的进一步响应，采用政策调整等措施来改善生态安全状态，使其保持良好的结构与功能，进而实现其可持续发展与满足人类需要的功能。彭文英等（2023）通过改进 PSR 模型，建立"双三角"PSR 模型，构建包括驱动力、压力、状态、投入、产出、响应 6 个维度，33 个指标的县域生态文明建设评价指标体系，选取不同批次的部分国家级生态文明建设示范县进行县域生态文明建设评价。朱颖等（2022）构建 DPSIRM（驱动力—压力—状态—影响—响应—管理）模型，建立吴江区湿地生态环境安全评价指标体系，采用综合指数法对研究区生态环境安全状况进行综合评价。

二、区域生态环境风险类型研究

不同学科背景的研究人员从不同角度研究城镇化进程中区域生态环境风险的具体表现形式，其内容可以归为以下几类：

（一）城镇化与土地利用生态环境风险

主要是指城镇化进程中不合理的土地利用导致某些自然异常因素、生态环境恶化和破坏，给人类社会带来损失的可能。布拉德肖和穆勒（Bradshaw & Muller，1998）利用 GIS 技术和土地利用模型，对美国加利福尼亚州 2040 年的城市扩张进行了情景模拟，结果显示，在城镇不断扩张的情景下，将超过 100 万英亩的农用土地变为城市用地。根拉尔普和塞托（Gueneralp & Seto，2008）以我国深圳市为例，基于系统动力学模型，评估城镇化带来的环境影响，研究表明，可供开发的土地资源将随着城镇化进程的不断推进而消耗殆尽，城镇化还会对环境产生越来越大的影响，城市生态系统将变得愈发脆弱。卡皮奥和法斯（Carpio & Fath，2011）运用 RS 和 GIS 技术，对秘鲁阿雷基伯城市扩张进程中的环境影响进行评估，研究表明，城市化会导致土地质量下降，甚至会由于土地利用的变化影响当地居民胃肠道疾病的发病率。张利等（2015）借助遥感数据和 GIS 方法，构建了滨海快速城市化地区土地生态安全评价指标体系，并采用分类树方法，对土地生态安全进行预警，研究结果表明研究区土地生态安全状况呈下降趋势，城市建设用地的快速扩张是导致区域土地生态安全恶化的最主要原因。吴静等（2020）以我国 126 个地级市资源型城市为研究对象，利用耦合模型研究城镇化与土地利用生态环境风险之间的关系，结果表明资源型城市城镇化与土地利用生态环境风险的相互作用关系在时序上表现为二者相互作用增强，空间上，东北地区二者相互作用关系变化不明显，东部地区、中部地区、西部地区的资源型城市城镇化系统与土地利用生态环境风险系统的相互作用关系明显增强，资源型城市发展可持续性减弱。姚彤和赵君（2020）从数量、质量、结构、保障四个方面构建土地生态安全评价指标体系，以此为基础分析鄂尔多斯市 2005～2015 年城镇化进程中土地生态安全的变化情况，研究结果表明研究区土地生态安全水平呈现逐年提高的趋势，但仍未达到理想的安全状态，土地利用过程中要继续加大土地生态安全监管力度。

（二）城镇化与水污染风险

主要是指城镇化进程中居民用地扩张、工农业生产活动对当地水污染、水体富营养化、水文变化等多方面带来的风险。阿尔—哈拉布舍赫和塔尼（Al‐Kharabsheh & Ta'Any, 2003）的研究表明，城市化进程的加快使得城市人口快速增加，城市下水道系统压力加大，化粪池的废水不经处理直接排放，导致水质污染严重。埃斯波西托等（Esposito et al., 2016）以意大利为研究区域，探究城市经济结构与水资源整体情况之间的变化关系，结果表明，随着城市建设进程的加快，水资源整体质量恶化，水资源利用效率也逐渐降低。阿尔—穆拉利等（Al‐Mulali et al., 2016）基于 1980～2012 年的数据，对肯尼亚的城镇化与水环境变化的关系开展研究，结果显示，无论是从长期还是短期来看，城镇化都加深了水环境污染的程度。娜扬等（Nayan et al., 2020）利用印度海德拉巴市 2011～2015 年的数据分析城镇化对地下水资源的影响，研究结果表明高强度开发区域的地下水资源明显减少，而开发强度较低的区域地下水位逐渐上升。巴尔哈等（Balha et al., 2020）利用土地变化建模器，围绕印度德里市城镇化对地下水资源的影响开展模拟分析，发现建成区面积增加 1 平方千米，将导致地下水减少 30 万立方米。阚大学和吕连菊（2019）以 2007～2016 年的数据为基础，研究我国城镇化与水资源利用的协调性，结果表明，我国城镇化与水资源利用目前虽然逼近或处于协调发展状态，但有时还是偏离了协调发展的轨迹，因此在推进城镇化进程的同时，要加强水资源管理，实现城镇化进程中水资源的可持续利用。李青松等（2023）以我国三峡库区重庆段 15 个县区为研究对象，运用熵值法与超效率 SBM 模型测算新型城镇化与水资源利用效率，结果表明库区新型城镇化与水资源利用效率总体发展良好，但存在风险，部分区县水资源利用效率波动大，稳定性差，直接影响新型城镇化的高质量发展。

（三）城镇化与景观生态环境风险

主要指从景观角度分析城镇化进程中的人类活动对区域内生态环境结构、功能等产生不利作用的可能性和危害程度。马拉奎和横贺（Malaque & Yokohari，2007）以马尼拉为例，研究城镇化过程中农业景观变为城镇景观的现状，从而提出通过保护绿色空间达到降低生态环境风险的目的。蒙达尔等（Mondal et al.，2017）建立了湿地景观缩减模型，以印度东部的加尔各答为例，模拟了城市扩张对当地湿地景观的影响过程，结果表明城市建设用地的扩张强度决定了湿地景观缩减的规模。王敏等（2016）以上海市青浦区为研究区域，基于景观格局指数构建区域生态环境风险评价模型，利用空间自相关分析方法，研究快速城镇化地区景观生态系统的变化，表明城镇化对景观生态环境风险影响显著。王飞等（2019）以南昌市为例，基于地理加权回归模型（GWR），分析城镇空间扩张与景观生态环境风险之间的耦合关系，结果表明 2000～2017 年研究区城镇用地面积与景观生态环境风险、城镇空间扩张强度指数与景观生态环境风险变化值之间都呈现负相关影响，且后者的相关性在减弱。程玉卓等（2023）基于 GIS 和 Model Builder 平台构建了一体化景观生态环境风险综合评价模型，以贵阳市花溪区为例，分析该地区的景观格局及景观生态环境风险的动态变化，结果表明景观格局及其生态环境风险效应受快速城镇化的影响较大。

三、区域生态环境风险评价方法研究

生态环境风险研究已不局限于简单的定性分析，定量评价研究成果也颇为丰富，评价方法主要有数学模型法、生态模型法、景观生态模型法和数字地面生态模型法。数学模型法是目前国内外生态环境风险评价实践中主要采用的评价方法，而数字地面生态模型可以及时、准确、直观地揭示区域生态环境安全格局及其时空演变规律，该模型的可操作性强（陈婷婷等，2008）。随着 GIS 与遥感技术的不断发展，数字地面生态模型法将在生态学领域得到广泛应用，成为区域生态环境风险研究的主流。

（一）数学模型法

数学模型法是最为常见的生态环境风险评价方法，具体主要包括综合指数评价法、灰色关联分析法、物元分析法等。

1. 综合指数评价法

综合指数评价法将分散的信息通过相关模型进行集成，再借助分级综合值来评价对象的综合水平。近年来，层次模糊综合评价逐渐兴起，并被广泛运用到区域生态环境风险评价研究中。该方法是建立在层次分析法和模糊数学理论基础上的一种综合评价方法，邹长新等（2012）认为其评价的具体过程为：首先确定影响区域生态环境的相关因素，并对其进行层次分析，建立层次模型；其次，在确定评价指标的权重及评价等级标准的基础上，利用模糊数学的相关原理，求出各评价指标属于评语集中不同评语等级的隶属度，借以建立模糊评价矩阵；最后，通过多层复合运算，确定评价对象所属等级。邱微等（2008）、解雪峰等（2014）通过构建生态环境安全评价指标体系，利用层次分析法分析指标权重，计算生态环境安全度指数（ESI），最后根据生态环境安全评价值高低及生态环境演变特征，将研究区生态环境安全状态分为五个等级。

2. 灰色关联分析法

灰色关联分析法是根据因素之间发展趋势的相似或相异程度，亦即"灰色关联度"，作为衡量因素间关联程度的一种方法。灰色关联评价模型通过计算评价对象与所确立的参照标准之间的灰色关联度，进而得到相关综合指数，其计算过程简便，评价结果直观易懂，且该评价方法具有较强的适用性。区域生态环境受社会、经济、自然等多方面不确定性因素的影响，该系统成为一个灰色系统，因此可运用灰色系统理论建立生态环境风险评价模型，对区域生态环境风险进行评价。如吴晓和吴宜进（2014）、张家其等（2014）、张钦礼等（2016）、郑乐乐等（2022）基于灰色系统理论，构建研究区生态环境安全评价的灰色关联模型，计算各指标灰色关联度，从而得到研究区生态环境安全状态，实现对其生态环境安全等级状况的动态评价。

3. 物元分析法

20 世纪 80 年代，我国学者蔡文教授（1998）提出物元分析理论，该理论以研究处理矛盾问题的思维过程并将其数学形式化为核心，它的理论支柱是物元理论和可拓集合论，其逻辑细胞则是物元，物元是把事物的质和量有机联系在一起的重要概念，也是物元理论的首要基本概念，"事物""特征""量值"构成了物元三要素。刘雯波等（2013）从数学角度，给定事物的名称 N，它关于特征 C 的量值为 X，以有序三元组 $R = (N, C, X)$ 作为描述事物特征的基本元，简称物元。生态环境风险综合评价中警情等级的归属问题实质上属于不相容的矛盾问题，可借鉴物元分析法对区域生态环境风险进行警情评价。如较早时期，黄辉玲等（2010）运用物元分析方法构建土地生态安全综合评价模型，并且认为物元模型能够解释单个评价指标的分异信息，该分析方法适用于土地生态安全评价；后来卢涛等（2015）、张凤太等（2016）、杨建宇等（2017）、梁睿等（2022）陆续将物元分析方法引入到土地生态安全评价中来，通过该种分析方法实现对不同研究区土地生态安全的定量评价。

（二）生态模型法

应用最为广泛的生态模型为生态足迹模型。该模型由加拿大生态经济学家威廉·里斯（William Rees）于 1992 年提出，瓦克纳格尔（Wackernagel）于 1996 年对该理论加以修改和完善。生态足迹模型衡量人类对自然资源的利用程度以及自然界为人类提供的生命支持服务功能，该方法通过测定现今人类为了维持自身及其生存而利用的自然量来评估人类对生态系统的影响。

近年来，生态足迹法在区域可持续发展的评价研究中得到广泛运用，国内外学者已将此模型应用于能源（Tukker et al.，2016；Lan et al.，2016）、土地（O'Brien，2015；Khoo，2015）、旅游（Gössling & Hansson，2002）、国际贸易（Hubacek & Giljum，2003）等不同领域，以及全球（White，2007）、国家（Lenzen & Murray，2001）、地区（徐智超等，2022）、企业（Li Bing et al.，2007）、家庭（Crompton et al.，2002）、学校（姚争等，2011）等不同层面的生态足迹研究。

（三）景观生态模型法

景观生态动态模型的构建与模拟演变，是当今景观生态学的研究热点。构建科学合理的景观生态模型，根据现实情况设定参数，模拟生态环境的演变过程，在模拟演变中分析景观生态功能，揭示景观生态的变化规律，预测其未来的变化趋势，可为景观生态规划管理提供科学的决策依据。景观生态模型最典型的代表是空间景观模型，通常情况下，空间景观模型依据模型结构差异，以及对研究设计过程处理方式的不同，可以划分为空间概率模型、领域规则模型、景观机制模型和景观智能耦合模型四大类（Wu J G，2006；傅伯杰，2008）。

1. 空间概率模型

空间概率模型是景观模型中应用最早、最普遍的模型之一，它是基于生态学中的马尔柯夫链模型，在空间格局上扩展而来的模型。该模型借助转移矩阵模拟景观斑块从一种类型转移为另一种类型的动态变化规律。空间马尔柯夫模型主要用来预测植被演替与群落空间结构变化，以及土地利用变化。在计算转移概率时，该模型通常不考虑空间格局本身对转移概率的影响，反映的是景观的总概率。在预测景观某些斑块类型变化的面积比例中，空间马尔柯夫模型可以非常准确，但是空间马尔柯夫模型是一种简单的转移概率模型，它不仅忽略了人类社会经济活动对景观的影响，也忽略了景观自身动态的机制（边延辉等，2008；常成等，2010；何东进等，2012）。

2. 领域规则模型

景观斑块变化不仅取决于上一个时间点的状态，还受相邻斑块性质和变化的影响，在景观动态变化过程中，我们可以将这种邻域斑块的影响组织成约束景观动态变化幅度和方向的一系列规则。基于这一前提和规则，可以构建一种景观离散型动态模型，即邻域规则模型（Wolfram，1984；李书娟等，2004）。目前最具代表性，且得到广泛应用的领域规则模型是细胞自组织模型 CA（cellular automation model），该模型由栅格网络、细胞状态、邻域规则和转换方程组成。CA 模型优势明显，主要体现在两个方面：一是把局部小尺度上获得的数据与邻域转化规则相结合，从而借助计算机模拟对大尺度上系统的动态特征进行研究；二是 CA 模型中的细胞和基于栅格 GIS 中的栅格结构相同，使该模型与 GIS、遥感数据处理等系统进行集成相对容易（张显峰和崔宏伟，2001）。

3. 景观机制模型

准确理解景观动态，必须要考虑空间格局及其与生态过程之间的相互关系和相互作用机制，比如动物个体行为、种群动态和控制、干扰扩散过程、生态系统物质循环以及能量流动、土地利用等（傅伯杰，2011）。景观机制模型就是从作用机制出发，模拟生态过程的空间动态。目前主要的景观机制模型主要包括空间生态系统模型、空间斑块动态模型、空间直观景观模型和个体行为模型四类。空间生态系统模型通常用来研究环境影响因子与植被空间异质性在生态系统变化过程中的影响（李书娟等，2004）。空间斑块模型重点研究空间格局与生态过程之间的相互作用机制。空间直观景观模型借助人工智能技术，在模拟景观尺度上生态过程，从而为有效地解决区域资源与景观生态系统管理方面的问题提供路径（Barker et al.，1991；Pacala et al.，1996；常禹和布仁仓，2002）。

4. 景观智能耦合模型

景观智能耦合模型主要包括两大类，即基于人工智能算法的景观模型和景观机制耦合模型。基于人工智能算法的景观模型将人工神经网络与 GIS 技术相结合，有助于研究不同干扰条件下景观变迁的模拟与仿真，也有助于揭示景观格局演替的客观规律、作用机制，预测景观的未来变化趋势等（Johnson，1988）。该模型已被广泛应用于区域土地利用分类模拟（杨艳青和柴旭荣，2015；高鑫等，2019）、水资源管理（吴璞周和卫海燕，2009）、森林资源管理（丛沛桐等，2004；曾明宇，2010）、景观空间规划（杜秀敏等，2008）、以及区域生态分类与评价（李丽和张海涛，2008）等方面。景观机制耦合模型运用建模工具、GIS 软件或编写代码等将两个或两个以上的多个模型结合起来，从而形成数据传递或数据共享的关系，实现模型功能扩展或功能优势发挥。景观耦合模型利用不同专业模型，模拟其专长领域的变量，模拟结果互为补充、互为验证，从而取得对多个模拟变量精度均较高的模拟结果（Childress et al.，2002；徐延达等，2010）。

（四）数字地面模型法

数字生态安全模型将遥感（Remote Sensing，RS）、地理信息系统（Geographic Information System，GIS）与生态学相结合，该模型充分利用遥感技术提供快速更新的、从微观到宏观的各种形式数据的信息优势，并借助 GIS 强大的数据管理与空间分析功能，将区域各因素系统化，构成完整的分析体系来进行区域生态环境系统安全的综合评价。该模型采用栅格数据结构，叠加容易，逻辑运算简单，在研究实践中得到广泛应用。孟岩等（2008）利用山东省 MODIS 遥感影像，运用监督分类法对土地利用、覆被进行了合理分类，同时通过 GIS 的空间分析功能，提取出生物丰度指数、植被覆盖指数、环境质量指数、水网密度指数等评价信息，进而构建生态环境状况指数模型，对山东省生态环境状况进行了评价。王传辉等（2013）基于遥感与地理信息系统（GIS）在数据采集方面及多层面叠加功能的优势，通过遥感数据提取了研究区土地利用信息，利用 DEM 空间分析进行子流域划分，探讨了遥感和 GIS 技术支持下的研究区生态功能划分方法，形成了巢湖流域生态功能分区方案。隋玉正等（2013）应用遥感和地理信息系统（GIS）空间分析技术，从湿润指数、气象灾害指数、水体密度指数、植被覆盖指数和植被质量指数开展了上海城市 250 米空间格网的人居生态环境质量评价和等级划分。

四、区域生态环境风险评价标准研究

生态环境风险评价中的难点之一是评价标准的科学合理设定，评价标准是指为了考察生态环境质量的综合情况，在生态环境风险综合评价过程中对各个评价因子状态好坏程度设置参考标准，它影响着人们对区域生态环境风险整体状况的认识和把握。评价标准设置的合理与否直接影响评价结果的准确性，常用的评价标准确定方法主要包括专家确定法、类比法、均分法、模糊数学法等。具体来看，专家确定法是指依据专家的经验值来确定评价标准，该种方法的主观性很强，容易对评价对象产生偏颇，从而导致无法客观真实地反映评价主体的实际状态；类比法是指通过参考、借鉴国际、国家或行业相关标准、研究区生态环境本底值或背景值、未受人类严重干扰的相似生态环境的类比值等方式确定相关指标的评价标准；均分法即简单地按比例划分生态环境风险的评价标准，这种方式操作简单，但忽略了众多因素对生态环境的影响，也没有考虑不同影响因素之间的相互关系（黄宝强等，2012）；由于指标状态之间没有确切的分界，因此也可以采用模糊数学法进行等级分类（魏彬等，2009）。

在制定评价标准时，王朝科（2003）认为要避免"一切从当代人利益出发"的人类中心主义误区，要符合可持续发展思想的本质。一般而言，区域生态环境风险的评价方案中包含多个指标，不能以单一方式确定等级标准，而应采用多种方法相结合的方式确定评价标准，如李佩武等（2009）通过分析、借鉴行业、国家标准、研究区生态环境背景值、类比标准、国内外相关文献的研究成果，建立了包括理想安全、较安全、临界安全、不安全、极不安全在内的 5 级生态环境安全评价标准值；胡秀芳等（2011）主要采用模拟模糊方法建立草原生态环境安全评价标准，该研究成果认为应根据研究对象、区域生态环境特点以及研究方法的不同，参考各指标的统计特征，本着准确性、适宜性、可操作性原则选择合适的评价标准；解雪峰等（2014）参考环保部《流域健康评估指南》，将流域生态环境安全评价指标的实测值划分成优秀、良好、一般、较差、极差五级，并按照流域生态环境安全综合评分值高低及生态系统演变特征，将流域生态环境安全分为优秀、良好、一般、较差、极差等五个等级；余敦等（2012）认为生态环境安全预警指标标准值的确定既要考虑生态环境的质量，又要反映人类活动对区域生态系统服务功能的影响程度，为决策者确定发展目标和手段提供参考，他们参照国家标准、行业和地方规定的标准、区域的本底和背景标准、类比标准等确定了研究区生态环境安全预警指标的标准值。

第三节　城镇化与生态环境关系研究进展

工业革命开始后，大量农村人口转移至城市，导致城市生态系统和经济结构发生巨大变化，城市化与生态环境的关系开始成为学者们研究的重要问题。在研究早期，当面临城市发展出现的贫困、交通拥挤和环境恶化等问题时，1898 年英国学者霍华德（Howard）就提出"田园城市"理念，对城市发展进行理性规划以实现城市与生态环境的协调发展，随后国内外学者在此基础上围绕城镇化进程中的生态环境问题、城镇化与生态环境的交互耦合机理、城镇化与生态环境协调发展等方面展开研究。

一、城镇化对生态环境的胁迫效应研究

人口的聚集、城市空间的扩张、经济快速增长给生态环境带来了巨大的压力，大多数的学者围绕城镇化对土地资源、水资源、景观、大气等生态环境要素产生的影响探讨城镇化对生态环境的胁迫效应，该部分的文献已经在前文的区域生态环境风险类型研究中进行了梳理，此部分重点分析生态环境对城镇化的约束效应及城镇化与生态环境两者之间的耦合关系、交互机制。

二、生态环境对城镇化的约束效应研究

生态环境是城市发展的重要载体，城市发展质量的高低在很大程度上取决于生态环境质量的好坏，一般而言，较好的生态环境能有效推进城市化进程，而较差的生态环境对人口集聚、城市空间扩张、经济增长与社会发展都会起到抑制作用。国内外学者关于生态环境对城镇化的约束效应的研究相对较少，目前主要从生态环境的各个要素，如土地资源、水资源等角度，开展生态环境对城镇化的约束效应研究。朱尔迪等（Jurdi et al., 2001）研究了黎巴嫩水环境逐渐恶化，由于水质量的下降严重束缚了工农业活动的开展、经济增长与城市化进程。杰弗里（Jeffrey, 2008）以 37 个发达国家为研究对象，

拟合了在资源约束的条件下这些国家的城市化发展轨迹，结果呈现拉平的 S型曲线。方创琳及其研究团队较早关注了生态资源约束下的城市发展问题，如方创琳等（2004）揭示了水资源变化对城市化过程的胁迫机制与规律，并对不同强度水资源约束下城市化过程进行动态预警与情景分析。鲍超和方创琳（2009）认为水资源对城市化的约束强度已成为干旱缺水地区城市化健康快速发展的重要调控因子之一，他们以定性与定量分析相结合的方法建立了水资源对城市化约束强度的综合测度指标体系，采用熵技术支持下的层次分析法构建出水资源对城市化约束强度的综合测度模型，并对 1985～2005 年河西走廊水资源对城市化约束强度的时空变化进行了分析；两位学者还以系统动力学模型和水资源对城市化约束强度的综合测度模型为基础，构建了水资源对城市化约束强度的情景模拟，并对未来 25 年河西走廊水资源对城市化的约束强度进行情景预警分析。蔺雪芹和方创琳（2009）探讨了水资源对城市形成发展的作用机制，提出随着研究区城市化进程加快，水资源对城市发展的制约作用越来越明显，建立节水型城市是缓解城市发展水资源压力的重要途径。此外，刘宁（2005）提出我国改革开放以后的 20 年间，土地对城市化的约束逐渐显现，并提出土地资源约束下中国实现城镇化的路径。刘耀彬等（2011）梳理了研究区城市化进程中所面临的资源环境约束状况，通过纳入城市化均衡模型和引用 Logistic 方程，测算了在资源环境约束下研究区城市化的适宜水平。王进和吝涛（2012）运用 Vensim 软件建立半城市化地区复合生态系统动力学模型，模拟在资源环境承载力约束下研究区主要社会、经济和自然因素之间的动态联系，为研究区制定可持续发展模型提供理论支撑。薛伟贤和刘骏（2015）建立了资源约束条件下当代中国城市人口增长模型，并应用非线性回归拟合城市化发展轨迹，结果表明当代中国城市化发展轨迹呈现"S"型曲线，这样的发展轨迹受到经济增长推力与资源约束阻力的双重作用。

三、城镇化与生态环境交互关系研究

城镇化与生态环境风险的交互关系研究方面，最为突出的研究成果主要是环境库兹涅茨曲线理论、脱钩理论与 PSR 理论。

格罗斯曼（Grossman）与克鲁格（Krueger）通过研究经济发展与环境

污染程度的关系，提出了著名的环境库兹涅茨曲线（EKC），该理论已经得到了国内外众多学者的验证。丘吉尔等（Churchill et al.，2020）以澳大利亚八个州和地区的面板数据为基础，检验了环境库兹涅茨曲线的存在。马雪娇等（Ma Xuejiao et al.，2021）通过环境库兹涅茨曲线模型，探究了法国与德国的碳排放与经济增长之间的关系。日耳曼尼等（Germani et al.，2020）基于意大利110个省的10年间的面板数据，验证了意大利"倒U型"环境库兹涅茨曲线的成立。李竞等（2021）利用环境库兹涅茨曲线模型，对我国31个省份及京津冀及周边地区、长三角地区、珠三角地区的环境空气质量与经济增长关系进行了系统的分析评估。廉勇（2021）以12个主要国家为研究对象，基于碳排放面板数据，对环境库兹涅茨曲线进行考察，结果表明经济规模、发展结构、产业结构等都是碳排放的主要影响因素。杨婷等（2022）基于我国5个城市群的环境与经济数据，对不同城市群的不同环境变量与经济变量之间的倒"U"型环境库兹涅茨曲线进行检验，求得相应的拐点，根据模型结果对城市群环境与经济的关联机制进行分析。

脱钩理论由联合国经济合作开发署（OECD）提出，该理论主要关注经济发展与资源环境变化两者之间的关系，2005年塔皮奥（Tapio）对欧洲交通发展状况与二氧化碳排放两者关系进行分析时，构建脱钩弹性系数的大小，将脱钩状态分成了脱钩、负脱钩和连接三大类，其中脱钩又分为相对脱钩、绝对脱钩与衰退脱钩三种状态，负脱钩分为扩张负脱钩、强负脱钩、弱负脱钩三种状态，连接分为增长连接与衰退连接两种状态，塔皮奥的研究成果进一步完善了脱钩理论。此后，国内外学者逐渐采用脱钩理论测度在城镇化进程中能源消耗、污染物排放与经济增长等变量之间的变化关系，埃内沃尔森等（Enevoldsen et al.，2007）对欧洲北部的斯堪的纳维亚的资源密集型行业的产量增长与能源消耗、二氧化碳排放之间的脱钩关系进行分析。弗雷塔斯和金子真司（Freitas & Kaneko，2011）利用脱钩模型分析了巴西经济增长与二氧化碳排放之间的关系，研究结果表明两者之间的脱钩状态取决于能源利用结构与经济结构的转变。刘贺贺等（2016）以2003～2012年的东北地区34个地级市为例，在对城镇化与生态环境综合测度的基础上，借助脱钩模型诊断城镇化与生态环境的相互作用关系，判断东北地区城镇化发展的生态环境效应。傅春等（2017）采用脱钩模型分析2008～2013年江西省地级市城镇化水平与生态环境压力之间的关系，结果表明各指标脱钩弹性值具有较强的地域性，降低生态环境压力的关键在于城镇化过程中优化产业结构布局，增加第三产业比例，提高污染处理水平及回收利用技术。史宝娟和张立华（2018）利用脱钩模型对天津地区城市化与生态环境的脱钩状态进行分析，结果表明2003～2011年，研究区城市化与生态环境压力脱钩指数呈现扩张型脱钩、弱脱钩、强脱钩等状态的反复波动，该时期城市发展对生态环境处于不可持续的状态，2012～2015年以强脱钩为主，研究区城市化发展对生态环境造成的压力逐渐减小。王小兰等（2019）以四川省绵阳市为例，利用脱钩弹性系数分析该地区新型城镇化水平与生态环境压力两者之间的脱钩关系及其时空差异，结果表明研究区的城市发展经历了新型城镇化水平与生态环境压力由脱钩状态为主体向脱钩与负脱钩状态并举的演变过程。高庆彦和潘玉君（2020）通过构建"城镇化与资源环境"脱钩分析的综合评价指标体系，对2008～2016年我国31个省份的城镇化与资源环境脱钩分析进行测度，得出脱钩指数，分析两者之间的脱钩状态，以期揭示我国城镇化与生态环境压力之间的时空演变特征与规律。

PSR理论模型分析了城市空间与生态环境之间的关系，基于该理论模型，构建相关指标体系，对城镇化进程中的生态环境整体质量进行实证分析，该理论模型已经得到了国内外学者的广泛认可，并且在该模型的基础上，还衍生出了包括DSR模型、DPSIR模型、SDR模型等在内的一系列理论模型，这些理论模型从不同的角度阐释了人类活动对生态环境产生影响的作用机制与途径，该部分的文献已经在前文的区域生态环境风险评价模型及框架研究中进行了梳理。

城镇化与生态坏境交互理论与模型是研究城镇化与生态环境风险交互过程所需遵循的基本规律，对系统揭示相对落后地区城镇化进程与生态环境风险演变进程之间的交互机理具有重要的理论指导意义。

四、城镇化与生态环境耦合协调关系研究

城镇化与生态环境两者之间相互影响、相互依存，城镇化的推进在一定程度上可以促进或损害生态环境的健康状态，而生态环境的整体状况也为城镇化的高质量发展提供了物质保障，因此，城镇化与生态环境两者之间存在

着复杂的非线性耦合关系，大多数学者基于研究区已有的数据，定量测度城镇化与生态环境两者之间的耦合协调关系。阿里肯等（Ariken et al.，2021）将耦合协调度模型与地理加权回归模型相结合，分析中国丝绸之路沿线省份城市的城镇化与生态环境耦合度的时空演变特征。刘秀丽等（Liu X et al.，2021）认为正确认识城镇化质量与生态环境压力的耦合关系是实现城市可持续发展的需要，他们利用面板数据，对台湾海峡西部城市群城镇化与生态环境压力的耦合关系进行研究。王少剑等（2015）构建了城市化与生态环境动态耦合协调度模型，定量分析了京津冀地区城市化与生态环境的耦合过程与演变趋势，结果表明 1980 年以来京津冀地区的城市化与生态环境耦合协调度呈现出 S 型曲线变化，协调类型从严重不协调—城市化受阻发展到高级协调—生态环境滞后类型。王国霞和刘婷（2017）利用耦合协调度模型，分析了我国中部地区资源型城市城市化水平与生态环境水平两者之间的耦合协调度变化，结果表明研究区协调类型处于勉强协调、初级协调和中级协调，再生型和衰退型城市的耦合协调度水平较高，成熟型城市的耦合协调度水平较低，城市化滞后是资源型城市城市化与生态环境不协调发展的主要原因。韩秀丽等（2023）运用修正的耦合协调度模型对黄河流域 9 个省份的新型城镇化与生态环境的耦合协调度进行测算与时空分异分析，并利用 Dagum 基尼系数分解法探究研究区耦合协调度差异的来源，结果发现黄河流域新型城镇化与生态环境协调发展水平呈现上升趋势，但耦合协调水平增长速度逐渐放缓，增长后劲不足。崔学刚等（2019）认为按照地理学科发展趋势，对城镇化与生态环境耦合的研究将由定量描述转入动态模拟，城镇化与生态环境耦合动态模拟模型呈现多元化，常见的动态模拟模型有四类，即城镇化与生态环境耦合系统动力学模型、基于人工智能算法的城镇化与生态环境耦合动态模拟模型、基于土地利用变化的城镇化与生态环境耦合动态模拟模型以及基于多模型集成的城镇化与生态环境耦合复合模型。

第四节　城镇化进程中区域生态环境风险调控对策研究进展

研究城镇化与生态环境风险耦合协调关系的目的在于化解两者之间的矛

盾，实现社会经济与生态环境的可持续发展，近年来，面对城镇化进程中引起的诸多生态环境问题，国内外学者针对不同对象，从调控原则、内容、方法、框架机制、具体对策措施等方面展开区域生态环境风险调控研究。

一、生态环境风险调控原则、方法及机制研究

国外对生态环境风险调控的原则和机制研究关注生态环境风险调控措施的成本及其对后续调控措施的影响，重视多种决策方案的评估和比较权衡，强调风险各方的参与和沟通，提倡综合减灾的思路。格雷戈里等（Gregory et al.，2006）提出应该定性和定量相结合，基于决策分析构建评估框架，权衡各种政治环境和社会因素，对众多管理方法进行评估和挑选。评估时应遵循两个重要标准：一是管理的收益是否大于其投入的成本；二是适应性管理措施是否会引起未来管理的变革。阿斯特尔斯等（Astles et al.，2006）提出风险调控的主要内容就是通过风险监测来判断采取的调控措施是否有效地将风险危害最低化，并且要保证科学家、管理者、风险承受者和公众对风险决策信息和反馈信息沟通的通畅性。西罗内和邓肯（Cirone & Duncan，2000）从生物多样性角度思考城市发展过程中的生态环境风险，提出制定风险调控机制时将人体健康设定为重要目标和参考因素。詹蒂莱等（Gentile et al.，2001）基于地区差异分别制定不同区域生态环境风险调控措施，其具体模式为：分析该区域生态环境的特征、提炼生态环境风险类型和强度等多方面的指标，借鉴以往该区域已有或概念上的调控措施进行结合比对，概括出二者相互结合的新模型。麦克丹尼尔斯（Mcdaniels，2000）强调了明确风险调控目标、调控标准、调控指标的重要性，并提出从整体上思考调控策略，系统地制定调控目标、标准和体系。费林等（Failing et al.，2007）强调应充分整合当地各方面有效的实践经验和科技手段，加强各方面的联系与沟通，并通过界定决策背景、明确调控管理目标和标准，对多种调控方法进行评估和权衡取舍，实施最终的调控方案并进行动态的实时监控来建立一个有效的调控机制。

国内学者对城镇化进程中区域生态环境风险调控的机制、原则等问题也进行了较为丰富的研究。张贵祥和杨志峰（2003）强调应逐步建设和完善

环境监测网点，统一建立数据库和管理信息系统，建立生态灾害调控、预警及防御决策系统。陈星和周成虎（2005）提出应建立经过实践检验的系统模型和以微观样本数据与宏观检测信息支持，且相互反馈修正的预警调控支持模型，并探索区域生态环境风险预警指标，为行为决策提供科学依据。史培军等（2006）系统地总结了生态环境风险调控的体系、运行机制、方法和内容，指出风险调控不仅要强调风险转移体制、机制、保险与再保险、风险教育、风险沟通与应急处置，还要加强国际比较研究，在中国国情的基础上，吸收世界先进且有效的调控模式和经验，进一步探讨区域发展与综合减灾的共赢机制。张悦（2015）提出耕地生态环境风险调控包括三个方面，分别为耕地生态环境风险监测预警、耕地生态环境风险调控体系、耕地生态环境风险调控策略，耕地生态环境风险调控体系包括过程控制体系、环境监测体系、调控组织体系、调控技术体系、调控机制体系在内的多维体系。安琼（2017）认为在区域生态环境风险调控过程中要遵循如下原则，即整体性与层次性原则、事先预防与内外防范相统一原则、重点防范与生态优先原则，具体的调控模式包括提高自身稳定性的调控模式与降低外界干扰的调控模式两种。

二、生态环境风险调控措施研究

国内外学者对城镇化进程中引起的资源紧缺、自然灾害、环境污染等不同对象展开风险调控研究。福顿等（Forton et al.，2012）通过对喀麦隆共和国土地污染风险管理政策的全面审视与分析，提出该地区土地风险管理政策的制定和实施需要由独立的环境保护局来负责。巴拉特和莫伊德（Barratt & Moeed，2005）等基于对新西兰环境安全管理中的相关问题分析，提出通过强化立法、成立环境风险管理机构等调控措施，实现该地区生态环境的健康、稳定发展。丹科等（Danko et al.，2000）分析俄罗斯贝加尔湖西部旅游业的发展对生态环境造成的影响，提出了严格控制旅游公司的活动和散客数量，吸引公众、企业参与生态修复和自然保护，禁止未授权的开发行为，恢复已破坏的景观，合理规划高速公路和人行步道，确定最佳的环境容量等具体调控措施。景杰（2015）认为我国经济发展已进入新常态，在生态约束条件趋紧的同时，人口城镇化的发展潜力巨大，两者矛盾的加剧极有可能是生态胁迫效应上升、演化形成生态环境风险，因此，要加强城镇化的生态环境风险管理，在优化产业结构、强化环境法制的同时，通过风险识别、评估、分析和排除，对人口城镇化的生态环境风险进行有效管理，推动新常态下人口城镇化的健康发展。曾睿（2015）研究了农村城镇化进程中的生态环境风险及其法治路径，他认为要从完善生态立法，界定生态环境风险的法律责任，构建公平的生态环境风险分担制度，促进信息公开，建立生态环境风险信息交流法律机制，加强生态执法，提高生态环境风险监管水平等几个方面构建和完善生态环境风险应对的法律机制。吕永龙等（2018）认为在城市生态环境风险管理过程中，要特别重视城市化的生态规划与生态建设，合理进行土地利用规划，合理布局工业区、交通干线、生活居住区和植被覆盖等，在整体规划框架下，涉及不同子区域和单个水平上的风险，应采取针对性的管控措施。余敦等（2023）通过识别研究区城镇化进程中耕地利用生态环境风险的主导子系统，将研究区划分为风险源调控区、受体状态调控区和风险响应调控区，根据各个调控区的短板指标，提出差异化调控策略。

第五节　国内外研究现状述评

城镇化与生态环境交互关系研究是一项复杂的系统工程，国内外学术界虽然对此进行了卓有成效的研究，取得了一系列丰硕的研究成果，但由于涉及多个学科门类，目前仍有众多亟待解决的理论与实践问题需要深入研究。

（1）国内外相关文献为我们深入了解城镇化内涵、生态环境风险内涵及两者之间交互关系提供有益启示，但是如何准确识别、评估、应对城镇化过程中生态环境风险，如何有序、安全、高效地促进城镇化与生态环境协调发展等问题仍然值得我们广泛关注。因此有必要将研究视角触及资源、环境、人口、社会经济等方面，进一步探究城镇化进程中生态环境风险形成的内在机理、剖析城镇化与生态环境之间的交互关系、设计科学、合理、有效的生态环境风险调控策略与政策，推动实现区域社会经济与生态环境协调发展。

（2）生态环境系统本身是一个涉及空气、水、土地、景观、物种等多方面因素的复杂巨系统，识别、评估、应对城镇化过程中生态环境风险需要形成一套有效的评价体系。梳理现有文献可以看出，目前国内外学界针对生态环境风险尚未形成统一的评价体系和评价标准，风险等级划分存在主观性，直接影响评价结果的准确性。因此，结合研究区实际情况，分析、借鉴已有评价模型和评价方法，制定一套科学合理的生态环境风险等级评价标准，有助于客观评价研究区生态环境风险，为科学制定应对政策与策略提供依据。

（3）城镇化与生态环境交互关系的研究文献为本研究提供了重要理论支撑，但在研究尺度上，针对经济发展相对落后、生态功能重要、生态环境脆弱的区域的研究文献不多，且主要针对单一域面展开研究，缺乏多层次分域比较分析。现实当中在生态脆弱的地区经济社会发展与生态环境保护往往是一对矛盾体，在城镇化进程中难免会存在以牺牲环境为代价发展经济的现象。因此，在相对落后地区多域面、多层次开展城镇化、经济社会与生态环境保护的协调关系研究，有助于我们在城镇化、经济社会发展与生态环境保护之间找到平衡点。

（4）我国正处于城镇化提速提质的关键时期，生态环境问题高发频发，城镇化与生态环境的交互关系具有复杂性、综合性和动态性特征。深入研究城镇化与生态环境之间的交互关系，揭示其动态演变特征，有助于提高相关政策的针对性。现有研究文献在揭示城镇化与生态环境交互关系方面进行诸多有益探索，但仍有必要采集长时间序列数据，构建科学合理的数理统计模型进一步研究揭示案例区城镇化与生态环境风险之间的交互效应，在此基础上探究城镇化与生态文明建设的联动机制，从而提高政策针对性，实现区域协调可持续发展。

（5）城镇化与生态环境协调发展的关键是因地制宜制定完善促进城镇化与生态环境协调发展的体制机制和实现路径。现有文献围绕城镇化与生态环境关系调控进行了不同程度的研究，提出具有针对性的政策建议，但研究停留在宏观定性层面，操作性、科学性、适用性还有待加强。在分析总结研究区区情、发展阶段和存在问题的基础上，有必要深入剖析研究区城镇化与生态环境交互关系及地域差异特征，因地制宜地制定城镇化与生态环境协调发展的体制机制和行动蓝图，从而实现城镇化高质量发展与生态环境保护的协调联动。

第三章 相关概念界定与理论分析

第一节 基本概念界定

一、城镇化的基本内涵

(一)"城市化"与"城镇化"的基本内涵

1867 年西班牙工程师塞达（A. Serda）提出"城市化"概念，这是"城镇化"概念的起源，城市化过程主要表现为从事农业生产生活的人地关系地域系统向从事非农产业的城市人地关系地域系统转变（Friedmann，2006），这也是外国或者一般而言的"urbanization"。但由于我国特殊的历史发展过程和自然地理条件，长期以来，城市、镇（县）、乡村三者并存，以镇为单位的区域结构在经济总量、非农产业结构、人口规模等方面比不上城市，但其发展程度又远超乡村，因此它在我国区域发展的过程中发挥了重要的作用，国内多数学者认为"城镇化"这个概念更符合我国的国情，所以城镇化也可以被认为是中国语境下的"urbanization"（顾朝林，1995）。城镇化的过程更强调中小城市和小城镇的发展，中国未来的发展道路应该是具有中国特色的"城镇化"而不是"城市化"（侯丽，2011）。尽管国内部分学者对于城市化与城镇化两个概念的使用做了区分，但大多数国外学者对于这两个概念的内涵解释却基本相同，他们认为城镇化是推动宏观经济增长的重要动力，这个过程表现为农村人口向城市转移，城市建设用地需求不断增长，城市规模不断扩张。伴随着人口与土地快速城镇化，一方面，城镇地区产业劳动力供给不足的困境得到缓解，产业结构调整、优化与升级加速，第二、第三产业产值比重逐步超过第一产业产值，经济城镇化进程持续得到推进；另一方面，人口、土地、经济快速城镇化，刺激城镇住房、医疗卫生、文化教育、交通出行等基础公共服务需求快速增长，客观上又加快推进了社会城镇化进程。

（二）传统城镇化的转型研究

传统城镇化强调城市规模，包括经济规模、人口规模和城市空间规模，并以此为目标，通过工业化牵引，实现人口、资本、产业的集中，实现城市空间规模扩张。传统城镇化忽视人的全面发展、忽视资源的集约节约使用，忽视城乡协调发展，忽视生态环境保护，是高成本、低收益的城镇化。随着传统城镇化的快速推进，城市大气污染、垃圾污染、噪声污染、水污染、城市病等问题高发频发，水资源短缺、能源紧张、人口膨胀、交通拥挤、住宅短缺、耕地占用、失业率高涨、社会治安恶化、贫民窟频现等现象日渐凸显（Hezri & Dovers，2007）。为了弥补传统城镇化战略的不足，推动实现城市可持续发展，国外学者先后提出了"可持续城市"（Dewan & Yamaguchi，2009；Jiboye，2011）、"低碳城市"（Kocabas，2013）、"智慧城市"（Macke，2019）、"弹性城市"（Jabareen，2013）等发展理念。

从我国城镇化发展历程来看，在各发展阶段也在不同程度上出现了各种城市问题，如城市生态环境污染、基础设施不足、交通堵塞、公共服务不均、城乡发展不平稳、贫富差距拉大等，这些问题都考验着我国城镇化的可持续发展（姚士谋等，2006；陆大道和陈明星，2015）。国内学者对城镇化过程中出现的上述问题进行了深入思考，开展了一系列相关研究工作，为国家相关政策的出台提供了科学依据。张红宇（2022）认为中国特色城镇化道路的探索源于中国农村土地制度的创新，从"两权分离"到"三权分置"土地制度安排推进了低成本的工业城镇化，同时也促进了农民收入的增加，使城乡关系逐步协调，推进了共同富裕，这种实践模式既区别于欧美，也不同于日韩发展模式，是一条具有鲜明中国特色的现代化道路。徐宪平（2012）认为我国城镇化的长期性、艰巨性和复杂性，要求我们必须从实际出发，遵循城镇化发展规律，积极稳妥地走出一条公平共享、集约高效、可持续的中国特色城镇化道路。张纯元（1985）对中国特色的城镇化特征进行了多维度的总结，他认为我国的小城市和各种类型的集镇是吸收农业人口转为非农人口主要渠道，是实现"就地消化"的基本场所；人口城镇化是有计划进行的，不是自发、盲目活动的结果；我国的城镇化也是城乡合作发展的过程，而不是城乡对立加剧的过程，是有利于农民发家致富的过程，而不是农民被剥夺后流落城镇化的过程；我国的城镇化要把城市病减少到最低限度，把城镇建设成为有利生产、方便生活、环境优美、水洁气新、舒适宜人的现代化的生产和生活基地。马晓河等（2014）认为我国的城镇化要着眼于三个转变：一是体制机制由"双轨制"向"一元化"转变，二是发展重点由"扩空间"向"提功能"转变，三是空间布局由"板块式"向"网格化"转变；要树立"以人为本"的城乡发展理念，坚持城乡一体，促进城乡要素资源平等有序流动，坚持绿色低碳，以建设美丽城市为导向，推动城镇化可持续发展。

（三）新型城镇化的内涵与特征

2014年，党中央、国务院印发《国家新型城镇化规划（2014—2020年）》，提出紧紧围绕全面提高城镇化质量，加快转变城镇化发展方式，以人的城镇化为核心，有序推进农业转移人口市民化；以城市群为主体形态，推动大中小城市和小城镇协调发展；以综合承载能力为支撑，提升城市可持续发展水平；以体制机制创新为保障，通过改革释放城镇化发展潜力，走以人为本、四化同步、优化布局、生态文明、文化传承的中国特色新型城镇化道路。这标志着我国开始经历从传统城镇化向新型城镇化的重大转型。

国内学界围绕新型城镇化的基本内涵与特征进行了深入研究与诠释。黄锟（2014）认为从城镇化发展模式的选择方面来看，新型城镇化力求城镇化与新型工业化、信息化和农业现代化同步发展，从城镇发展方式的选择看，新型城镇化是城镇发展方式多样化和合理化的城镇化，从城镇化动力和实现机制的选择来看，新型城镇化是市场推动、政府导向的城镇化。杨承训（2017）认为中国特色的城镇化要将大中小城市与乡镇联系起来，形成城镇网络，要构建区域城市群，这既是城市发展到成熟阶段的高级空间组织形式、国家经济发展的重要增长极，也是统筹空间、规模、产业几大结构的重要平台，城镇化进程中要注意保护文物，形成文化含量高的城镇化，城镇化建设与社会主义新农村建设同时并进，互相促进，不可偏废。张梦瑶

（2021）认为中国特色的新型城镇化要以改革创新为驱动，提高农业转移人口市民化质量，以多元开放为协助，提升新型城镇化资金保障能力，以集约协调为标尺，优化城镇化规模和空间布局，以"绿色发展"为底色，加强国土空间规划与管理，以公平共享为宗旨，合理配置城乡生产要素和公共资源。任杲和赵蕊（2022）认为我国新型城镇化的内涵演进经历了四个时期：在萌芽阶段，新型城镇化是指大中小城市和小城镇协调发展，合理发展小城镇，引导农村劳动力合理有序流动；在起步阶段，新型城镇化是指以大城市为依托，形成辐射作用大的城市群；在形成阶段，新型城镇化强调要增强中小城市和小城镇集聚功能，加强改革户籍制度，有序推进农业转移人口市民化；在发展阶段，新型城镇化强调以城市群为主体形态，加快农业转移人口市民化，完成生态保护红线，实现绿色发展。

综上所述，随着城镇化转型发展的不断推进，新型城镇化的内涵不断丰富、深化，与传统城镇化相比，新型城镇化在城市发展的理念、城市发展质量、空间形态、发展模式与路径等方面都有重大改变。具体来看，在发展理念上，新型城镇化更加注重城镇化质量，强调以人为本；在发展模式上，更强调耕地资源保护与集约发展；在空间形态上，注重促进特大、大、中、小城市及小城镇协调发展；在城镇建设上，更加注重文化保护、彰显地方特色，让居民"望得见山、看得见水、记得住乡愁"；在可持续发展上，更加注重生态文明建设，避免城市病；在政策保障上，更加注重制度与改革创新（谢天成和施祖麟，2015）。

二、生态环境风险的基本内涵

（一）生态环境内涵

不同的学科对生态环境有不同的内涵解释，从生物学视角来看，生态环境代表生物的生存空间，即以整个生物界为中心的外部世界；从环境学视角来看，生态环境指的是直接或间接影响人类生活和发展的各种自然因素的总和；从经济学视角来看，生态环境表示为由直接或间接影响区域经济、政治、文化、自然、社会等多方面发展的各种要素所组成的动态系统。

基于前文对城镇化内涵的分析，本研究所指的生态环境是指不包括污染和其他重大问题的、较符合人类理念的环境，或者是指适宜人类生存和发展的物质条件的综合体，它涵盖了水、土地、森林、能源等各种资源要素，也包括了这些自然要素与人类长期共处所产生的各种依存关系。

（二）生态环境风险内涵

区域生态环境风险是指在一定的区域内，不确定性的灾害事故对区域生态环境及其组成部分所产生的可能影响，这些影响可能会使得生态系统结构紊乱、生态功能受损，从而导致整个生态环境的安全与健康受到威胁。生态环境风险的产生是由生态环境系统内因（生态环境本身）和外因（人类社会经济活动）的综合作用所引发的，生态环境风险要素不仅涵盖环境、资源要素，还包括社会、经济要素。生态环境风险具有危害性、不确定性、客观性等属性，其中危害性和不确定性是生态环境风险的两个根本属性（李自珍等，2002）。危害性是指当灾害性事件发生后，生态环境系统及其组成部分，即生态环境风险承受对象所产生的不利影响。不确定性是指给生态环境带来危害的风险来源是事先无法准确预料的，即风险源产生的时间、地点、影响深度及范围等具有未确知性。客观性是指任何生态环境系统都是开放的，其组成部分之间相互联系，且不断运动变化，它必然会受到来自各方面风险源的不确定性、负面影响，因而生态环境也就必然存在发生风险的潜在可能性（刘红等，2005）。

第二节　主要理论基础

一、区域可持续发展理论

著名的罗马俱乐部于 1972 年推出了它的第一份研究报告《增长的极限》。报告中阐述了环境对于人类的重要意义，揭示了世界人口增长与资源消耗之间的内在关系，并强调在消费型工业社会发展的背景下，地球上的资源供给已无法满足世界各地进一步发展对其产生的巨大需求。为了消除资源紧缺给人类的生存与发展带来的危机，实现经济、社会、资源与环境的协调、持续发展，人类必须转变粗放型的经济增长方式与资源利用方式，构建可持续的经济发展模式。1987 年，在世界环境与发展委员会向联合国大会提交的《我们共同的未来》研究报告中，第一次全面探讨了人类社会发展进程中面临的诸多重大经济、社会、环境、资源问题，并明确了可持续发展的含义，即"既满足当代人的需求，又不损害后代人满足需求能力的发展"。换句话说，区域生态环境系统由经济、社会、资源、环境等子系统构成，各个子系统相互作用、相互影响，既要推动区域社会、经济子系统的快速发展，又要保护好区域资源、环境子系统，即在保护好人类赖以生存的大气、海洋、土地、淡水、森林等自然资源和环境的前提下，实现经济、社会各项事业的有序、快速发展（李景源等，2012）。

将可持续发展理论引入城镇化与区域生态环境交互关系研究中，以该理论为指导，树立"天人合一"的人地系统观，将区域生态环境问题与社会经济发展问题有机结合，合理评估城镇化进程中区域生态环境风险的演变趋势，并采取合理措施进行调控，从整体上把握和解决人口、资源、环境和发展问题。正确处理经济发展、资源利用、"三废"排放之间的关系，不断强化环境、资源的价值观念，有效抑制环境污染，提高资源利用率，特别是不可再生资源的使用效率，利用不断进步的科学技术，积极开发新资源，用新资源、可再生资源取代不可再生资源的使用，从而确保城镇化进程中生态环境系统的健康、持续发展。

二、环境库兹涅茨曲线理论

1991 年，经济学家格罗斯曼（Grossman）与克鲁格（Krueger）在分析北美自由贸易对环境产生的影响时发现了人均收入与污染排放之间的关系，具体来看，在低收入水平上，污染排放量随着人均 GDP 的增加而增加，在高收入水平上，污染排放量随着人均 GDP 的增加而减少。1995 年，两位学者进一步通过分析 66 个国家 14 种污染排放物的变动情况，证实了环境污染与经济发展水平之间的"倒 U 型"变化规律。环境污染与经济发展水平之间的变化关系与库兹涅茨（Kuznets）提出的人均收入与经济增长的变化关系类似，因此前者也被称为"环境库兹涅茨曲线（Environmental Kuznets Curve，EKC）"。后来众多的学者以不同区域为研究对象，对EKC曲线进行实证检验，结果发现由于受到产业结构变迁、生产技术水平、资源利用效率等众多因素的影响，EKC曲线并不完全呈现出"倒U型"的变化特征，此外，该曲线本身也是一个动态变化的过程，随着政府环保投入的增加、清洁生产技术的运用与推广、居民环保意识的增强，在较低收入水平上也可以实现环境质量的有效改善。

城镇化水平与生态环境质量两者之间也存在具有某种特征的EKC曲线关系，在分析两者之间的变化关系时，需要综合考虑研究区域的经济发展阶段、产业结构特点、生态环境特征、居民整体素质等多种要素，如在城镇化与生态环境耦合作用的初期阶段，城镇化水平整体较低，农业生产为主要的生产方式，工业与第三产业在GDP中的比重相对较低，以农业耕种为主的生产方式会导致森林、耕地、草地等自然资源的退化，但整体来看，城市发展对生态环境的影响较小，城市发展对资源的需求与环境的影响处于生态系统的承载范围内；在城镇化与生态环境耦合作用的中期阶段，城市发展以工业为主要推动力，农村剩余劳动力聚集城市，城市发展速度加快，各项基础设施与相关产业得到发展，与此同时，资源需求日益增加，环境污染日益严重，城市发展给生态系统带来巨大的压力；在城镇化与生态环境耦合作用的后期阶段，城市发展速度放缓，发展质量不断提升，逐步摆脱传统工业化发展路径，以生产性服务业和高附加值产业为发展重点，城市基础设施与服务不断完善，人们的环保意识逐渐增强，资源利用效率不断提高，环境污染得到有效控制，城镇化与生态环境进入协调发展的状态。总之，在城镇化进程中，要客观分析社会经济发展的特征及其产生的生态环境效应，多维度出发制定推进城镇化高质量发展的对策，从而减轻城镇化进程中社会经济发展对生态环境产生的压力，使城镇化的速度、规模与生态环境承载力的演化进程相适应。

三、系统理论

1932年，美籍奥地利理论生物学家贝塔朗菲（L. Von. Bertalanffy）发表了"抗体系统论"，首次提出了系统论思想，也标志着系统论的创立。1937年，系统论的理论基础——一般系统论原理进一步被提出来。1945年，贝塔朗菲发表《关于一般系统论》一文，对系统论的基本概念和一般原理进行了论述，1968年，贝塔朗菲发表专著《一般系统理论基础、发展与应用》，从而确立了这门学科的学术地位。

系统是由若干个相互联系、彼此作用的要素构成的有机整体。一方面，不同的要素处于系统中的不同位置，并发挥着各自特定的作用，彼此之间通过相互影响与联系构成一个有机的整体，系统的整体功能也是各要素在孤立状态下所没有的性质。另一方面，要素是整体中不可分割的组成部分，并在整体中发挥其特定作用，若要将其从整体中剥离出去，要素将失去其本能发挥的作用。一般系统具有整体性、层次性、结构性、动态性、综合优化等特性。系统的整体性是指系统内部各要素之间相互联系、相互制约，构成一个有机整体，系统整体的功能不等于各要素功能的简单加总，而个别要素功能的变化会导致其他要素甚至整体系统功能发生变化，整体功能一般大于各要素功能之和。系统的层次性是指系统是由分属于不同层级的要素，即"子系统"所构成，系统的层次越高，表明其所受的影响因素更多，系统的结构、功能和运动规律也越复杂。系统的结构性是指任何一个系统都有自己的结构，合理的结构能够推动系统向积极、有序的方向发展，不合理的结构则会使系统朝消极、无序的方向发展。系统的动态性是指组成系统的要素不断变化，系统表现出来的状态不断变化，系统所处的外部环境也在不断变化，有些系统变化明显，有些系统变化不明显，因此当我们考察一个系统时，不仅要从静态的角度考察系统的结构，还要从动态的角度研究系统及其组成要素的演变过程。系统的综合优化性是指系统内各要素之间、要素与系统之间的相互作用、相互影响呈现某种内在规律性，具体而言，系统在其发展进程中整体表现出进化过程和退化过程，当系统在发展中表现出从无序走向有序，则是进化过程，而当系统在发展中表现出从有序走向无序、混乱，则是退化过程。

深入探讨系统发展变化总体机制和规律是现代系统论研究的重要内容，系统发展变化的总体机制是：组成系统整体的要素数量、要素质量、要素层次、要素结构、要素功能及要素环境处于不断变化过程中，在它们的共同作用、影响下，整体系统也表现出某种规律性的变化。系统发展变化过程中表现出来的规律性是：在任何系统的发展过程中，都呈现出两个阶段，即上升和下降阶段。当系统发展处于上升阶段时，系统内部各要素的数量逐渐增加，要素质量不断提升，要素层次日趋复杂，要素结构逐渐合理，要素功能不断优化，要素与其生存的环境之间联系日益紧密。当系统发展处于下降阶段时，系统内部各要素的数量、质量、层次、结构、功能和环境则表现出与上述特征相反的变化特征，而当要素的变化达到甚至超过其临界值时，原有系统则很有可能会崩溃，甚至被新系统所取代（常绍舜，2011）。

城镇化与生态环境交互机制的研究对象就是由自然、环境、社会、经济等要素组成的复合系统。整个系统及其子系统也表现出整体性、层次性、结构性、动态性、综合优化性等特点。为了确保社会经济发展系统与生态系统的健康、有序运行，有必要深入探究两个系统运行的内在机制和变化规律。

四、系统耦合协调理论

"耦合"一词来源于物理学，主要指两个或两个以上的系统内部之间具有动态关联性，彼此之间相互作用、相互影响的现象。两个或两个以上的联系较为紧密的系统，通过能量、信息、物质等要素彼此之间的循环作用和复杂变化后，形成一个紧密机构功能体，这个变化过程称为"系统耦合"的过程。在这个过程中，通过不同系统的相互作用机制，各系统的属性发生变化，各要素由无序、低级向有序、高级转变，系统的缺陷得以弥补，彼此之间的矛盾得以调和，达到协调状态。

城镇化进程中，社会经济与生态环境两个系统通过各自的要素，产生相互作用、彼此影响的现象，众多学者以耦合协调概念为基础，探究两个系统之间的耦合协调发展规律，如2000年以后，以方创琳为首的研究团队提出了城市化与生态环境交互耦合的作用机制、耦合系统遵循的基本定律、耦合系统演化的主要阶段；此后，该研究团队从空间、时间、表象和组织四个维度，提出了一个解释城镇化与生态环境耦合机理的分析框架——"耦合魔方（CHNC）"；构建了特大城市群地区城镇化与生态环境耦合机理。在城镇化与生态环境交互关系的研究中引入耦合协调理论，研究社会经济与生态环境两个系统的耦合协调关系，有助于发挥两者的合力，为实现区域可持续发展提供保障。

第三节　城镇化与生态环境交互影响机理分析

城镇化是以农业为主的传统乡村型社会向以非农产业为主的现代城市型社会逐渐转变的复杂过程。新型城镇化的核心，在于不以牺牲农业与粮食、生态与环境为代价，其内涵主要由人口城镇化、经济城镇化、土地城镇化、社会城镇化等部分组成。生态环境系统是由生态系统和环境系统中的各个元素所组成的一个复杂系统。新型城镇化系统与生态环境系统彼此之间相互影响、相互作用，新型城镇化的发展要以保护生态环境、节约资源为前提，生态环境也要为新型城镇化发展提供良好的物质基础，两个系统之间相互协同，存在着耦合协调关系。

一、人口城镇化与生态环境系统的交互机理

人口城镇化表现为人口由农村向城镇转移聚集，城市人口密度逐渐增加。人口转移聚集加大城市交通系统压力，噪声尾气排放、生活垃圾等也给生态环境带来污染。随着城镇居民收入增加，需求也明显地提高，整体边际消费倾向上升，加之消费的"示范效应"对城镇居民消费行为的影响，其消费习惯与消费结构都会发生改变，这将提高人们对各类自然资源的索取程度，从而激化人类需求与生态环境系统供给之间的矛盾。另外，城镇化进程中，城市文明逐渐向乡村传播、渗透、融合，将带来城镇人口整体素质的提升，人们逐渐反思生产、生活行为对生态环境产生的深远影响，增强生态环保意识，进而转变生活方式与消费理念。

良好的生态环境为人类的生产生活提供有质量、有保障的物质基础，有助于促进人口进一步聚集，推动人口城镇化进程。反之，生态环境恶化、资源枯竭将会对人口，特别是高素质人才产生驱赶效应，阻碍人口城镇化进程。

二、经济城镇化与生态环境系统的交互机理

经济城镇化为新型城镇化进程提供了物质基础，经济城镇化对生态环境

的影响主要体现在两个方面，一是经济城镇化推动了产业和要素聚集，产业结构优化，消费结构升级，城市经济稳定性不断增强，不断增长的物质财富，为城市环保投资，缓解生态压力提供了有力保障；二是产业聚集会消耗更多的自然资源，废水、废气、固体废弃物等工业污染物对水、大气、土地等生态环境系统造成破坏，有可能导致生态环境发展进一步失衡。

生态环境对经济城镇化既有促进作用，也有抑制作用，促进作用主要表现在，生态环境为经济城镇化进程注入了新动能。高质量的生态环境系统以其优美的环境、丰富的资源吸引了各类优质资源聚集，推动以高新技术、低耗能、低污染为特征的新兴产业发展，促进新型城镇化高质量发展。生态环境对经济城镇化的抑制作用主要表现在，生态环境恶化、自然资源枯竭会直接导致环境敏感型企业外迁，资源、技术、管理、产业工人等各类资源流失，进而导致经济发展放缓，城镇化进程迟滞，甚至出现逆城镇化现象。

三、土地城镇化与生态环境系统的交互机理

土地城镇化表现为农村地域向城市地域转换。一方面，土地城镇化促进城镇基础设施和公共服务不断完善，促进对污染物的集中处理和回收，降低污染物扩散风险；另一方面，土地城镇化也促使生产主体和生态要素实现空间聚集，推动专业化分工协作，提高资源配置效率。但是在土地城镇化进程中，不断增加的城市用地需求也会导致土地资源紧张、生态景观破坏、生物多样性减少。无序的城镇空间扩张，更是破坏区域生态格局和功能，威胁区域生态环境安全。

在城镇化进程中，可持续地利用土地资源，是生态系统承载力的重要体现，也是实现区域经济社会健康、可持续发展的重要保障。土地资源可能成为城镇化进程中的致灾因子，它决定了城镇化与生态系统相互作用的范围、强度与方式。土地资源以及依附于土地资源而存在的森林、矿产、水文、气候等自然要素，经过不同地质年代的交互作用，形成了各具特色的生态地理系统，发挥了各自生态功能，但也存在各自的脆弱性和致灾机制，成为城镇化进程的瓶颈。

四、社会城镇化与生态环境系统的交互机理

社会城镇化表现为城市生活方式向农村地区渗透、扩散，通过宣传、教育、

示范，向城镇居民推广绿色、健康、环保、高效的生活理念与生活方式。这不仅有助于提升人们的生活质量与生活水平，增强人们的获取感和幸福感，也有助于引导人们践行绿色消费理念，树立生态环境保护意识，保护人类赖以生存的生态环境系统，实现新型城镇化与生态环境系统保护相互促进，协调发展。

生态环境质量是衡量新型社会城镇化发展水平的重要指向性指标。随着生态环境的改善，人们的生活质量与生活体验也得到提升，"绿水青山就是金山银山"的理念更加深入人心，人们追求高效、健康的生活方式的意愿也越来越强烈。而生态环境恶化，直接影响人们生活理念，逆向改变人们的生活方式，促使生态环境进一步恶化。此外恶化的生态环境，也会降低城镇竞争力，各种优质资源难以聚集，现代、科学、便捷的生活方式难以得到推广，社会城镇化进程势必放缓。

总而言之，城镇化和生态环境之间客观存在着极其复杂的交互耦合关系，新型城镇化过程中的方方面面都会对生态环境产生影响，而生态环境也通过自身的响应机制对城镇化过程的方方面面发挥促进与约束作用，具体交互耦合关系如图 3 - 1 所示。

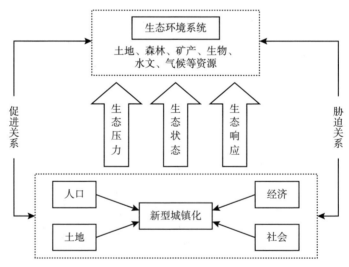

图 3 - 1　新型城镇化与生态环境系统交互关系

第四章　武陵山片区发展概况

第一节　武陵山片区地理位置与行政区划

武陵山片区是中国区域发展和扶贫攻坚规划里的区划概念，是以武陵山为标志性符号，依据连片特困地区划分标准及经济协作历史沿革人为划定的地域，非自然地理概念。片区位于北纬27°10′～31°28′，东经106°56′～111°49′，地处湘、鄂、渝、黔四省市交界地区，国土总面积17.18万平方千米，其中包括湖南省37个县市区、湖北省11个县市区、重庆市7个县区、贵州省16个县市，共计71县（市、区）（见表4-1）。

武陵山片区是我国典型的"老、少、边、穷"地区，集革命老区、民族地区和贫困地区于一体，是跨省交界面大、少数民族聚集多、贫困人口分布广的连片特困区和经济协作区。截至2020年末，片区常住总人口2983.46万人，其中城镇人口1381.95万人，乡村人口1601.51万人，常住人口城镇化率达46.32%，片区境内世居有土家、苗、侗、白、回、仡佬等9个少数民族，少数民族人口1259.85万人，占总人口比重为42.23%。

表4-1　　　　　　　　　　武陵山片区行政区划

省级行政区	地市级行政区	县级行政区	备注
湖南片区（37个）	邵阳市	新邵县、邵阳县、隆回县、洞口县、绥宁县、新宁县、城步苗族自治县、武冈市	部分县市
	常德市	石门县	部分县市
	张家界市	永定区、武陵源区、慈利县、桑植县	全市
	益阳市	安化县	部分县市

续表

省级行政区	地市级行政区	县级行政区	备注
湖南片区 (37个)	怀化市	鹤城区、中方县、沅陵县、辰溪县、溆浦县、会同县、麻阳苗族自治县、新晃侗族自治县、芷江侗族自治县、靖州苗族侗族自治县、通道侗族自治县、洪江市（含洪江管理区）	全市
	娄底市	新化县、冷水江市、涟源市	部分县市
	湘西土家族苗族自治州	吉首市、泸溪县、凤凰县、花垣县、保靖县、古丈县、永顺县、龙山县	全州
湖北片区 (11个)	宜昌市	秭归县、长阳土家族自治县、五峰土家族自治县	部分县市
	恩施土家族苗族自治州	恩施市、利川市、建始县、巴东县、宣恩县、咸丰县、来凤县、鹤峰县	全州
重庆片区 (7个)		黔江区、武隆区、丰都县、石柱土家族自治县、秀山土家族苗族自治县、酉阳土家族苗族自治县、彭水苗族土家族自治县	部分县市
贵州片区 (16个)	遵义市	正安县、道真仡佬族苗族自治县、务川仡佬族苗族自治县、凤冈县、湄潭县、余庆县	部分县市
	铜仁市	碧江区、万山区、江口县、玉屏侗族自治县、石阡县、思南县、印江土家族苗族自治县、德江县、沿河土家族自治县、松桃苗族自治县	全市

第二节　武陵山片区自然条件与自然资源概况

一、自然条件

武陵山片区地处江汉平原农业文明区与云贵高原山地复合经济区的过渡区，地形地貌复杂，三山盘踞，四水穿流。"三山"包括武陵山、雪峰山和巫山，其中分布面积最大的山脉当属于跨越湘、鄂、渝、黔四省市的武陵山。武陵山区是云贵高原的东部延伸地带，属于苗岭分支，也是我国三大地形阶梯中的第二级阶梯向第三级阶梯的过渡带，其主体山脉呈"东北—西南"走向，绵延于贵州省东北部和湖南省西北部，山区地质、地貌类型复杂，主要由古生代的沉积岩和部分沉积变质岩组成，喀斯特地貌特征明显。武陵山脉海拔差异大，平均海拔1000米以上，梯度变化从100米到近3000米不等，山区全境的70%海拔处于800米以上，峰顶保持着一定平坦面，山体形态呈现出顶平，坡陡，谷深的特点，境内有梵净山、八大公山、星斗山、七姊妹山等主要山峰。

除以武陵山脉走向所构成的沟壑峡谷外，片区还存在着一张以沅水、澧水、乌江、清水江等"四水"大河为主干线、数以千计的溪流为支线的通道网络，其中沅水属于长江流域洞庭湖支流，起源于贵州都匀市苗岭山脉斗篷山，其清水江段流经贵州省西北部、沅江段流经湖南省西部，从常德市德山入洞庭湖，沅水干流全长1033千米，年径流量668亿立方米，是湖南省的第二大河。乌江为贵州省第一大河，是长江上游南岸最大的支流，其发源于贵州西部威宁县乌蒙山东麓，横贯贵州中部及东北部，至洪渡向北约15千米处进入重庆市，至涪陵汇入长江。乌江历来是贵州最重要的水上通道之一，其流量充沛，流态稳定，流域内矿产资源丰富，是名副其实的"黄金水道"。武陵山脉是沅水、乌江的分水岭。

武陵山片区地处北纬30°附近，气候属亚热带季风湿润气候，气候温暖湿润，平均温度在13～18℃之间；降水量960～1600毫米；无霜期在280天左右。其中湖南片区具有气候温和，四季分明，雨水集中，光热资源丰富的特点，年降水量为1200～1600毫米，年均气温15℃左右；湖北片区全年气候温和，雨量丰沛，四季分明，雨热同季，无霜期长，年降水量960～1600毫米，年平均气温14～17℃；重庆片区气候具有春早气温不稳，夏长酷热多旱，秋凉阴雨连绵，冬暖少雪多雾的特点，年平均降水量1000～1100毫米，年平均气温18℃；贵州片区冬无严寒，夏无酷暑，雨热同季，润物宜人，年平均降水量1100～1410毫米，年平均气温13.5～17.6℃。

二、自然资源

武陵山片区地理位置特殊，地形地貌复杂多变，境内山地、丘陵起伏，兼有山间盆地、河谷带状平原。片区自然资源禀赋高，孕育着肥沃的土地资源、充裕的水资源、丰富的矿产资源和生机勃发的生物资源。

在土地资源方面，武陵山片区国土总面积17.18万平方千米，由于境内以山地为主，山地面积占片区国土总面积的比重超过70%。耕地面积约2500千公顷，人均0.81亩，耕地主要分布于河谷阶地、低山河谷，低山丘陵、山间盆地、河谷带状平原等地面。从土地利用的分布状况来看，土地资源开发潜力较大，适合林、果药、茶、桑、畜等综合开发，特别是铜仁市1965.12平方千米天然草地，天然适合发展畜牧养殖业。

在水资源方面，武陵山片区境内降水充沛，年降水量为1200～1600毫米。地表河流密度高，5千米以上的河流超过5000条，分属长沙上游下段、乌江、清江、沅水、澧水5大水系，较大的河流有资江、酉水、辰水、武水、猛洞河等，天然水资源总量超过2000亿立方米。水能资源理论蕴藏量大，资源开发价值高，比如铜仁市境内河流的河源地势较高，河流比降大，水力资源好，全市拥有水能理论蕴藏量93.7万千瓦，其中可开发能量39.97万千瓦，占理论值的42.6%。

在矿产资源方面，武陵山片区成矿地质条件良好，矿藏丰富、储量巨大，已探明的矿产资源超过70种，其中恩施自治州硒矿资源丰富，探明总量46亿吨，具有世界上特有的独立的硒矿床，是我国迄今发现的第一个富硒区，被誉为"世界硒都"；湘西自治州锰、汞、铝、紫砂陶土矿居湖南省之首，锰工业储量居全国第二，汞远景储量居全国第四；铜仁市汞矿和锰矿储量最为丰富，是境内驰名中外、最具特色的优势矿产，已探明的锰矿储量达3700万吨，预计远景储量超过1亿吨，探明储量位居全国第三。

在生物资源方面，武陵山片区具有丰富独特的动植物资源，生物物种多样。其中武陵山重点生态功能区素有"华中动植物基因库"的美誉，已知动物资源有16纲89目390科2693种，被列入国家珍稀保护的野生动物有16种，其中国家一级保护动物华南虎、金丝豹、金钱豹、云豹、黔金猴、黑叶猴、红腹雉鸡、红腹绵鸡、白鹤、白冠毛尖尾雉等。国家二级保护动物猕猴、香獐、大鲵、熊猴、红面猴等。已知植物资源343科1770属6950种，其中国家一级保护植物有珙桐、水杉、红豆杉、银杏等，国家二级保护植物有钟萼木、香果、杜仲等；药用植物资源也相当丰富，如黄姜、黄连、樟脑、党参、当归、贝母、天麻、厚朴、半夏等，品种超过2000种。

第三节　武陵山片区城镇化进程

一、人口城镇化进程

人口城镇化是社会生产力发展到一定阶段之后的必然过程，随着社会生产力发展，全社会劳动生产效率逐步提升，农村富余劳动力开始向城镇转移，进而推动人口城镇化进程。2000～2020 年，武陵山片区经济社会发展迅猛，吸引了大量的农村富余劳动力向城镇大规模转移，城镇化水平实现了稳定提升，具体呈现以下特点。

（一）常住人口总量略有下降，人口区域构成稳定

从第五、第六、第七次全国人口普查数据可以看出（见图 4 - 1），2000年第五次全国人口普查，武陵山片区常住人口为 3203 万人，至 2010 年、2020 年，常住人口分别下降至 3082 万人和 2983 万人，片区整体上常住人口呈持续下降趋势；从区域上看，湘、鄂、渝、黔片区常住人口均有不同程度的下降，但各区域常住人口构成比例保持稳定（见图 4 - 2）。

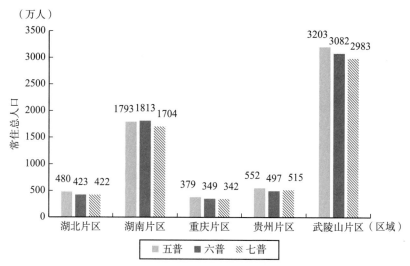

图 4 - 1　武陵山片区常住总人口变化趋势

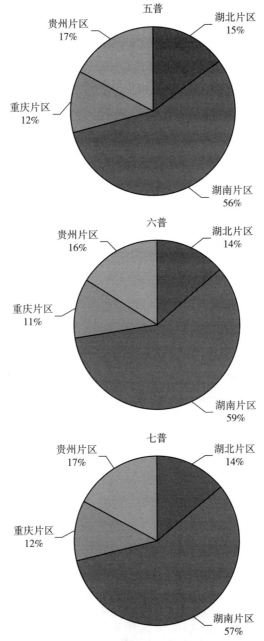

图4-2 武陵山片区分区域常住人口构成

片区常住人口总量下降的原因不外乎两个：一是受生育观念变化、

婚育推迟等多重因素影响，育龄妇女生育意愿持续下降。第七次人口普查数据显示，2020年我国育龄妇女生育率为1.3，已远低于世界平均水平。二是受自然环境、地理环境和经济社会发展等多方面因素影响，片区人口持续外流。相较于东南沿海经济发达地区，武陵山片区发展机会和就业前景明显落后，对年轻劳动者而言，吸引力明显不足，造成片区人口持续外流。

（二）片区人口城镇化进程提速，但落后全国同期水平

根据第五、第六、第七次全国人口普查数据，可以计算得到2000年、2010年、2020年武陵山片区及湘、鄂、渝、黔片区常住人口城镇化率，具体如图4-3所示。2020年片区居住在城镇的人口为1381.95万人，占比46.32%，居住在乡村的人口为1601.50万人，占比53.68%。与2010年相比，城镇人口增加456.29万人，乡村人口减少554.71万人，城镇人口比重上升16.28个百分点。与2000年相比，城镇人口增加848.78万人，乡村人口减少1068.63万人，城镇人口比重上升29.68个百分点。总而言之，20年间武陵山片区常住人口城镇化率提速明显，但仍低于同期全国城镇化水平17.57个百分点。

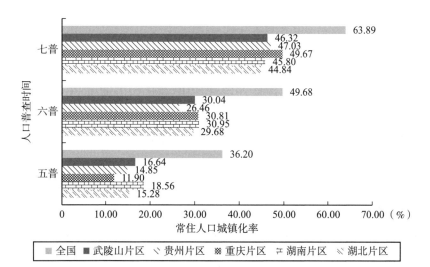

图4-3　武陵山片区常住人口城镇化率变动趋势

20 年间片区常住人口城镇化率快速提升，这是片区经济社会快速发展的重要体现，也是片区人力资源与人才资源实现有效配置的重要体现，更是片区经济发展活力持续增强的结果。随着片区产业转型升级步伐的加快，预计在相当长的时期内片区常住人口城镇化率还将保持快速上升趋势，直到与全国城镇化水平持平。

（三）区域人口城镇化进程各异，渝黔片区进步明显

从图 4-3 可以看出，湘、鄂、渝、黔片区人口城镇化进程的步调并不一致，其中渝黔片区常住人口城镇化率提升较快，20 年间城镇化率分别提升 37.77 个百分点和 32.18 个百分点，2020 年重庆片区常住人口城镇化率达到 49.67%，贵州片区常住人口城镇化率达到 47.03%，城镇化水平分别反超湖南片区和湖北片区，但仍低于同期全国城镇化水平，表明随着新型工业化、信息化和农业现代化的深入发展和农业转移人口市民化政策落地实施，湘、鄂、渝、黔片区新型城镇化进程稳步推进，城镇化建设取得了历史性成就。

二、经济城镇化进程

（一）片区经济城镇化总体概况

2011~2020 年，武陵山片区 GDP 总量保持持续、快速增长，增长速度在中后期虽有放缓，但总体上高于同期全国 GDP 增长速度。2020 年片区 GDP 总量达到 1.07 万亿元，是 2011 年 GDP 总量的 2.37 倍（见图 4-4）。人均 GDP 同样保持快速增长，但与全国平均水平仍有较大差距。2020 年片区人均 GDP 为 34948 元，是 2011 年人均 GDP 的 2.38 倍，为全国同期水平的 48.66%，人均 GDP 地域排名依次为重庆片区、贵州片区、湖南片区、湖北片区（见图 4-5）。随着经济快速发展，片区常住人口城镇化率亦保持同步增长，2020 年片区常住人口城镇化率达到 46.32%，相较于2010 年，片区常住人口城镇化率提升 16.28 个百分点。这表明经济发展是推进城镇化进程的动力所在，经济发展水平越发达，产业结构越优化，地区城镇化水平越高。

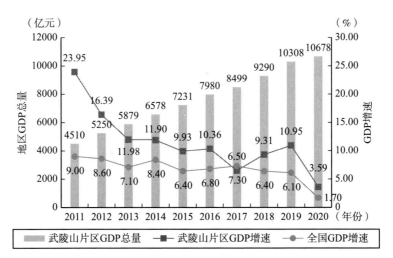

图 4-4　2011～2020 年武陵山片区地区 GDP 总量及其增长速度

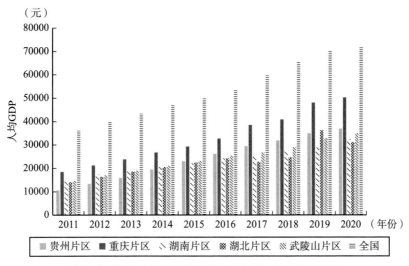

图 4-5　2011～2020 年武陵山片区人均 GDP 变动趋势

进一步对 2011～2020 年片区各区域 GDP 增长率变动趋势进行对比分析（见图 4-6），我们不难发现，湘、鄂、渝、黔片区地区 GDP 均保持高于全国同期水平的增长速度，但增速变动趋势各异。在中前期贵州片区 GDP 增速表现亮眼，不仅高于其他地区 GDP 增速，也远高于同期全国水平，后期重庆片区 GDP 增速表现更为突出，在整体增速放缓的情况下，实现了加速增长；2020 年，受新冠疫情影响，片区 GDP 增速进一步放缓，湖北片区甚至出现负增长。结合前文分析，可以进一步发现，渝、黔片区 GDP 增长速度变动趋势，与其城镇化率变动趋势保持一致，这表明地区经济发展存在差异，是城镇化发展水平不同的关键原因。

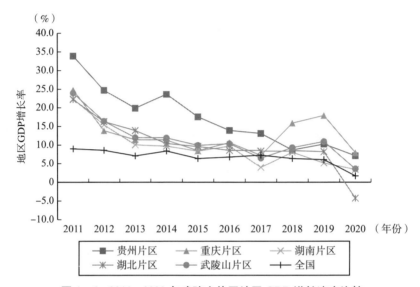

图 4 - 6 2011 ~ 2020 年武陵山片区地区 GDP 增长速度比较

（二）片区产业结构调整与优化

产业结构是衡量地区经济发展水平的重要指标之一，一个地区的产业结构是否合理，是否需要优化调整，关键要看是否有利于促进国民经济协调发展，是否有利于推动科技进步，提升劳动生产效率，是否有利于兼顾短期经济增长和长期经济健康发展。武陵山片区大部地处我国亚热带森林系统核心区，是长江流域重要的水源涵养区和生态屏障，资源环境承载能力较低，不具备大规模高强度工业化城镇化开发的条件，必须把增强生态产品生产能力作为首要任务，因此"三二一"的产业结构更有利于促进经济社会与生态环境协调发展。

具体而言，以生态旅游业为代表的第三产业具有资源消耗低，环境污染较少，就业弹性高、增长波动平稳等特点，扩大第三产业比重是片区产业结构调整的优先方向；以生态农林业为代表的第一产业，生产过程资源依赖低，环境破坏少，生态产品丰富，保持第一产业比重稳定是片区产业结构调整的重点方向，以生物制药、农产品深加工、信息技术业为代表的第二产业，具有生产效益高，资源耗费较低的特点，推动产业转型升级，适当降低第二产业比重是产业结构调整的关键内容。

从武陵山片区整体经济结构来看，其产业结构日趋合理，经济转型取得了明显进展，但产业结构仍有优化空间。2020 年片区三次产业结构为 18.9∶27.9∶53.3，与 2011 年相比，第一产业增加值占地区生产总值的比重下降 2.8%，第二产业比重增加值占地区生产总值的比重下降 10.4%，第三产业增加值占地区生产总值的比重上升 13.3%（见表 4-2），与同期全国产业结构相比，第一产业比重高出全国水平 11.2 个百分点，第二产业比重低于全国水平 9.9 个百分点，第三产业比重与全国水平基本持平（见图 4-7）。分地域来看，湖北片区第三产业比重增长幅度最大，10 年间扩大 16.2 个百分点；湖南片区第一产业比重变动幅度最小，10 年间下降 1.7 个百分点，而第二产业比重下降幅度最大，10 年间下降 12 个百分点。

表 4-2　　　　　　　　　　　武陵山片区产业结构

区域	地区 GDP（亿元）		第一产业增加值（亿元）		第二产业增加值（亿元）		第三产业增加值（亿元）		三次产业结构	
	2011 年	2020 年	2011 年	2020 年	2011 年	2020 年	2011 年	2020 年	2011 年	2020 年
贵州片区	530	1904	155	472	139	440	236	992	29.3∶26.2∶44.5	24.8∶23.1∶52.1
重庆片区	643	1723	111	250	295	603	236	871	17.3∶46.0∶36.8	14.5∶35.0∶50.5
湖南片区	2742	5553	543	1003	1103	1565	1096	2985	19.8∶40.2∶40.0	18.1∶28.2∶53.8
湖北片区	596	1498	170	292	188	367	238	839	28.5∶31.6∶39.8	19.5∶24.5∶56.0
武陵山片区	4510	10678	979	2017	1726	2975	1805	5686	21.7∶38.3∶40.0	18.9∶27.9∶53.3
全国	487940	1013567	44782	78031	227035	383562	216124	551974	9.2∶46.5∶44.3	7.7∶37.8∶54.5

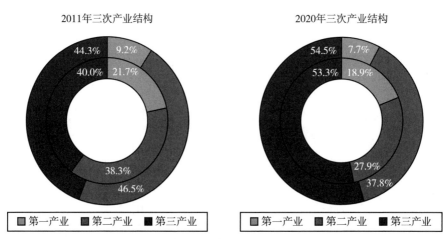

图4-7 武陵山片区产业结构与全国产业结构比较

三、土地城镇化进程

土地城镇化与人口城镇化是新型城镇化的两个基础性要素。土地城镇化是指农业用地转变为城市建设用地的过程，一般用城市建成区面积、城市建设用地面积表征。人口城镇化是指乡村人口向城市人口转变，以及人口向城镇集聚的过程，一般用户籍人员城镇化率、常住人口城镇化率表征。人口城镇化是新型城镇化的核心和本质，土地城镇化则是推进新型城镇化的载体和基础。促进土地城镇化与人口城镇化协调发展是推进新型城镇化的重要内容。

（一）片区土地城镇化总体概况

2011～2020年，武陵山片区各县市土地城镇化取得明显进展，城市建成区面积稳定增长，以片区六个中心城市为例（见图4-8），截至2020年，城市建成区面积最大的城市为怀化市，其建成区面积达到65.5平方千米，较2011年面积扩大9.5平方千米，增长17.0%；10年间城市建成区面积增长最快的城市为铜仁市，2020年其面积达到54.04平方千米，较2011年面积扩大22.14平方千米，增长69.4%；建成区面积增长幅度最小的县市为重庆黔江区，10年间面积扩大3.81平方千米，增长率16.0%。

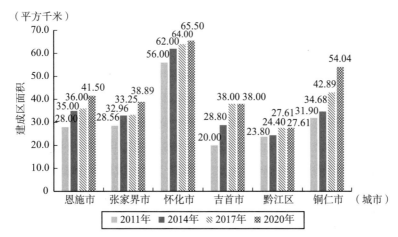

图 4-8　2011~2020 年武陵山片区六个中心城市建成区面积变动趋势

城市人口密度变化可以反映土地城镇化与人口城镇化之间的发展趋势，城市人口密度越高，人均占地面积越少，集约用地程度也越高。当城市人口增速快于建成区面积增速时，城市人口密度逐步升高；反之，城市人口密度逐步下降，城市用地效率逐步降低。2011~2020 年，武陵山片区六个中心城市的城市人口密度呈不断升高趋势，说明整体而言中心城市集约用地程度不断升高，土地利用效率不断提升。具体而言，截至 2020 年，怀化市城市人口密度最大，达到 9585 人/平方千米；黔江区城市人口密度最小，仅为 2070 人/平方千米（见图 4-9）。

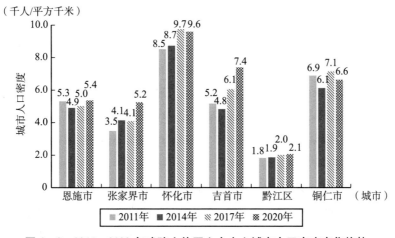

图 4-9　2011~2020 年武陵山片区六个中心城市人口密度变化趋势

（二）片区城市扩张合理性分析

土地城镇化与人口城镇化之间的关系可以借助城市建设用地增长弹性系数进行描述与评价。城市建设用地增长弹性系数是指城市建设用地增长率与城市人口增长率之比，其数值大小可以用来评价城市扩张的合理性。城市建设用地增长弹性系数越接近于1，城市扩张越具有合理性；与1的差值越大，城市建设用地增长与人口增长之间的协调性越低，城市扩张越不合理。国际上公认的城市建设用地增长弹性系数合理值为1.12。

由于武陵山片区各县市历年城市建设用地数据缺失较多，难以通过插值法等合理方法予以补齐，本书选取2011～2020年怀化市城镇人口数据与城市建设用地数据进行城市扩张合理性分析。从图4-10可以看出，2011～2020年，怀化市城市扩张呈现明显的周期性特征：第一阶段是2011～2012年，怀化市建设用地增长弹性系数大于1，且高于弹性系数合理值，这一阶段建设用地增长率高于城市人口增长率，人地关系失调，土地资源存在闲置和浪费。第二阶段是2013～2014年，怀化市建设用地增长弹性系数小于1，建设用地增长率小于城市人口增长率，人地关系仍然失调，存在城市人口增长过快、土地供给不足的问题。第三阶段是2015年，建设用地增长弹性系数远超其合理值，达到10.63，究其原因是2015年城市人口增长明显放缓，但城市建设用地增长强度不变，从而造成建设用地增长弹性系数急剧增大，这表明土地利用效率有待提升。第四阶段是2016～2018年，建设用地增长弹性系数等于零，城市扩张陷入停滞，城市人口仍保持温和的增长，土地利用效率仍有待加强。第五阶段是2019～2020年，建设用地增长弹性系数低于1且在2020年低于0，说明随着人口自然增长的放缓，城市人口增长出现转折，呈现负向增长趋势，人地关系继续趋于失衡，需要优化调整城市建设用地思路，降低增量，盘活存量成为怀化市未来城市建设用地的必然选择。

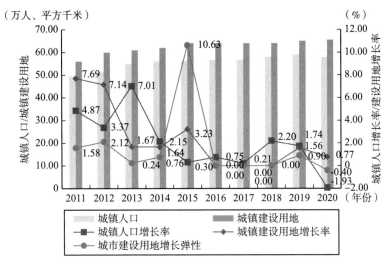

图 4–10 2011～2020 年怀化市城镇人口与城镇建设用地变化趋势

四、社会城镇化进程

实施乡村振兴战略，推进城乡一体化发展，主要障碍是城乡二元结构。所谓城乡二元结构，就是在户籍制度上将城镇居民和农村居民在身份上人为地分成两个截然不同的社会群体，公共资源配置和基本公共服务等向城镇和城镇居民倾斜，农村得到的公共资源和农民享有的基本公共服务明显滞后于城镇和城镇居民，农民不能平等参与现代化进程、共同分享现代化成果。加快推进以人为核心的新型城镇化进程，就是要打破户籍限制，破除城乡二元结构，实现公共资源高效配置和基本公共服务均等化。新型城镇化强调"以人为核心"，意味着城镇化进程不再是简单地征地拆迁，盲目地扩大城市人口规模和面积规模，也不再是 GDP 挂帅，片面强调城市经济发展，而是在城镇化进程中注入更多的民生福祉，让城市新市民在教育、就业、医疗、住房等方面享受到均等的基本公共服务，从而缩小户籍人口城镇化率和常住人口城镇化率之间的差距。

（一）教育资源分布

百年大计，教育为本，教育是民族振兴和社会进步的基石。促进教育公平，合理配置教育资源，是衡量一个地区社会城镇化水平的重要标志之一。从 2011～2020 年武陵山片区中小学师生比变化趋势来看（见图 4 - 11），2018 年以前，武陵山片区教育资源配置总体上低于全国平均水平，2018 年以后中小学师生比逐步追平全国平均水平。从区域差异上看，贵州片区、重庆片区在教育资源配置上具有明显的后发优势，持续保持增长态势，2018 年及以后年份，中小学师生比逐步超过全国平均水平，表明渝、黔片区基础教育师资力量在不断增强，教育质量得到了良好保障。湖南片区、湖北片区前期教育资源配置与全国平均水平持平，中期呈下降趋势，后期呈逐步增长趋势，但仍低于全国水平，表明湘、鄂片区基础教育师资力量薄弱，仍待加大资源投入力度。

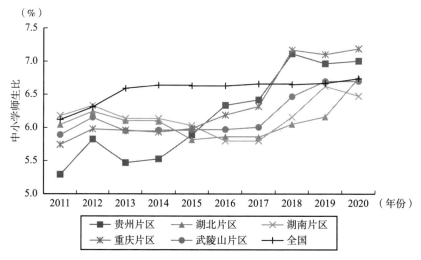

图 4 - 11　2011～2020 年武陵山片区中小学师生比变化趋势

从普通高等院校分布情况来看（见表 4 - 3），武陵山片区高等院校数量整体较少，分布不均，办学层次还需要进一步提高。截至 2020 年，片区共有普通高等院校 19 所，其中本科层次院校 7 所（含 1 所民办院校），专科层次院校 12 所（含 2 所民办院校）。从地域分布上，本科院校主要分布湘、鄂片区，渝、黔片区本科院校分布较少。从办学层次上看，片区无 985/211 高水平高等院校，只有吉首大学拥有博士点和硕士点，湖北民族大学拥有硕士点，区域高级人才培养严重受限。

表4-3　　　　　　　武陵山片区普通高等院校分布情况

区域	高校名称	数量	备注
湖南片区	吉首大学、怀化学院、湖南医药学院、吉首大学张家界学院、张家界航空工业职业技术学院、怀化职业技术学院、湘西民族职业技术学院、怀化师范高等专科学校	8所	其中：本科院校4所（含民办院校1所），专科院校4所
湖北片区	湖北民族大学、湖北恩施学院、恩施职业技术学院	3所	其中：本科院校2所，专科院校1所
重庆片区	重庆工贸职业技术学院、重庆旅游职业学院	2所	其中：本科院校0所，专科院校2所
贵州片区	铜仁学院、铜仁职业技术学院、铜仁幼儿师范高等专科学校、贵州工程职业学院、贵州健康职业学院、贵州铜仁数据职业学院	6所	其中：本科院校1所，专科院校5所（含民办院校2所）

（二）医疗资源分布

医疗资源合理配置，也是衡量社会城镇化水平的重要标志之一，具体指标包括每万人医疗机构床位数，三甲医院数量、城乡医疗保险参保率等。每万人医疗机构床位数用来衡量区域基本医疗卫生硬件水平，直接反映地区居民基本医疗卫生服务能力。从2011~2020年武陵山片区每万人医疗机构床位数变化趋势来看（见图4-12），研究前期片区整体医疗硬件水平略低于全国平均水平，后期逐步赶超同期全国平均水平。从区域差异上看，贵州片区医疗硬件改善幅度最大，从2011年每万人30.51张医疗机构床位，增长至2020年每万人77.3张医疗机构床位，增长153.36%；医疗硬件改善幅度最小是湖北片区，2020年每万人医疗机构床位数63.73张，较2011年增长54.61%。

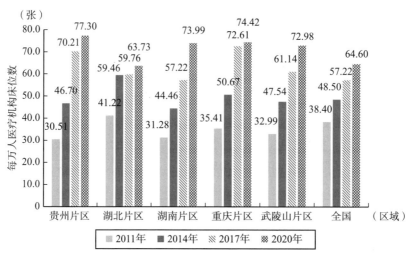

图 4-12 2011～2020 年武陵山片区每万人医疗机构床位数变化趋势

三甲医院数量代表区域基本医疗软实力，反映了区域医院整体医疗服务水平。从三甲医院分布情况来看（见表 4-4），武陵山片区高水平三甲医院数量较少，且地域分布不均。截至 2020 年，片区高水平三甲医院共计 13 所，中医医院 5 所，综合性医院或中西医结合医院 8 所。从地域分布上看，高水平三甲医院主要分布片区六个中心城市，其中湖南片区 7 所、湖北片区 4 所，重庆片区、贵州片区各 1 所。这表明片区整体医疗水平有待提高，医疗资源配置需要进一步优化。

表 4-4　　　　　　　　武陵山片区三甲医院分布情况

区域	三甲医院名称	数量	备注
湖南片区	张家界市人民医院、张家界市中医院、湘西自治州人民医院、湘西自治州民族中医院、湖南医药学院总医院、怀化市中医院、湖南医药学院第一附属医院	7 所	其中，区域中心城市 7 所
湖北片区	恩施土家族苗族自治州中心医院、湖北民族大学附属民大医院、建始县中医院、利川市民族中医院	4 所	其中，区域中心城市 2 所
重庆片区	重庆市黔江中心医院	1 所	其中，区域中心城市 1 所
贵州片区	铜仁市人民医院	1 所	其中，区域中心城市 1 所

（三）就业与居民收入情况

落实就业公平，既是社会公平的重要体现，也是区域社会城镇化水平提升的重要内容。从武陵山片区六个中心城市城镇登记失业率变化趋势可以看出（见图4－13），2011～2020年，除怀化市在个别年份失业率高企之外，片区中心城市就业形势基本稳定，且持续向好。其中张家界、黔江、铜仁三市历年城镇登记失业率稳定在4%以下，低于全国平均水平。恩施、怀化、吉首三市登记失业率亦保持稳定，前期略高于同期全国水平，后期就业形势持续好转，失业率低于同期全国水平。片区就业形势稳中向好，一方面与经济持续保持健康快速发展密切相关，另一方面与片区在稳就业保就业政策上精准发力，推进新型城镇化进程，大力发展第三产业有关。

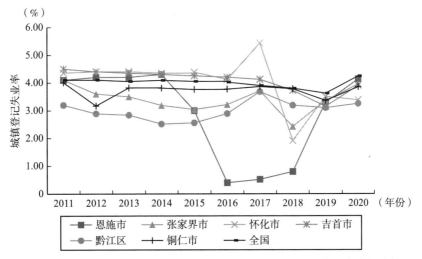

图4－13　2011～2020年武陵山片区六个中心城市城镇登记失业率变化趋势

缩小城乡收入差距，是破除城乡二元结构，推进城乡一体化的重要举措和内容。从图4－14可以看出，2011～2020年武陵山片区中心城市城乡居民人均可支配收入比均呈不断缩小趋势，2020年各市城乡人均收入比均低3.0。从城市差异来看，张家界、怀化两市城乡人均收入比低同于同期全国平均水平，其他四市城乡人均收入比高于全国同期水平，但比值不断缩小。

从前后期对比来看，城乡人均收入比缩小幅度最大的是铜仁市，从 2011 年城乡人均收入比 4.85，缩小到 2020 年的 2.71，城乡差距缩小 44.19%；黔江区城乡人均收入比较稳定，2011 年为 2.94，2020 年缩小到 2.65，城乡差距缩小 9.83%。

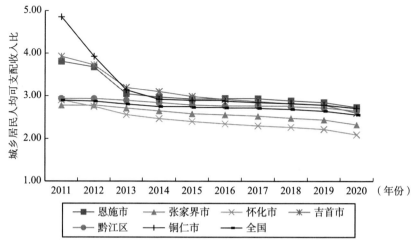

图 4 - 14　2011～2020 年武陵山片区六个中心城市城乡

居民人均可支配收入比变化趋势

（四）人民生活水平

着力提高人民的生活水平，是以人为核心的新型城镇化的应有之义。恩格尔系数是衡量一个家庭或一个国家富裕程度、生活水平高低的主要标准之一。恩格尔系统受地域、价格等因素影响，在粮食自给率较高的地区，食品价格变动幅度较小，价格因素对恩格尔系数的影响也较小。但一般而言，恩格尔系数越高，人民越不富裕，生活水平也越低。从图 4 - 15 可以看出，2011～2020 年，除恩施、黔江外，武陵山片区其他四个中心城市的恩格尔系数均呈下降趋势，且在中后期低于全国同期水平。2011～2020 年，恩施、黔江两地恩格尔系数波动较大，但整体上均高于全国同期水平。这表明恩施、黔江两地居民消费支出中食品支出比重较大，食品支出挤占了其他消费支出，因而生活压力相对较大。

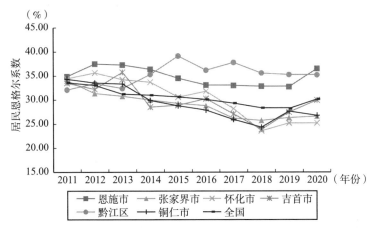

图 4 - 15　2011～2020 年武陵山片区六个中心城市居民恩格尔系数变化趋势

城镇居民人均住房面积，也是衡量人民生活水平，影响人民获得感的重要指标之一。从图 4 - 16 可以看出，2011～2020 年武陵山片区六个中心城市城镇居民人均住房面积呈逐年上升态势，除怀化市，其他五个城市城镇居民人均住房面积均高于同期全国平均水平。从城市差异上看，铜仁市城镇居民人均住房面积增长快，从 2011 年人均 27.4 平方米，增长到 2020 年的 47.1 平方米，扩大人均面积 19.7 平方米，增长 71.9%；人均住房面积增长最小的是黔江区，人均面积从 2011 年 42.3 平方米，增长到 2020 年的 47.7 平方米，增长 12.8%。这表明片区主要城市城镇居民人均住房面积增长相对较快，生活居住条件日益改善，人民群众的美好居住生活需要不断得到满足。

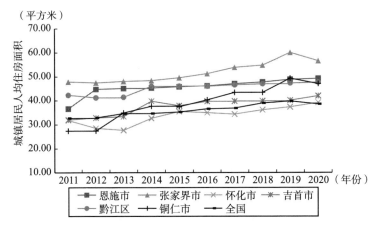

图 4 - 16　2011～2020 年武陵山片区六个中心城市城镇居民人均住房面积变化趋势

第四节 武陵山片区生态环境现状

一、片区生态环境保护成效

"十二五"和"十三五"时期，武陵山片区各级政府高度重视生态环境保护，深入贯彻习近平生态文明思想，立足新发展阶段、贯彻新发展理念、构建新发展格局，推动高质量发展，扎实推进蓝天、碧水、净土三大保卫战，在生态环境整治、生态文明体制改革等方向取得了明显成效，片区各县市生态环境质量明显改善，环境治理能力持续增强，绿色发展水平持续提升。

（一）生态环境保护理念深入人心

武陵山片区各级政府坚决扛起生态环境保护的政治责任，制定出台生态环境保护五年建设规划、生态环境保护督察等一系列政策措施，积极推进生态文明建设。比如湘西自治州实行"党政同责、一岗双责、齐抓共管"的管理体制，制定了《湘西州环境保护责任规定（试行）》和《环境问题（事件）责任追究办法》，将生态文明建设纳入五个文明建设绩效考核和政府目标管理考核，进一步强化地方政府履行生态环境保护职责。"十三五"期间陆续颁布实施了《湘西州高望界国家级自然保护区条例》《湘西土家族苗族自治州白云山国家级自然保护区条例》《湘西土家族苗族自治州酉水河保护条例》等地方性法规，成为全国首个颁布实施该类条例的市州，为加强生物多样性保护提供了有力保障。经过持续的生态文明体制改革，各级党政领导干部牢固树立生态优先、绿色发展理念，生态环境保护逐步成为全社会的共识和行动，"绿水青山就是金山银山"的理念深入人心。

（二）生态保护修复成效日益显著

武陵山片区各级政策强力推进生态环境保护督察问题整改，开展国土绿化行动，强化生态脆弱区修复，加强生物多样性保护，推动长江流域等重点水域禁捕退捕，片区生态保护修复成效日益显著。比如贵州省铜仁市通过实施武陵山区山水林田湖草沙一体化保护和修复工程，境内林草等植被生态覆绿 279 公顷，人类活动区缓冲带建设 1322 公顷，生物多样性保护治理 10301 公顷，湿地修复 91 公顷；水土流失面积治理 7591 公顷；水源涵养区生态修复 1887 公顷；土地石漠化治理 71 公顷；土地整治 9766 公顷。生物多样性保护工程取得重要进展，持续筑牢长江上游生态屏障，提升生态环境质量。通过生物多样性监测成果，近年来，在梵净山区域发现新物种 15 种，1982 年宣布灭绝的阳彩臂金龟近期在梵净山区域发现其活动踪迹。

（三）生态环境质量改善日渐明显

"十三五"时期以来，武陵山片区各县市扎实推进蓝天、碧水、净土三大保卫战，强力推动突出生态环境问题整改，生态环境质量持续改善。以张家界市为例，"十三五"期间，水环境质量稳步改善，澧水流域地表水监测断面水质达到Ⅱ类以上水质，水质优良率达 100%，2018 年湖南澧水河水源地荣获"中国好水"水源地称号。空气质量持续保持优良，2020 年优良天数 359 天，优良率为 98.1%，较 2015 年增加 18.4 个百分点；PM2.5 年均浓度为 25 微克/立方米，较 2015 年下降 52.8%。土壤环境质量安全可控，慈利县枧潭溪流域镍污染综合治理成效显著，断面镍浓度年均值从 2012 年的 0.255 毫克/升下降到 2020 年的 0.0228 毫克/升，下降幅度达 91.06%。农村环境质量稳步提升，90% 的村庄生活垃圾得到有效治理，两区两县均通过了农村环境综合整治整区（县）推进验收。主要污染物减排目标全面完成，截止到 2020 年，化学需氧量、氨氮、二氧化硫及氮氧化物排放量分别为 16090 吨、1996 吨、11280 吨、6700 吨，较 2015 年分别下降 16.4%、6.6%、59.9%、31.0%，全面完成"十三五"时期减排指标。

（四）绿色发展取得新的更大成效

"十三五"时期以来，武陵山片区各级政府充分发挥生态环境保护的引导、倒逼、促进作用，深化供给侧结构性改革，驱动产业结构调整升级，绿色发展取得新的成效。以湘西自治州为例，湘西自治州各县市严格落实州委、州政府《关于坚持生态优先推进绿色发展的意见》，运用环境标准持续淘汰落后产能，依法取缔"小散乱污"浮选企业，花垣县 163 家铅锌浮选企业关停 162 家，关停浮选产能 9.3 万吨。积极推动传统产业智能化转型、清洁化改造，因势利导大力发展生态旅游、生态农业、绿色工业、清洁能源、中医中药、林业经济、健康养生等绿色生态产业，加快将生态优势转化为发展优势。2020 年，全州新兴产业占工业比重提升到 50% 左右，文旅产业占 GDP 的比重提升至 17% 以上，经济结构更加优化，绿色高质量发展迈出坚实步伐。

二、面临的生态环境问题

（一）主要生态问题

近年来，武陵山片区各级政府对于片区生态保护与修复做了大量卓有成效的工作，但随着片区经济社会快速发展，各类资源开发强度持续加大，区域生态环境安全和流域水土保持面临日益严重的威胁，存在着自然灾害频发、水土流失和石漠化难以根治等突出问题。

1. 片区地形地貌复杂，自然灾害易发频发

受片区地形、地貌及气候等因素影响，片区各县市洪涝、干旱、冰冻、泥石流等自然灾害易发频发。自然灾害频发不仅对人们的生命财产安全构成重大威胁，也不同程度对当地经济社会发展、生态系统稳定性造成重大影响。以湖北省恩施市为例，2020 年该市共发生 10 次自然灾害，其中 8 次洪涝灾害，1 次风雹灾害，1 次山体崩塌灾害。自然灾害频发导致当地 17 个乡镇不同程度受灾，受灾人口达 336807 人，农作物受灾面积 5135 公顷，倒损房屋 1400 余户，造成直接经济损失 17.73 亿元。

2. 片区水土流失严重，石漠化现象突出

武陵山片区大部分区域以高山丘陵为主，山高坡陡，地势崎岖，大于 15 度的陡坡耕地约有 52 万公顷。陡坡耕种对地表植被造成破坏，极易引发水土流失和地质灾害，特别是不合理的土地利用方式，使原本就脆弱的生态系统更加难以保持稳定和平衡，水土流失加剧，土地日益贫瘠，生态系统难以发挥其基本的生态功能。另外，部分岩溶地区石漠化现象仍然突出，据岩溶地区第三次石漠化监测结果显示，截至 2016 年年底，长江流域石漠化土

地面积为 599.3 万公顷，其中武陵山片区占比约五分之一。

3. 片区部分地区土地贫瘠，耕地资源有限

武陵山片区以山地丘陵为主，素有"八山半水半分田，一分道路和庄园"之说，耕地资源十分有限，且贫瘠分散，农业机械化难以大面积推广，农业生产仍然以家庭经营为主，生产方式比较落后。近年来，因生态保护修复需要，片区各县市积极退耕还林，基本永久农田和耕地大面积转为林地和园地，片区耕地资源进一步减少。此外随着片区经济社会快速发展，建设用地需求不断增长，尤其是高速公路、铁路等基础设施建设，占用耕地面积大，对片区耕地红线造成了巨大压力。

4. 开发与保护矛盾尖锐，产业结构调整受限

武陵山片区属于国家重点生态功能区，大部分区域被划为限制开发区和禁止开发区，资源开发与生态保护的矛盾突出，经济发展和产业结构调整受限。一方面，矿产、水能、森林及旅游等资源过度开发，破坏山地植被，加剧水土流失，影响生态系统的多样性、完整性和持续性，削弱区域生态功能；另一方面，推动片区产业结构调整升级，增强片区造血功能，需要构建区位发展优势，合理开发和利用各类资源。如何平衡资源开发与生态保护，推动产业结构调整升级，是片区面临的一大难题。

（二）主要环境问题

1. 面源污染威胁持续存在，环境质量持续改善压力大

"十三五"时期，武陵山片区各级政府不断加大环保投入，环境质量改善明显，但从量变到质变的拐点远未到来。水、空气、土壤等环境的面源污染威胁持续存在，成为了环境质量持续改善的突出制约因素。此外，受新冠疫情影响，武陵山片区经济下行压力持续增大，为推动经济复苏，解决劳动就业，部分地方政府和企业对生态环境保护的重视程度下降，保护意愿减弱，部分停摆、蛰伏的产能在短时间内快速增长，给生态环境质量持续改善造成巨大压力。

2. 工业"三废"问题仍然突出，工业污染治理难度增加

武陵山片区区域城镇化进程快速发展，片区产业结构调整步伐加快，工业"三废"总量上不降反升，工业污染治理难度明显增加，要实现生态环

境有效防控，将面临比以往时期时间更紧，幅度更大的减排任务。此外，片区以化石能源为主的传统有色冶炼、水泥等行业产值占国民生产总值的比重仍然较大，产业结构和工业能源结构不合理，加之工业源二氧化硫、氮氧化物、烟粉尘受技术限制进一步减排空间有限，进一步加大了片区工业污染防治难度。

3. 城乡环境基础设施短板明显，农村环境治理能力亟待提升

随着新型城镇化进程的推进，片区城镇环境基础设施建设相对滞后，大部分城市，特别是老旧城区污水收集系统还不完善，截污能力有待进一步提升；城市生活垃圾主要采用安全填埋方式，生活垃圾焚烧处理设施不足，无害化利用率低。边远乡镇、农业农村环境基础设施建设滞后、覆盖率低，乡镇农村生活污水、生活垃圾得不到及时转运、处置，农村面源污染威胁依然存在，农村的生态环境面临较大压力。

三、采取的生态环境保护措施

武陵山片区作为国家生态功能区的重要组成部分，在发展过程中要协同推进经济高质量发展和生态环境高水平保护，持续改善片区生态环境质量，促进人与自然和谐共生。为此国家和片区各级政府制定出台了一系列政策文件，如国家层面制定了《武陵山片区区域发展与扶贫攻坚规划（2011—2020 年）》《南方丘陵山地带生态保护和修复重大工程建设规划（2021—2035 年）》，片区地方政府相继制定了符合本地区实际情况的生态环境保护规划、国土生态修复规划、自然资源保护与利用规划。这些政策文件为"十四五"时期强化片区生态环境保护提供了具体思路和举措。

（一）坚持绿色低碳循环发展

以碳达峰碳中和为抓手，引领绿色转型，推动高质量发展。一是主动应对气候变化。积极制定碳排放达峰行动方案，控制温室气体排放，建设低碳发展示范城市。二是优化国土空间开发布局。落实主体功能区战略，强化"三区三线"刚性管控，促进区域绿色发展。三是构建清洁低碳能源体系。控制煤炭消费总量，强化清洁能源开发利用。四是加快形成绿色生产生活方

式。推动产业结构转型升级，制定落实生态环境准入机制。五是倡导绿色生活方式。持续推动塑料污染全链条治理，强化生活垃圾分类管理，推动建筑垃圾资源化利用，强化声环境功能区管理，推动创建生态文明示范区。

（二）坚决打好污染防治攻坚战

以改善生态环境质量为核心，坚决打好污染防治攻坚战。一是坚决打好碧水保卫战。强化饮用水水源地保护监管，加强重点流域、重点领域水污染治理，强化水资源保障与利用，加快水生态保护修复。二是坚决打好蓝天保卫战。推进 PM2.5 与臭氧的系统治理，强化重点行业 $NO_x/VOCs$ 科学治理，扬尘污染精准科学管控，积极应对重污染天气。三是坚决打好净土保卫战。严格建设用地土壤污染风险管控和修复，实施重点区域土壤污染综合防控，巩固提升耕地安全水平，建立地下水环境管理体系。四是深化农业农村环境治理。加强农村生活污染治理，强化农业面源污染防治，深入开展人居环境整治。

（三）加强生态系统保护修复

统筹山水林田湖草系统治理，加强生态系统保护修复。一是加强生态空间用途管制。坚守武陵山片区生物多样性与水土保持国家重点生态功能区定位，强化生态保护红线管控和自然保护地建设和管理，筑牢长江经济带生态环境安全屏障。二是提升生态系统稳定性。推动城市生态系统、湿地保护修复，加强生态脆弱区治理，加快绿色矿山建设。三是提高生物多样性。持续开展生物多样性基础性调查观测，抢救性保护珍稀濒危野生动植物，严控外来入侵物种。四是建立自然生态监管体系。加强生态质量状况监测评估，自然生态监督管理，推动生态文明示范区创建。

（四）防范化解生态环境风险

坚持总体国家安全观，防范化解生态环境领域重大风险。一是加强危险废物管控，包括强化危险废物全过程监管，严格危险废物项目环境准入，统筹危险废物处置设施布局，健全危险废物收运转移体系，推进一般工业固体废物综合利用。二是加强化学品环境管理，包括强化新污染物风险管控和废弃危险化学品处置监管。三是加强核与辐射安全监管，包括保障核技术利用辐射环境安全，加强电磁辐射管理，加强核与辐射安全基础保障。四是加强环境风险应急防范，包括加强生态环境保护监控，加强突发事件应急处置，提升应急处置保障水平，强化生态环境健康管理。

（五）构建现代环境治理体系

深化生态文明体制改革，推进治理体系和治理能力现代化。一是完善生态环境治理责任体系，包括领导责任体系，企业责任体系和全民行动体系。二是完善生态环境治理法规体系，包括法规规章体系，环境保护标准，生态环保投入机制和生态环境损害赔偿制度。三是完善生态环境治理市场体系，包括建设规范开放市场，壮大生态环保产业，创新环境治理模式，加快环境信用建设。四是健全生态产品价值实现机制，包括建立生态产品价值核算机制，构建生态产品经营交易体系，健全生态产品保护补偿机制，开展生态产品价值实现机制试点。五是加强生态环境治理能力建设，包括生态环境队伍，生态环境督察能力，生态环境监测能力，生态环境执法能力，生态环境信息化和生态环境科研能力。

第五节 研究说明与数据来源

一、研究说明

（一）关于研究案例区选择

武陵山片区跨越湘、鄂、渝、黔四省市 11 个地市州 71 个县级行政单位，收集一套完整的、长时间序列的片区县域社会经济与生态环境统计指标体系数据是一件极具挑战性的工作。主要原因在于：一是部分县市区未在线上公布县域统计年鉴，线下获取县域级统计数据难度大；二是部分县市区未发布或未连续发布县域统计年鉴，统计数据缺失或不完整；三是各地在不同时期的统计数据在颗粒度与详略程度上不统一，前后期数据不具可比性。

湖南武陵山片区在地理位置、资源禀赋、发展条件和面临困境等方面均具典型性，是整个武陵山片区的缩影。有鉴于此，本书在第五、第六、第七、第八章实证分析中，选取湖南武陵山片区 36 个县市区（张家界市辖区包括了永定区、武陵源区）作为研究案例区，对 2011～2020 年新型城镇化质量与生态环境安全进行评价，进而进一步分析探究两者之间交互耦合关系，以期为整个武陵山片区新型城镇化与生态环境协调发展提供借鉴。

（二）关于研究时段选择

"十二五""十三五"时期，武陵山片区经济社会取得举世瞩目的成就，特别是"十三五"时期以来，新型城镇化取得重大进展，城镇化水平和质量大幅提升，生态环境质量总体改善，环境污染治理取得显著成效。选取此一时段分析比较武陵山片区县域城镇化与生态环境保护的演化特征，进而探究两者之间的交互耦合关系，可以为片区"十四五"时期城镇化发展与生态环境保护提供经验数据支撑。

二、数据来源

本书所需要的数据主要包括社会经济指标数据、城市建设数据、资源环境数据、遥感监测数据和地图矢量数据。基于数据的可获取性，在第五、第六、第七、第八章中，湖南武陵山片区以 36 个县市区为单位收集和统计数据，其中部分指标存在缺失，参考相邻年份的指标数据，采用插值法和灰色关联预测法进行补齐。各类数据来源说明如下。

（一）社会经济数据

社会经济数据主要来源于 2011～2020 年《中国统计年鉴》《中国人口与就业统计年鉴》《湖南统计年鉴》及各市统计年鉴资料，各县市区年度国民经济和社会发展统计公报、政府工作报告及其他季度或月度统计分析资料。

（二）城市建设数据

城市建设数据主要来源于 2011～2020 年《中国建设统计年鉴》《中国

城市统计年鉴》《中国县域统计年鉴》《中国城市建设统计年鉴》《中国县城建设统计年鉴》《湖南统计年鉴》及各市统计年鉴资料，政府相关公报等。

（三）资源环境数据

资源环境数据主要来源于 2011～2020 年《中国城市统计年鉴》《中国县域统计年鉴》《中国城市建设统计年鉴》《中国县城建设统计年鉴》以及湖南省各市州环境质量统计公告、水资源统计公告、生态环境规划及相关分析报告等资料。

（四）遥感监测数据

夜间灯光数据来源于吴易真（Wu Yizhen，2021）等学者发表在期刊 IEEE Transactions on Geoscience and Remote Sensing 上的论文《通过整合 DMSP – OLS 和 SNPP – VIIRS 数据得到改进后的 1992～2019 年中国的时间序列类 DMSP – OLS 数据》（Developing improved time-series DMSP – OLS – like data（1992—2019）in China by integrating DMSP – OLS and SNPP – VIIRS），该文数据截至 2019 年，目前持续已更新至 2020 年。将获得的夜间灯光数据矫正和栅格处理后，按照我国省级、地市级、区县级三级行政边界进行汇总，汇总得到总和值、平均值、最大值、最小值、标准差五个指标。本书选取 2011～2020 年平均值纳入城镇化指标体系。

第五章　武陵山片区新型城镇化质量评价

第一节　新型城镇化质量评价指标体系构建

一、新型城镇化质量评价指标体系构建原则

国家标准化管理委员会发布了《新型城镇化品质城市评价指标体系》（GB/T 39497—2020）、《就地城镇化评价指标体系》（GB/T 36918—2019）等标准化评价体系。前者主要适用于新型城镇化进程中设区城市的品质评价，其内容包括城市的经济发展品质、社会文化品质、公共服务品质、居民生活品质等方面。后者主要适用于人口未大规模向异地或向大城市迁移的县域城镇，在县城范围内，依托城内城镇体系，推动人口、产业、资源、信息等合理聚集，实现居民社会保障一体化、基本公共服务均等化、生产生活方式市民化。很显然，品质城市评价，着眼于综合反映城市发展和文化品位，而就地城镇化评价则适用于经济社会发展较好的县域城镇。武陵山片区是我国的"老少边穷"区，经济贫困、教育落后、生态脆弱、信息闭塞，其经济社会发展有着自身独特的资源禀赋、区位优势和客观规律，运用前述城镇化评价指标体系，难以合理准确评价该片区城镇化发展质量。因此，有必要遵循以下原则构建武陵山片区新型城镇化质量评价指标体系。

（一）目的性原则

对武陵山片区新型城镇化进行质量评价，其目的是客观评估片区内部各县市的新型城镇化进程、发展阶段及县域差异，为国家和当地政府在新型城镇化

进程中有的放矢地制定发展策略和发展政策提供决策支撑。因此，在评价指标构建上应遵循目的性原则，合理选择指标，明确指标含义、口径及范围。

（二）综合性原则

片区新型城镇化指标体系，是一套综合性、动态性和开放性的发展评价系统，包括人口、空间、产业和社会四个子系统，各子系统相互联系、相互影响。在构建城镇化质量评价指标体系时应将视为一个不可分割的有机整体，以便系统、全面地对片区新型城镇化发展质量做出准确评价。

（三）可比性原则

武陵山片区地处湖北、湖南、贵州、重庆四省市交界地区，经济、社会、民情及资源禀赋具有相似的地域特征，但同时各地发展又不平衡，在城镇化评价指标构建上要充分考虑片区的地域特征和发展阶段，选取具有可比性的指标进行横向比较，具体体现在：时间维度上指标口径要具有可比性，空间维度上具有相同的颗粒度。

（四）操作性原则

评价指标构建，以相关理论为基础，同时又要兼顾现实可操作性，是理论与实践相结合的产物。在理论分析基础上构建评价指标体系，能合理、准确地对案例区新型城镇化发展质量进行评价，得出的结论更令人信服。而现实情况是，各地统计机制参差不齐，统计信息资源难免存在缺失。考虑统计资料可获取性的前提下，构建指标体系更具有操作性。

（五）实用性原则

毫无疑问，评价指标体系越全面，越能准确地评价片区城镇化发展程度和质量，但构建的指标体系过于繁杂，则不便于操作，进而影响指标体系的实用性和评价结果可信度。我们需要在评价指标的全面性和实用性之间进行适当平衡，斟酌筛选出综合性的、信息含量大的，易于获取的评价指标。

二、新型城镇化质量评价指标体系基本框架

遵循前述构建原则，参考品质城市和就地城镇化的标准化评价指标体系，结合武陵山片区实际情况（包括社会经济发展状况、特征以及统计资料获取难度），在深度访谈相关高校专家学者的基础上，确定了武陵山片区新型城镇化质量评价指标体系（见表 5-1）。该指标体系由 4 个一级指标、9 个二级指标和 47 个三级指标构成。

表 5-1　　　武陵山片区新型城镇化与生态环境综合评价指标体系

序号	一级指标	序号	二级指标	序号	三级指标	单位	备注
1	人口城镇化	1	人口结构	1	常住人口城镇化率	%	正向指标
				2	人口密度质量	人/平方千米	正向指标
				3	人口均流入（出）	万人	正向指标
				4	人口自然增长率	‰	正向指标
		2	生活水平	5	城乡居民收入比	%	逆向指标
				6	城镇居民人均可支配收入增长率	%	正向指标
				7	居民人均可支配收入与人均 GDP 之比	%	正向指标
				8	全体居民人均生活消费支出	元	正向指标
				9	恩格尔系数	%	逆向指标
2	空间城镇化	3	基础设施	10	建成区道路面积率	%	正向指标
				11	建成区供水管道密度	千米/平方千米	正向指标
				12	建成区路网密度	千米/平方千米	正向指标
				13	建成区排水管道密度	千米/平方千米	正向指标
				14	人均道路面积	平方米	正向指标
		4	空间布局	15	人均建成区面积	平方米	正向指标
				16	居民人均住房使用面积	平方米	正向指标
				17	城市夜间灯光强度	—	正向指标
				18	固定资产投资额占 GDP 比重	%	正向指标
				19	人均固定资产投资额	万元	正向指标

续表

序号	一级指标	序号	二级指标	序号	三级指标	单位	备注
3	经济城镇化	5	经济质效	20	人均地区生产总值	元	正向指标
				21	地区生产总值增长率	%	正向指标
				22	城镇登记失业率	%	逆向指标
				23	消费对经济增长贡献率	%	正向指标
				24	一般公共预算收入占 GDP 比重	%	正向指标
		6	产业升级	25	非农产业增加值占 GDP 比重	%	正向指标
				26	非农产业从业人数占比	%	正向指标
				27	服务业增加值占 GDP 比重	%	正向指标
				28	数字产业增加值占 GDP 比重	%	正向指标
				29	人均社会消费品零售额	万元	正向指标
		7	创新发展	30	高新技术产业增加值比 PDP 比重	%	正向指标
				31	万人发明专利拥有量	件	正向指标
				32	全社会劳动生产率	元/人	正向指标
				33	年末金融机构存贷比	%	正向指标
				34	科学研究与试验发展（P&D）经费支出占 GDP 比重	%	正向指标
				35	每百亿元 GDP 实际使用外资金额	万美元	正向指标
4	社会城镇化	8	公共服务	36	人均公共预算支出	元	正向指标
				37	公共服务支出占 GDP 比重	%	正向指标
				38	电视覆盖率	%	正向指标
				39	广播覆盖率	%	正向指标
				40	供水普及率	%	正向指标
				41	燃气普及率	%	正向指标
		9	民生福祉	42	城乡医疗保险参保率	%	正向指标
				43	每十万人医院病床数	张	正向指标
				44	每百人公共图书馆藏书	册	正向指标
				45	每万人拥有规模以上工业企业数	户	正向指标
				46	每万人在校大学生数	人	正向指标
				47	义务教育师生比	%	正向指标

第二节　新型城镇化质量评价方法

本研究运用熵权法和层次分析法相结合的组合赋权方法，构建综合评价模型，对案例区指标数据进行分析，从而转化为反映综合情况的综合评价指数，据此进行县域新型城镇化质量评价。具体分析方法和分析步骤如下。

一、构造多属性评价矩阵

设有 m 个评价对象，这些评价对象组成对象集 $V = \{V_1, \cdots, V_m\}$，有 n 个评价指标，这些评价指标组成指标集 $U = \{U_1, \cdots, U_n\}$，则评价对象 V_i 对评价指标 U_j 的评价样本值 a_{ij} 则构成了多属性评价矩阵 A：

$$A = (a_{ij})_{m \times n} = \begin{bmatrix} a_{11} & a_{12} & \cdots & a_{1n} \\ a_{21} & a_{22} & \cdots & a_{2n} \\ \cdots & \cdots & \ddots & \cdots \\ a_{m1} & a_{m2} & \cdots & a_{mn} \end{bmatrix} \qquad (5-1)$$

由于评价矩阵中各个评价指标原始数据间存在量纲和数量级的差异，需要对评价数据进行同向归一化处理，本研究采用极差法进行处理：

对于正向指标：

$$x_{ij} = \frac{a_{ij} - \min a_j}{\max a_j - \min a_j} \qquad (5-2)$$

对于逆向指标：

$$x_{ij} = \frac{\max a_j - a_{ij}}{\max a_j - \min a_j} \qquad (5-3)$$

其中，a_{ij} 为第 i 个评价对象的第 j 个指标值；x_{ij} 为无量纲处理后的指标值；$\min a_j$ 为所有评价对象中第 j 个指标的最小值；$\max a_j$ 为所有评价对象中第 j 个指标的最大值。经上述处理所得到的 $x_{ij} \in [0, 1]$，为组合赋权计算提供基础数据。

二、组合赋权确定指标权重

（一）熵权法确定指标权重

在信息论中，某项指标值的变异程度越大，信息熵越小，该指标提供的信息量越大，相应权重越大，反之，指标权重越小（余健等，2012）。在归一化矩阵 X_{ij} 中，第 j 项指标在第 i 个评价对象的所有指标值中所占比重为 f_{ij}，其计算公式为：

$$f_{ij} = x_{ij} \Big/ \sum_{i=1}^{m} x_{ij}, \text{其中}, j = 1, 2, \cdots, n \tag{5-4}$$

E_j 为第 j 项指标的熵值，其计算公式为：

$$E_j = -k \sum_{i=1}^{m} f_{ij} \ln f_{ij}, \text{其中}, k = 1/\ln m, \text{当} f_{ij} = 0 \text{时}, f_{ij} \ln f_{ij} = 0 \tag{5-5}$$

W_j 为第 j 项指标的熵权，其计算公式为：

$$w_j = (1 - E_j) \Big/ \sum_{j=1}^{n} (1 - E_j), \text{其中}, w_j \in [0, 1], \sum_{j=1}^{n} w_j = 1 \tag{5-6}$$

（二）层次分析法确定指标权重

1. 比较标度构造

对于同一层次指标，采用 T. L. saaty 的 1 ~ 9 比率标度法进行两两比较（黄贯虹和方刚，2005），可用 5 种或 9 种判别，用数据表示就是 5 个或 9 个标度，1 ~ 9 级标度含义见表 5 - 2。采用德尔菲法由专家确定各级指标标度值。

表 5 - 2   比较标准意义

标准值	定义	说明
1	同样重要	因素 X_i 与 X_j 的重要性相同
3	稍微重要	因素 X_i 的重要性稍微高于 X_j
5	明显重要	因素 X_i 的重要性明显高于 X_j
7	强烈重要	因 X_i 的重要性强烈高于 X_j
9	绝对重要	因 X_i 的重要性绝对高于 X_j

注：2, 4, 6, 8 分别表示两相邻判断的中间值；若因素 X_i 与 X_j 比较得 W_{ij}，则因 X_j 与 X_i 比较得 $1/W_{ij}$。

2. 比较判断矩阵构造

根据层次模型，每一层都以上一层次为基准，两两比较构造判断矩阵，则有判断矩阵 $[D]$：

$$[D] = \begin{bmatrix} W_{11} & W_{12} & \cdots & W_{1m} \\ W_{21} & W_{22} & \cdots & W_{2m} \\ \vdots & \vdots & \ddots & \vdots \\ W_{m1} & W_{m2} & \cdots & W_{mm} \end{bmatrix} = \begin{bmatrix} \dfrac{X_1}{X_1} & \dfrac{X_1}{X_2} & \cdots & \dfrac{X_1}{X_m} \\ \dfrac{X_2}{X_1} & \dfrac{X_2}{X_2} & \cdots & \dfrac{X_2}{X_m} \\ \vdots & \vdots & \ddots & \vdots \\ \dfrac{X_m}{X_1} & \dfrac{X_m}{X_2} & \cdots & \dfrac{X_m}{X_m} \end{bmatrix} \quad (5-7)$$

由上述方法得到的判断矩阵 $[D]$，解特征根问题：$[D]W = \lambda_{\max}W$，所得到的 W 经正规化处理后作为因素的排序权重。不难证明，其最大特征根 $\lambda_{\max}$ 存在且唯一（王新民等，2013）。然而，对 $[D]$ 只能求它们的近似值，得不到精确的特征值和特征向量 W。本研究将采用方根法进行近似计算。

将判断矩阵 $[D]$ 的元素按行相乘，得到各行元素乘积 M_j：

$$M_j = \prod_{j=1}^{m} W_{ij} \quad (5-8)$$

计算 M_j 的 m 次方根：

$$\overline{W_j} = \sqrt[m]{M_j} \quad (5-9)$$

向量 $\overline{W}$ 正规化：

$$W_j = \overline{W_j} \Big/ \sum_{j=1}^{m} \overline{W_j} \quad (5-10)$$

判断矩阵的最大特征根计算：

$$\lambda_{\max} = \sum_{i=1}^{n} \frac{(DW)_i}{nW_i} \quad (5-11)$$

3. 矩阵的一致性检验

由于受个人主观因素影响，判断矩阵部分结果可能会存在误差。需要采用一致性检验，使判断结果更为准确。判断矩阵的一致性检验公式为：$C_R = C_I/R_I$，其中 C_I 为检验指标，$C_I = (\lambda_{\max} - n)/(n-1)$，$n$ 为判断矩阵的阶数，R_I 为平均随机一致性指标（见表 5-3）。

表 5 - 3 平均随机一致性指标取值

判断矩阵阶数	1	2	3	4	5	6	7	8	9
R_I	0	0	0.58	0.9	1.12	1.24	1.32	1.41	1.45

当 $C_R < 0.1$ 时，判断矩阵 $[D]$ 符合一致性检验，否则需要调整判断矩阵，直至满足要求为止。

4. 权重向量的计算

当判断矩阵满足一致性检验条件，则可计算得到各层指标权重向量。

（三）偏好系数法组合赋权重

熵权法是根据指标本身变异程度大小进行赋权的客观赋权方法，层次分析法则是根据专家、决策者在多目标决策中对各评价指标的主观判断进行赋权的主观赋权法，评价者主观判断和评价指标客观信息的综合反映就是实际权重 w_j（匡乐红等，2006）。

$$w_j = \alpha w_{js} + (1 - \alpha) w_{jc} \qquad (5 - 12)$$

式中：w_{js}、w_{jc} 分别为第 j 项评价指标由熵权法与层次分析法所赋权重（$j = 1, 2, \cdots, n$）；$\alpha(0 < \alpha < 1)$ 为权重偏好系数，本研究 α 取值 0.5。

三、计算综合评价指数

采用线性加权法计算得到新型城镇化质量综合评价指数 P，计算公式如下：

$$P = \sum_{j=1}^{n} w_j x_j \qquad (5 - 13)$$

其中，P 为新型城镇化质量综合评价指数，w_j 为第 j 个指标权重，x_j 为第 j 个指标的标准值。

第三节 新型城镇化质量评价结果分析

一、新型城镇化质量综合评价

基于前述的新型城镇化质量评价模型，计算得到 2011～2020 年湖南武陵山片区的城镇化质量综合指数，结果如表5-4所示。

表5-4　　湖南武陵山片区 2011～2020 年新型城镇化质量综合指数

序号	县（市）	2011 年	2012 年	2013 年	2014 年	2015 年	2016 年	2017 年	2018 年	2019 年	2020 年
1	新邵县	0. 2084	0. 2121	0. 2343	0. 2771	0. 2999	0. 3150	0. 3514	0. 3977	0. 3962	0. 3994
2	邵阳县	0. 1900	0. 2004	0. 2412	0. 2749	0. 2922	0. 3069	0. 3446	0. 3685	0. 3510	0. 3725
3	隆回县	0. 1673	0. 2054	0. 2069	0. 2304	0. 2662	0. 2670	0. 3116	0. 3453	0. 3696	0. 3613
4	洞口县	0. 1828	0. 1890	0. 2158	0. 2675	0. 2940	0. 3027	0. 3253	0. 3599	0. 3844	0. 3716
5	绥宁县	0. 1951	0. 2079	0. 2267	0. 2419	0. 2713	0. 2722	0. 3360	0. 3404	0. 3405	0. 3552
6	新宁县	0. 2131	0. 2218	0. 2458	0. 2605	0. 2797	0. 3142	0. 3474	0. 3717	0. 3827	0. 3832
7	城步县	0. 2105	0. 2190	0. 2417	0. 2579	0. 3057	0. 3028	0. 3554	0. 3958	0. 4008	0. 3813
8	武冈市	0. 2302	0. 2441	0. 2600	0. 2701	0. 2801	0. 2991	0. 3502	0. 3753	0. 4054	0. 4058
9	石门县	0. 2433	0. 2528	0. 2667	0. 2889	0. 3126	0. 3291	0. 3833	0. 4140	0. 4428	0. 4444
10	张家界市	0. 3285	0. 3458	0. 3630	0. 3898	0. 4088	0. 4236	0. 4392	0. 4812	0. 4902	0. 4936
11	慈利县	0. 2054	0. 2225	0. 2320	0. 2791	0. 2993	0. 3205	0. 3525	0. 3968	0. 4088	0. 3969
12	桑植县	0. 1946	0. 2024	0. 2229	0. 2332	0. 2533	0. 2695	0. 2944	0. 3418	0. 3536	0. 3640
13	安化县	0. 1732	0. 1798	0. 2047	0. 2166	0. 2343	0. 2659	0. 3006	0. 3253	0. 3395	0. 3452
14	鹤城区	0. 4235	0. 4467	0. 4697	0. 4797	0. 5017	0. 5283	0. 5663	0. 5993	0. 6217	0. 5950
15	中方县	0. 2625	0. 2794	0. 3079	0. 3035	0. 3477	0. 3802	0. 4322	0. 4679	0. 4533	0. 4510
16	沅陵县	0. 2260	0. 2357	0. 2654	0. 2773	0. 2887	0. 3046	0. 3206	0. 3471	0. 3613	0. 3836
17	辰溪县	0. 2242	0. 2359	0. 2448	0. 2595	0. 2702	0. 2846	0. 3108	0. 3348	0. 3740	0. 3843
18	溆浦县	0. 1952	0. 2016	0. 2206	0. 2509	0. 2491	0. 2592	0. 2976	0. 3308	0. 3549	0. 3817
19	会同县	0. 2122	0. 2176	0. 2288	0. 2450	0. 2728	0. 2710	0. 2993	0. 3274	0. 3452	0. 3591
20	麻阳县	0. 1629	0. 1764	0. 1894	0. 2262	0. 2406	0. 2608	0. 2984	0. 3448	0. 3792	0. 3982
21	新晃县	0. 1898	0. 1997	0. 2144	0. 2378	0. 2544	0. 2722	0. 3354	0. 3442	0. 3745	0. 4101
22	芷江县	0. 2123	0. 2237	0. 2369	0. 2378	0. 2612	0. 2766	0. 3162	0. 3618	0. 3852	0. 4299
23	靖州县	0. 2143	0. 2219	0. 2344	0. 2527	0. 2784	0. 3065	0. 3260	0. 3411	0. 3749	0. 4110
24	通道县	0. 1752	0. 1846	0. 2099	0. 2187	0. 2501	0. 2750	0. 3136	0. 3488	0. 3566	0. 3767
25	洪江市	0. 2545	0. 2675	0. 2801	0. 2838	0. 3143	0. 3424	0. 3629	0. 4032	0. 4213	0. 4482
26	新化县	0. 1784	0. 1977	0. 2182	0. 2471	0. 2523	0. 2570	0. 2839	0. 3103	0. 3255	0. 3307

续表

序号	县（市）	2011 年	2012 年	2013 年	2014 年	2015 年	2016 年	2017 年	2018 年	2019 年	2020 年
27	冷水江市	0.3734	0.4220	0.4435	0.4498	0.4819	0.5026	0.5371	0.5624	0.5640	0.5607
28	涟源市	0.2142	0.2353	0.2651	0.2585	0.2783	0.3098	0.3372	0.3645	0.3801	0.3841
29	吉首市	0.3538	0.3799	0.4018	0.4348	0.4920	0.5008	0.5759	0.5966	0.6211	0.5975
30	泸溪县	0.2038	0.2105	0.2261	0.2348	0.2558	0.2795	0.3158	0.3554	0.3668	0.3645
31	凤凰县	0.2419	0.2550	0.2739	0.2936	0.2841	0.3128	0.3364	0.3870	0.3827	0.3921
32	花垣县	0.2263	0.2290	0.2457	0.2430	0.2622	0.2815	0.3393	0.3609	0.3799	0.3855
33	保靖县	0.1738	0.1897	0.2117	0.2215	0.2574	0.2612	0.3140	0.3677	0.3422	0.3454
34	古丈县	0.2156	0.2287	0.2453	0.2641	0.2753	0.2933	0.3188	0.3517	0.3644	0.3605
35	永顺县	0.2256	0.2375	0.2478	0.2483	0.2659	0.2766	0.3114	0.3437	0.3243	0.3317
36	龙山县	0.2072	0.2216	0.2325	0.2466	0.2675	0.2840	0.3226	0.3667	0.3770	0.3779
	最大值	0.4235	0.4467	0.4697	0.4797	0.5017	0.5283	0.5759	0.5993	0.6217	0.5975
	最小值	0.1629	0.1764	0.1894	0.2166	0.2343	0.2570	0.2839	0.3103	0.3243	0.3307
	均值	0.2253	0.2389	0.2577	0.2751	0.2972	0.3141	0.3518	0.3842	0.3971	0.4037

注：张家界市，仅包含市辖区武陵源区、永定区，下同。

从表5-4可以看出，2011~2020年湖南武陵山片区县域新型城镇化质量评价综合指数的最大值为0.6217，最小值为0.1629，这说明片区新型城镇化发展质量发生了翻天覆地的变化，新型城镇化取得了重大进展。从均值也可以看出，片区新型城镇化发展质量稳步提升，发展势头持续向好。

根据新型城镇化质量综合指数的分布区间，可以将综合指数划分成间距为0.1的六个等级，36个县市在2011~2020年的等级分布如图5-1所示。从图5-1可以看出，湖南武陵山片区新型城镇化发展质量呈现以下两个特点：①呈现"中间大，两头小"的发展态势。2011~2020年，湖南武陵山片区各县市新型城镇化质量等级以2、3级居多，其他等级相对较少，其中"十二五"期间，片区各县市新型城镇化质量综合指数大都处于0.2~0.3，而"十三五"期间，片区新型城镇化质量综合指数则大都处于0.3~0.4，呈现"中间大，两头小"的发展态势；②城镇化高质量发展趋势明显。2011~2020年，湖南武陵山片区各县市新型城镇化质量等级逐步提升，处于低等级发展状态的县市数量逐步减小，高等级发展状态的县市数量逐步增多，特别是"十三五"期间，更高发展等级的县市范围开始逐步扩大，湖南武陵山片区城镇化高质量发展趋势明显。

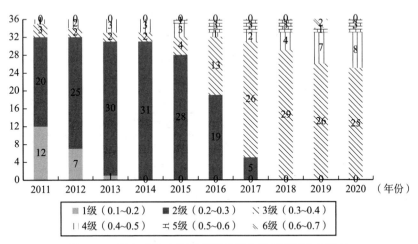

图 5 −1　湖南武陵山片区新型城镇化质量等级分组统计

二、新型城镇化发展质量排名

选取 2011 年、2020 年片区各县市新型城镇化质量综合指数分别进行排名，借以比较分析 10 年间各县市城镇化发展情况及其成效，如表 5 −5 所示。

表 5 −5　　　　　　　湖南武陵山片区新型城镇化质量排名

序号	县市	2011 年		2020 年		排名升降情况
		城镇化指数	综合排名	城镇化指数	综合排名	
1	新邵县	0.2084	21	0.3994	12	+9
2	邵阳县	0.1900	28	0.3725	25	+3
3	隆回县	0.1673	35	0.3613	29	+6
4	洞口县	0.1828	30	0.3716	26	+4
5	绥宁县	0.1951	26	0.3552	32	−6
6	新宁县	0.2131	17	0.3832	20	−3
7	城步县	0.2105	20	0.3813	22	−2

续表

序号	县市	2011 年		2020 年		排名升降情况
		城镇化指数	综合排名	城镇化指数	综合排名	
8	武冈市	0.2302	9	0.4058	11	−2
9	石门县	0.2433	7	0.4444	7	—
10	张家界市	0.3285	4	0.4936	4	—
11	慈利县	0.2054	23	0.3969	14	+9
12	桑植县	0.1946	27	0.3640	28	−1
13	安化县	0.1732	34	0.3452	34	—
14	鹤城区	0.4235	1	0.5950	2	−1
15	中方县	0.2625	5	0.4510	5	—
16	沅陵县	0.2260	11	0.3836	19	−8
17	辰溪县	0.2242	13	0.3843	17	−4
18	溆浦县	0.1952	25	0.3817	21	+4
19	会同县	0.2122	19	0.3591	31	−12
20	麻阳县	0.1629	36	0.3982	13	+23
21	新晃县	0.1898	29	0.4101	10	+19
22	芷江县	0.2123	18	0.4299	8	+10
23	靖州县	0.2143	15	0.4110	9	+6
24	通道县	0.1752	32	0.3767	24	+8
25	洪江市	0.2545	6	0.4482	6	—
26	新化县	0.1784	31	0.3307	36	−5
27	冷水江市	0.3734	2	0.5607	3	−1
28	涟源市	0.2142	16	0.3841	18	−2
29	吉首市	0.3538	3	0.5975	1	+2
30	泸溪县	0.2038	24	0.3645	27	−3
31	凤凰县	0.2419	8	0.3921	15	−7
32	花垣县	0.2263	10	0.3855	16	−6
33	保靖县	0.1738	33	0.3454	33	—
34	古丈县	0.2156	14	0.3605	30	−16
35	永顺县	0.2256	12	0.3317	35	−23
36	龙山县	0.2072	22	0.3779	23	−1

注:" + "表示排名上升," − "表示排名下降,"—"表示排名不变。

从表 5-5 可以看出，2011~2020 年，片区新型城镇化质量排名上升的县市 12 个，其中综合排名进步最大的前三个县市分别是怀化市的麻阳、新晃和芷江；综合排名下降的县市 18 个，其中综合排名退步最大的前三个县市则分别是湘西自治州的永顺、古丈和怀化市的会同；综合排名没有变化的县市有 6 个，分别是张家界市辖区（第 4 名）、中方县（第 5 名）、洪江市（第 6 名）、石门县（第 7 名）、保靖县（第 33 名）和安化县（第 34 名）。怀化市鹤城区、吉首市及冷水江市在不同的年份排名虽有变化，但一直稳居质量综合排名榜前三。

从地域分布上看（见表 5-6），2011~2020 年，怀化市辖区及其周边麻阳、新晃、芷江等县城镇化发展质量提升较快，究其原因：一是该区域地处湘西南交通咽喉，沪昆高铁、沪昆高速、怀邵衡铁路、渝怀铁路、张桂高铁贯穿整个境内，交通区位优势不言而喻。二是部分县前期投入不足，基础薄弱，随着后期投入的加大，在区位优势的加持下，城镇化发展提升显著。张家界地区新型城镇化发展整体水平明显优于其他地区，这主要得益于张家界市在打造国际风景旅游城市过程中，按照"旅游西优、城市东拓、轴带发展、组团布局"的发展策略，不断优化城市规划布局，不断强化城市基础建设投入，逐步形成以澧水河为轴带、八个组团和一个城市功能新区的空间布局结构，新型城镇化水平明显提升。其他地区城镇化发展质量水平则相对落后，特别是娄底地区和湘西地区，在未来新型城镇化发展中，需要持续促进经济增长，保持合理投入，提升公共服务水平，推动经济社会协调发展。

表 5-6　　　　湖南武陵山片区新型城镇化质量分区域排名情况

区域	排名升降情况	备注
邵阳地区	排名上升：新邵县（+9）、邵阳县（+3）、隆回县（+6）、洞口县（+4） 排名下降：绥宁县（-6）、新宁县（-3）、城步县（-2）、武冈市（-2）	
张家界地区	排名上升：慈利县（+9） 排名下降：桑植县（-1） 排名不变：石门县、张家界市辖区	含石门县

区域	排名升降情况	备注
怀化地区	排名上升：溆浦县（+4）、麻阳县（+23）、新晃县（+19）、芷江县（+10）、靖州县（+6）、通道县（+8） 排名下降：鹤城区（-1）、沅陵县（-8）、辰溪县（-4）、会同县（-12） 排名不变：中方县、洪江市	
湘西地区	排名上升：吉首市（+2） 排名下降：泸溪县（-3）、凤凰县（-7）、花垣县（-6）、古丈县（-16）、永顺县（-23）、龙山县（-1） 排名不变：保靖县	
娄底地区	排名下降：新化县（-5）、冷水江市（-1）、涟源市（-2） 排名不变：安化县	含安化县

三、新型城镇化发展匹配度分析

经济社会发展、城市空间布局、公共财政支出等是影响新型城镇化发展质量的主要因素，为探究片区新型城镇化发展质量水平与社会、经济及资源投入之间的变动关系，选取 2020 年度片区各县市常住人口城镇化率、地区 GDP、城市夜间灯光强度、公共财政支出等指标进行排名，进一步分析新型城镇化质量综合指数与前述各类指标的排名匹配度。

本书采用波士顿矩阵分析方法进行匹配度分析，其中 x 轴表示片区各县市新型城镇化质量排名，y 轴表示片区对应县市相关指标排名，45°参考线表示各县市相关指标排名的自然排序，散点表示对应县市的新型城镇化质量指数排名与相关指标排名的相对位置。越靠近45°参考线，新型城镇化质量指数排名与相关指标排名的匹配度越高。散点在参考线左上方，表示新型城镇化质量排名领先于相关指标排名，散点离参考线越远，城镇化质量排名领先越多；散点在参考线右下方，表示新型城镇化质量指数排名落后于相关指标排名，散点离参考线越远，城镇化质量排名落后越多。

（一）新型城镇化发展质量与人口城镇化水平的匹配度分析

常住人口城镇化率是衡量城市城镇化水平的主要指标，城镇化率越高，区域人口城镇化程度也越高，但区域人口城镇化率高并不意味着区域城镇化发展质量高，需要进一步探究两者之间互动关系。从图 5-2 可以看出，除张家界市辖区、涟源市城镇化质量排名与对应的常住人口城镇化率排名保持同步，匹配度达到 100% 外，片区其他各县市城镇化质量排名与常住人口城镇化率排名均出现不同程度的偏离。

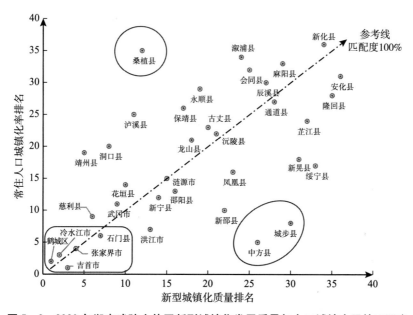

图 5-2　2020 年湖南武陵山片区新型城镇化发展质量与人口城镇水平的匹配度

具体而言，鹤城、冷水江、泸溪等 19 个县市新型城镇化质量排名领先常住人口城镇化率排名，其中鹤城、冷水江、沅陵等县市偏离度较小，匹配度较高，泸溪、武冈、花垣等县市偏离度较大，匹配度较低，桑植县领先 23 名，偏离度最大，匹配度最低；吉首、石门、洪江等 15 县市新型城镇化质量排名落后常住人口城镇化率排名，其中石门、通道、新宁等县市偏离度较小，匹配度较高，吉首、邵阳等县市偏离度较大，匹配度较低，城步县落后 22 名、中方县落后 21 名，落后幅度最大，匹配度最低；总体而言，鹤城、吉首、冷水江、石门等县市人口城镇率高，其城镇化发展质量也较好，这说明在经济发展较快的区域，城镇化发展水平与发展质量之间具有较好匹配度。

（二） 新型城镇化发展质量与地区经济发展水平的匹配度分析

经济发展是推动新型城镇化高质量发展的物质基础，城镇化高质量发展又反过来促进地区经济发展，两者契合度越高，越能彼此促进发展。从图 5－3 可以看出，片区各县市新型城镇化质量排名与地区 GDP 排名虽呈现不同程度的偏离，但大多数县市的城镇化质量排名分布靠近参考线两侧，匹配度较好，说明新型城镇化发展质量与地区经济发展水平之间具有良好的相互促进作用。

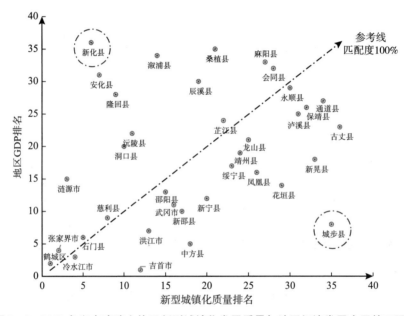

图 5－3　2020 年湖南武陵山片区新型城镇化发展质量与地区经济发展水平的匹配度

具体而言，怀化市鹤城区、张家界市辖区、石门等 16 个县市新型城镇化质量排名领先地区 GDP 排名，其中鹤城、石门、慈利、芷江等县市偏离度较小，匹配度较高，涟源、洞口、麻阳等县市偏离度较大，匹配度较低，新化县领先 30 名，偏离度最大，匹配度最低；冷水江、吉首、洪江等 20 县市新型城镇化质量排名落后地区 GDP 排名，其中冷水江、邵阳、永顺等县市偏离度较小，匹配度较高，洪江、武冈、龙山等县市偏离度较大，匹配度较低，城步县落后 27 名，落后幅度最大，匹配度最低。

（三）新型城镇化发展质量与城市空间规划水平的匹配度分析

城市夜间灯光覆盖范围及其强度，在一定程度上反映了城市的空间布局及城镇化发展水平。从图 5-4 可以看出，片区大部分县市新型城镇化发展质量排名大都分布在参考线两侧，其中张家界市辖区、中方、靖州三县市城镇化质量排名与城市夜间灯光强度排名保持同步，匹配度 100%，说明城市夜间灯光覆盖范围及其强度，能较好地反映城市的空间布局及城镇化发展水平。

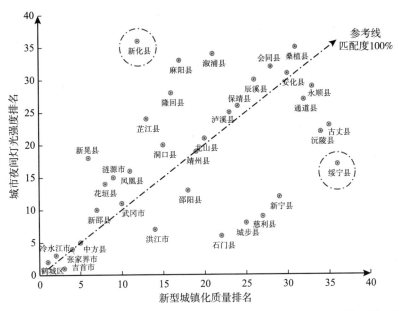

图 5-4　2020 年湖南武陵山片区新型城镇化发展质量与城市空间规划水平的匹配度

进一步研究图 5-4，不难发现，鹤城、冷水江、新晃等 21 个县市新型城镇化质量排名领先城市夜间灯光强度排名，其中鹤城、石门、武冈、龙山等县市偏离度较小，匹配度较高，溆浦、新化、麻阳等县市偏离度较大，匹配度较低，新化县领先 24 名，偏离度最大，匹配度最低；吉首、洪江、永顺、通道等 12 县市新型城镇化质量排名落后城市夜间灯光强度排名，其中吉首、永顺、通道等县市偏离度较小，匹配度较高，石门、城步、慈利、新宁等县市偏离度较大，匹配度较低，绥宁县落后 19 名，落后幅度最大，匹配度最低。

（四）新型城镇化发展质量与公共财政支出水平的匹配度分析

新型城镇化是以人为核心的城镇化，公共财政支出与新型城镇化高质量发展互相影响，相互促进。一方面，公共财政支出是推动以人为核心的城镇化高质量发展的重要资金来源，另一方面，城镇化高质量发展又可以加快实现公共服务均等化。从图 5 - 5 可以看出，除石门、保靖外，其他县市城镇化质量排名分散在参考线两侧，与公共财政支出排名之间未实现完全同步，说明公共财政支出对城镇化质量的影响具有滞后性。

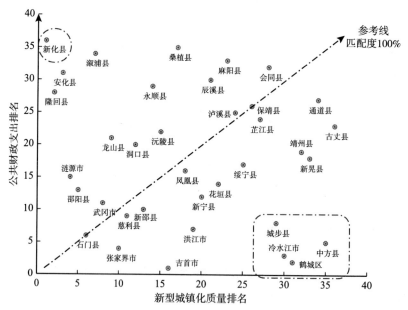

图 5 - 5　2020 年湖南武陵山片区新型城镇化发展质量与公共财政支出水平的匹配度

具体而言，新化、安化、隆回等 16 个县市分布在参考线左上方，说明新型城镇化质量排名领先公共财政支出排名，其中武冈、泸溪、会同等县市偏离度较小，匹配度较高，溆浦、新化、安化等县市偏离度较大，匹配度较低，新化县领先 35 名，偏离度最大；石门、慈利、新邵等 18 县市分布在参考线右下方，说明新型城镇化质量排名落后公共财政支出排名，其中凤凰、芷江、慈利等县市偏离度较小，匹配度较高，中方、鹤城、冷水江等县市偏离度较大，匹配度较低，鹤城区落后 30 名，落后幅度最大。

第四节　本章小结

本章参考品质城市和就地城镇化的标准化质量评价指标体系，遵循目的性、综合性、可比性、操作性及实用性原则，结合武陵山片区实际情况，构建片区县域新型城镇化质量评价指标体系，运用熵权法和层次分析法相结合的组合赋权方法，建立综合评价模型，对案例区指标数据进行分析，从而转化为反映综合情况的综合评价指数 P，据此进行县域新型城镇化质量评价，得出以下评价结果。

第一，2011～2020 年，湖南武陵山片区县域新型城镇化质量综合评价指数的最大值为 0.6217，最小值为 0.1629，片区各县市新型城镇化质量等级逐步提升，处于低等级发展状态的县市数量逐步减小，高等级发展状态的县市日渐增多，特别是"十三五"期间，更高发展等级的县市范围开始逐步扩大，片区新型城镇化发展质量发生了翻天覆地的变化，新型城镇化取得了重大进展。

第二，"十三五"期间片区县域新型城镇化质量优于前期，新型城镇化取得明显进展。具体而言，张家界、怀化、吉首等区域中心城市新型城镇化发展质量明显强于周边县市，研究期内质量等级均实现较大的跨越；怀化市周边的洪江、中方、芷江、新晃、靖州，以及常德市的石门县在中心城市的辐射影响下，新型城镇化质量等级提升较快；其余县市新型城镇化质量等级提升较为迟缓，新化、溆浦及麻阳三县，质量等级在研究期内未有明显突破。

第三，研究期内，片区 12 个县市城镇化质量排名上升，其中综合排名进步最大的前三个县市分别是怀化市的麻阳、新晃和芷江；综合排名下降的县市 18 个，其中综合排名退步最大的前三个县市分别是湘西自治州的永顺、古丈和怀化市的会同；综合排名没有变化的县市有 6 个，分别是张家界市辖区、中方、洪江、石门、保靖和安化。怀化市鹤城区、吉首市及冷水江市在不同的年份排名虽有变化，但一直稳居质量综合排名榜前三名。

第四，研究期内，张家界、涟源两市城镇化质量排名与常住人口城镇化率排名保持同步，匹配度100%；张家界、中方、靖州三县市城镇化质量排名与城市夜间灯光强度排名保持同步，匹配度100%；石门、保靖两县城镇化发展质量与公共财政支出水平的匹配度排名保持同步，匹配度100%；各县市城镇化质量排名与地区GDP排名虽呈现不同程度的偏离，但大多数县市的城镇化质量排名分布靠近参考线两侧，匹配度较好。

第六章 武陵山片区生态环境安全评价

目前国内外广泛使用的区域生态环境安全评价模型主要包括 PSR 模型、DSR 模型、DPSIR 模型、DPSER 模型等。其中联合国经济合作开发署（OECD）针对环境问题所建立的 PSR 模型是目前应用最为广泛的模型之一。本章以湖南武陵山片区为例，基于 PSR 模型及其理论框架，从压力、状态、响应三方面构建适应性区域安全评价指标体系，对案例区进行生态环境安全评价。

第一节 生态环境安全评价指标体系构建

生态环境安全评价的关键是构建科学易行的评价指标体系，选取合理的评价模型和方法，参考适宜的评价标准。为了客观评价湖南武陵山片区 2011~2020 年生态环境安全状况，本研究基于 PSR 模型，运用灰色关联评价法对其生态环境安全进行科学评价。

一、生态环境安全评价指标体系构建原则

在 PSR 理论模型的指导下，结合武陵山片区生态环境现状，构建区域生态环境安全评价指标体系。在具体指标选取上，遵循了以下基本原则。

（一）整体性原则

区域生态环境安全评价系统是一个人工复合系统，该复合系统由经济、人口、环境和资源等子系统所构成，子系统之间相互牵制、共同作用，对整个生态环境安全产生影响。在选取指标时必须考虑区域生态环境系统构成上的完整性，不能孤立地依赖某个子系统。

（二）科学性原则

遵循科学性原则是 PSR 理论模型的基本要求，也是准确评价区域生态环境安全的基本前提。科学性原则是指在科学理论与实践经验的指导下，建立模型、选取指标、确定权重，选取的每一个指标都要能客观地反映研究区生态环境安全的现状和变化趋势。

（三）层次性原则

区域生态环境系统是一个包含了多个子系统的复合巨系统，为了保证评价指标体系的完整性，在生态环境安全评价前，需要对该复合巨系统进行合理分解，分解成不同层次的代表性指标；同时不同层次指标之间要逻辑关系清晰，指标含义明确。

（四）代表性原则

影响区域生态环境安全的因素众多，各影响因素彼此关联，如果片面追求生态环境系统的完整性描述，在选取指标时过于强调数量，不仅会加重研究工作负担，也难以突出重点。因此遵循简单实用原则，选取代表性强、最能准确反映生态环境特征和属性的指标。

（五）可操作性原则

指标数据的易获取性，是生态环境安全评价工作顺利进行的前提，获取各项指标数据难易程度各异，必要时按照可操作性原则进行指标筛选，选取数据资料相对容易获取，能全面反映区域生态环境安全的指标，比如现行统计指标及其规范标准。

二、生态环境安全评价指标体系基本框架

基于 PSR 模型框架，遵循整体性、科学性、层次性、代表性及可操作性原则，在参考国内外相关研究成果的基础上（李倩娜和唐洪松，2021；郑乐乐等，2022；张中浩等，2022；马小雯和郭精军，2023），结合武陵山片区的具体情况，对近年来相关研究文献中所选取的评价指标进行频率统计，将出现频率较高的指标优先纳入到评价指标体系中，最终形成片区生态环境安全评价指标体系，具体见表 6-1。

表 6-1　　　　　湖南武陵山片区生态环境安全评价指标体系

目标层	系统层	指标层	单位	指标分类	基准值
湖南武陵山片区生态环境安全评价指数 A	压力 B_1	单位面积工业二氧化硫排放量 C_1	吨/平方千米	逆向指标	1000
		单位面积工业废水排放量 C_2	吨/平方千米	逆向指标	800
		单位面积工业固体废弃物产生量 C_3	吨/平方千米	逆向指标	1250
		单位面积农用化肥施用量 C_4	吨/公顷	逆向指标	250
		单位 GDP 能耗 C_5	tce/万元	逆向指标	0.7
		人均日生活用水量 C_6	升	逆向指标	160
		人均生活垃圾清运量 C_7	吨	逆向指标	0.2
		人均污水排放量 C_8	立方米	逆向指标	73
	状态 B_2	地表水达到或好于 3 类水体比例 C_9	%	正向指标	90
		空气质量优良天数比例 C_{10}	%	正向指标	90
		年细颗粒物（PM2.5）平均浓度 C_{11}	微克/立方米	逆向指标	40
		人均耕地面积 C_{12}	公顷	正向指标	0.053
		人均公园绿地面积 C_{13}	平方米	正向指标	13
		人均粮食总产量 C_{14}	千克	正向指标	400
	响应 B_3	工业固体废弃物综合利用率 C_{15}	%	正向指标	90
		垃圾分类集中处理率 C_{16}	%	正向指标	80
		污水集中处理率 C_{17}	%	正向指标	85
		森林覆盖率 C_{18}	%	正向指标	40
		建成区绿化覆盖率 C_{19}	%	正向指标	45
		节能环保支出占 GDP 比重 C_{20}	%	正向指标	3

第二节　生态环境安全评价方法

本书基于 PSR 理论框架，建立熵权法与灰色关联模型相结合的评价方法，对案例区生态环境安全进行综合评价。

一、生态环境安全评价模型

（一）构建评价指标矩阵

设案例区 n 年中包含 m 个评价指标，则设定该地铁生态环境安全评价样本矩阵为：

$$X = \{x_{ij}\}_{n \times m} \quad (0 \le i \le n, 0 \le j \le m) \tag{6-1}$$

为消除样本原始指标数据的量纲差异，采用极差法对各个指标进行无量纲化处理，具体公式参见式（5-2）、式（5-3）。

（二）确定评价指标权重

根据信息论可以获知，指标值变异程度越大，其信息熵越小，指标提供的信息量也就越大，相应地对该指标赋权时其权重也应越大，反之，该指标赋权的权重应越小。在本节生态环境安全评价模型中，采用熵权法确定指标权重，其计算公式参见式（5-4）、式（5-5）、式（5-6）。

（三）计算关联系数

X_{ij} 为第 i 个评价对象的第 j 个评价指标，R_j 为第 j 个指标的基准值，U_{ij} 为第 i 个评价对象关于第 j 个评价指标标准化后的数值（郭秀云，2004）：

对于正向指标，当 $X_{ij} > R_j$ 时，$U_{ij} = 1$；当 $X_{ij} < R_j$ 时，$U_{ij} = X_{ij}/R_j$

$$\tag{6-2}$$

对于逆向指标，当 $X_{ij} < R_j$ 时，$U_{ij} = 1$；当 $X_{ij} > R_j$ 时，$U_{ij} = R_j/X_{ij}$

$$\tag{6-3}$$

各指标基准值标准化后化为最优向量 $G = \{g_1, g_2, \cdots, g_j\}$，其中 $g_j = R_j/R_j = 1$。

利用灰色关联系数公式计算评价指标 U_{ij} 与最优向量 G 的关联系数 $\zeta_{ij}(U_{ij}, G)$，其具体计算公式为：

$$\zeta_{ij}(U_{ij}, G) = \frac{\min_i \min_j |U_{ij} - g_j| + \rho \max_i \max_j |U_{ij} - g_j|}{|U_{ij} - g_j| + \rho \max_i \max_j |U_{ij} - g_j|} \quad (6-4)$$

其中，$\min_i \min_j |U_{ij} - g_j|$，$\max_i \max_j |U_{ij} - g_j|$ 分别为样本两级极小差和样本两级极大差；$\rho \in (0, \infty)$ 称为分辨系数，ρ 越小，分辨力越大，当 $\rho \leqslant 0.563$ 时，分辨力最好，通常取 $\rho = 0.5$。

（四）计算生态环境安全指数

通过计算第 i 个评价对象与最优向量 G 的关联度 R，即第 i 个评价对象的生态环境安全指数，则可以反映不同时期研究区生态环境安全等级程度，其计算公式为：

$$R = \sum_{j=1}^{m} w_j \times \zeta_{ij}(U_{ij}, G) \quad (6-5)$$

（五）设定安全基准值

模型中各指标的基准值，按以下程序确定：对于有国际、国内、行业和地方规定标准的指标，参考各项规定标准确定安全基准值；对于无相关标准，但具有长时间序列的完整数据的指标，则采用系统化方法确定基准值，即通过对指标历史数据进行系统化分析以确定安全基准值；对于无相关标准，但数据资料时间跨度短的指标，则参考其他未受人类严重干扰的相似生态环境，以此环境下的相关指标作横向对比确定安全基准值；对于无相关标准且数据资料时间跨度短，但数据变化符合一定规律的指标，则通过突变论原理建立数学模型确定安全基准值；对于其他情况的指标，根据咨询相关领域的专家意见确定安全基准值（邵佳和黄渊基，2017）。

基于上述原则和程序，本研究将区域生态环境安全评价体系中的各单项评价指标均设定一个安全基准值，其中：指标 C_4、C_{12} 的基准值，以联合国粮农组织 2020 年设定的国际标准为依据设定；C_5、C_{13}、C_{14}、C_{15}、C_{16}、

C_{17}、C_{18}、C_{19}的基准值，以《国家级生态县、生态市、生态省建设指标》《国家生态文明建设示范区建设指标》《湖南省生态文明建设示范区建设指标》等为依据设定；指标C_9、C_{10}、C_{20}的基准值，以《"两山指数"评估指标》为依据设定；指标C_1、C_2、C_3、C_6、C_7、C_8、C_{11}的基准值，则结合研究区特点，参照发达地区和生态较好地区的发展情况、武陵山片区各地市生态文明建设要求，以及"十三五"建设规划要求为依据进行设定。各单项评价指标的安全基准值详见表6－1。

（六）生态环境安全评价标准

在参考相关研究成果的基础上（吴晓和吴宜进，2014；张家其等，2014），并咨询有关方面的专家，设置了武陵山片区生态环境安全分级标准（见表6－2），计算得到的指标值分别对应某一等级的生态环境安全程度，指标值越高，则安全评价等级越高，相应地，生态环境越好，越能满足人类生存发展需求；反之，指标值越低，说明该区域生态越恶劣，人类生存发展面临问题越多。

表6－2　　　　　　　　　　生态环境安全分级评价标准

生态环境安全指数取值范围	等级	评语	生态环境安全特征描述
<0.45	I	恶劣	生态环境恶劣，不适合人类生存发展
0.45～0.55	II	较差	生态环境较差，勉强满足人类生存发展需求
0.55～0.65	III	一般	生态环境一般，基本满足人类生存发展需求
0.65～0.75	IV	良好	生态环境较好，较适合人类生存发展
0.75～0.85	V	优越	生态环境优越，适合人类生存发展
>0.85	VI	理想	生态环境达到理想状态，人与实现和谐共生

二、探索性时空数据分析法

探索性空间分析（ESDA）主要用于地理要素的空间关联性测度，一般分为全局空间自相关（Global Spatial Autocorrelation）和局部空间自相关

（Local Spatial Autocorrelation）。ESDA 分析框架偏重空间维度，忽视时间与空间要素的耦合与连接，雷伊等（Rey et al.，2011）提出的探索性时空数据分析（ESTDA）方法，基于传统的 ESDA 分析框架，将时间和空间进行整合，实现时空交互分析（潘竟虎和张永年，2021）。本研究在 ESDA 分析框架基础上，借助 ESTDA，运用 LISA 时间路径、时空跃迁等分析工具，对湖南武陵山片区生态环境安全格局的时空演化特征进行分析。

（一）全局空间自相关

全局空间自相关主要是地理要素的全局空间关联性特征进行描述，用于衡量区域之间整体上的空间关联与空间差异程度。Global Moran's I 值是常用的全局空间自相关度量指标，其数学表达式为（郭永锐等，2014）：

$$I = \left(\frac{n}{s_0} \cdot \frac{z'w_{ij}}{z'z} \right) \qquad (6-6)$$

式中，n 为空间观测单元的数量；z 为观测值与均值的离差向量；z' 是 z 向量的转置向量，w_{ij} 是二值（0，1）空间邻接矩阵，其中区域 i 与 j 相邻为 1，不相邻为 0；$s_0 = \sum \sum w_{ij}$。在给定显著性水平下，若 Moran's I 大于 0，表示区域生态环境安全在空间上呈正相关性，其值越大，空间相关性越显著；若 Moran's I 小于 0，表示区域生态环境安全在空间上呈负相关性，其值越小，空间差异越大；若 Moran's I 等于 0，表示区域生态环境安全在空间上呈随机性。

（二）局部空间自相关

全局自相关是对整个研究区域的空间自相关性进行综合测度，其结果只能说明各单元与周围区域间空间差异的平均程度。但整体研究区域中可能存在部分空间正相关性与部分空间负相关性共存的情况，需要采用局部空间自相关统计量（Local Indicators Spatial Autocorrelation，LISA）来揭示可能存在的空间变异性（李美芳等，2016）。Local Moran's I 是用来进一步度量某一区域单元与周边区域空间差异程度的指标，其数学表达式为：

$$I_i = z_i \sum_{j=1, j \neq i}^{n} w_{ij} z_j \qquad (6-7)$$

式中，z_i 和 z_j 是区域 i 和 j 的标准化的观测值；w_{ij} 是空间权重；$\sum w_{ij}z_j$ 为空间滞后向量。

借助 Moran 散点图，Local Moran's I 值可以揭示局部空间的自相关性。Moran 散点图描述了变量标准化值 z 与其空间滞后向量 $\sum w_{ij}z_j$ 之间的相互关系。Moran 散点图的四个象限分别对应着某一区域单元与其周围区域的四种不同局域空间联系，即 HH（高高，第一象限）、HL（高低，第二象限）、LL（低低，第三象限）、LH（低高，第四象限）。HH 表示高观测值的区域单元被同是高观测值的区域所包围的空间联系形式，HL 表示高观测值的区域单元被低观测值的区域所包围的空间联系形式，LL 表示低观测值的区域单元被同是低观测值的区域所包围的空间联系形式，LH 表示低观测值的区域单元被高观测值的区域所包围的空间联系形式。HH 和 LL 意味着某一区域单元与周围区域空间正相关，局部区域具有集聚性和相似性特征。HL 和 LH 意味着某一区域单元与周围区域空间负相关，局部区域具有分散性和异质性特征。

（三）LISA 时间路径

LISA 时间路径通过考虑 LISA 坐标在 Moran 散点图中随时间的移动，使传统的静态 LISA 具有了动态性（Ye & Rey，2013）。LISA 时间路径的相对长度、弯曲度及移动方向是其主要的几何特征（方世敏和黄琰，2020）。在一定的时间内，每个县域单元的 LISA 坐标由其生态环境安全评价指数的标准化值及空间滞后量组成，LISA 坐标在不同时间点之转移可通过测度相应时间点的 LISA 坐标的移动距离来体现。LISA 时间路径的相对长度越长，说明县域空间单元具有更加动态的局部空间特征。LISA 时间路径的弯曲度越大，说明县域空间单元生态环境安全水平在变化过程中受到时空效应的影响越强，波动也越剧烈。LISA 时间路径的移动方向则可以反映县域生态环境安全水平的局部空间演化趋势和特征（Rey et al.，2011）。

LISA 时间路径的相对长度（D_i）的计算公式为：

$$D_i = \frac{N \times \sum_{t=1}^{T-1} d(L_{i,t}, L_{i,t+1})}{\sum_{i=1}^{N} \sum_{t=1}^{T-1} d(L_{i,t}, L_{i,t+1})} \qquad (6-8)$$

式中，N 为空间单元的数量；T 为年度时间间隔；L_{it} 为空间单元 i 在时间 t 的 LISA 坐标，$d(L_{it}, L_{it+1})$ 为空间单元 i 从时间 t 到 $t+1$ 的移动距离。若 D_i 值大于 1，则说明县域单元的相对移动大于所有县域单元 LISA 时间路径移动的平均值，也就是说县域单元 i 的移动更加具有动态性，反之则说明动态性不显著。

LISA 时间路径的弯曲度（F_i）的计算公式为：

$$F_i = \frac{\sum\limits_{t=1}^{T-1} d(L_{i,t}, L_{i,t+1})}{d(L_{i,1}, L_{i,T})} \quad\quad (6-9)$$

式中，$d(L_{i,1}, L_{i,T})$ 为空间单元 i 从第一年到最后一年的移动距离。F_i 越大，LISA 时间路径越弯曲，县域局部空间结构波动也越曲折。

三、LISA 时空跃迁

LISA 时间路径的相对长度、弯曲度、移动方向可以揭示 Moran's I 散点图的变动趋势与演化特征，而雷伊（Rey，2010）提出的 Local Moran's I 转移概率矩阵和时空跃迁（Space-time Transitions）分析方法，则可进一步刻画 Moran's I 散点图在不同局部的相关类型的时空转移过程与变动轨迹。时空跃迁主要由四种类型组成，即 Type 0，表示县域单元自身与相邻县域单元均发生了跃迁；Type Ⅰ，表示县域单元自身跃迁，相邻县域单元不变；Type Ⅱ，表示县域单元自身不变化，相邻县域单元发生了跃迁；Type Ⅲ，表示县域单元自身与相邻县域单元均发生了跃迁（毕斗斗等，2018）。根据已知的跃迁类型，可以计算得到区域生态环境安全水平 Moran's I 的空间凝聚力，其表达式为（Rey & Janikas，2006）：

$$S_t = \frac{F_{0,t}}{n} \quad\quad (6-10)$$

式中，$F_{0,t}$ 表示 t 时间内发生 Type 0 跃迁的县城单元数目，n 为所有可能发生跃迁的县域单元数目。

第三节　生态环境安全评价结果分析

一、片区生态环境安全评价结果

根据湖南武陵山片区生态环境安全综合评价指标体系及其评价模型，计算得到 2011～2020 年片区县域生态环境安全综合评价指数（见表 6 - 3、图 6 - 1、图 6 - 2），及生态压力、状态与响应三个子系统的评价指数值（见图 6 - 3、图 6 - 4、图 6 - 5）。

表 6 - 3　　　2011～2020 年湖南武陵山片区县域生态环境安全综合指数

序号	县（市）	2011 年	2012 年	2013 年	2014 年	2015 年	2016 年	2017 年	2018 年	2019 年	2020 年
1	新邵县	0.6461	0.6643	0.6892	0.6870	0.6959	0.7213	0.7359	0.7475	0.7493	0.7499
2	邵阳县	0.6513	0.6696	0.6880	0.7101	0.7110	0.7199	0.7426	0.7453	0.7463	0.7491
3	隆回县	0.6180	0.6431	0.6575	0.6532	0.6793	0.6863	0.6796	0.6931	0.7483	0.7493
4	洞口县	0.6772	0.6829	0.6685	0.6659	0.6696	0.6899	0.7257	0.7298	0.7349	0.7755
5	绥宁县	0.6652	0.6801	0.6984	0.7140	0.7550	0.7637	0.7793	0.7985	0.7997	0.7984
6	新宁县	0.6927	0.7220	0.7600	0.7567	0.7834	0.7904	0.8022	0.8024	0.8081	0.8058
7	城步县	0.6673	0.6854	0.7059	0.6811	0.7079	0.7442	0.7479	0.7468	0.7435	0.7495
8	武冈市	0.6500	0.6765	0.6940	0.6890	0.6958	0.7313	0.7285	0.7362	0.7631	0.7673
9	石门县	0.7476	0.7545	0.7756	0.7870	0.7978	0.8308	0.7867	0.8479	0.7915	0.8054
10	张家界市	0.7550	0.7663	0.7547	0.7596	0.7853	0.7859	0.7977	0.8012	0.7719	0.7807
11	慈利县	0.7233	0.7546	0.7746	0.7926	0.7765	0.7984	0.8182	0.8261	0.8186	0.8090
12	桑植县	0.6757	0.7131	0.7358	0.7270	0.7514	0.7638	0.7586	0.7891	0.7956	0.8214
13	安化县	0.6919	0.7136	0.7301	0.7306	0.7635	0.7882	0.7665	0.7660	0.7838	0.7720
14	鹤城区	0.6231	0.6297	0.6389	0.6539	0.6658	0.7050	0.7153	0.7323	0.7524	0.7756
15	中方县	0.6227	0.6443	0.6610	0.6495	0.6850	0.7131	0.7459	0.7503	0.7538	0.7482
16	沅陵县	0.6689	0.6800	0.6930	0.6987	0.7461	0.7656	0.7666	0.7838	0.7913	0.7891
17	辰溪县	0.6100	0.6311	0.6477	0.6855	0.6976	0.7204	0.6929	0.7307	0.7414	0.7424
18	溆浦县	0.7061	0.7269	0.7598	0.7260	0.7576	0.7628	0.7677	0.7898	0.8285	0.8110
19	会同县	0.6392	0.6210	0.6387	0.6423	0.6514	0.7020	0.7180	0.7239	0.7450	0.7511
20	麻阳县	0.7159	0.7268	0.7595	0.7627	0.7170	0.7474	0.7560	0.7724	0.8243	0.8213

续表

序号	县（市）	2011 年	2012 年	2013 年	2014 年	2015 年	2016 年	2017 年	2018 年	2019 年	2020 年
21	新晃县	0.7701	0.7569	0.7738	0.7938	0.8123	0.7582	0.7753	0.7641	0.7899	0.7975
22	芷江县	0.7828	0.7910	0.7820	0.7544	0.7475	0.7615	0.7749	0.7825	0.7972	0.7878
23	靖州县	0.7623	0.7341	0.7718	0.7308	0.7329	0.7454	0.7654	0.8179	0.8105	0.8452
24	通道县	0.7332	0.7355	0.7452	0.7760	0.7997	0.7970	0.8223	0.8329	0.8399	0.7898
25	洪江市	0.7352	0.7450	0.7669	0.7433	0.7637	0.7891	0.7963	0.8069	0.8056	0.8364
26	新化县	0.6105	0.6529	0.6545	0.6417	0.6659	0.7000	0.6770	0.6973	0.7220	0.7269
27	冷水江市	0.5621	0.6098	0.6144	0.6085	0.6288	0.6422	0.6448	0.6931	0.7025	0.7145
28	涟源市	0.6293	0.6279	0.6387	0.6555	0.6865	0.7086	0.7147	0.7251	0.7483	0.7505
29	吉首市	0.6173	0.6212	0.6333	0.6421	0.6451	0.6715	0.6893	0.7036	0.7043	0.7321
30	泸溪县	0.6269	0.6408	0.6426	0.6553	0.6865	0.7093	0.7102	0.7170	0.7323	0.7488
31	凤凰县	0.6377	0.7442	0.6606	0.6601	0.6615	0.6894	0.7253	0.7590	0.7550	0.7628
32	花垣县	0.5932	0.5991	0.6225	0.6141	0.6351	0.7203	0.7086	0.7161	0.7498	0.7527
33	保靖县	0.6093	0.6163	0.6469	0.6304	0.6368	0.7335	0.7498	0.7532	0.7567	0.7688
34	古丈县	0.6315	0.6559	0.6729	0.6410	0.6538	0.7267	0.7349	0.7456	0.7552	0.7562
35	永顺县	0.6093	0.6289	0.6559	0.6723	0.6715	0.7232	0.7247	0.7159	0.7414	0.7495
36	龙山县	0.6139	0.6303	0.6583	0.6570	0.6874	0.6834	0.7194	0.7397	0.7440	0.7491
	最大值	0.7828	0.7910	0.7820	0.7938	0.8123	0.8308	0.8223	0.8479	0.8399	0.8452
	最小值	0.5621	0.5991	0.6144	0.6085	0.6288	0.6422	0.6448	0.6931	0.7025	0.7145
	中位值	0.6507	0.6782	0.6886	0.6863	0.6968	0.7290	0.7443	0.7489	0.7551	0.7681

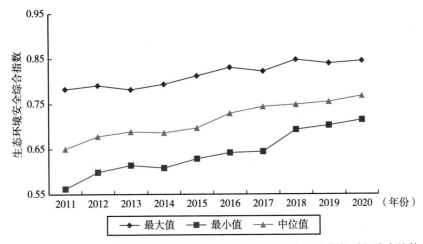

图 6 - 1　2011～2020 年湖南武陵山片区生态环境安全综合评价指数时间演变趋势

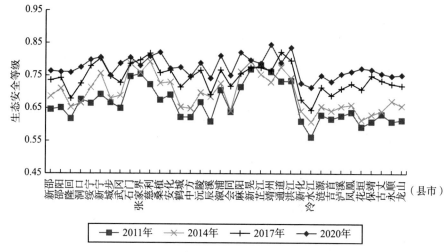

图 6 - 2 2011～2020 年湖南武陵山片区县域生态

环境安全综合评价指数时间演变趋势

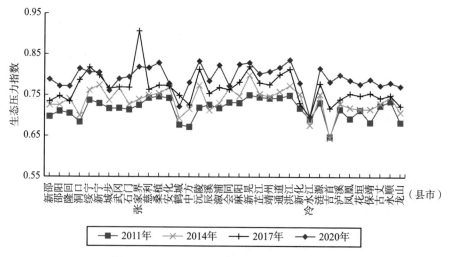

图 6 - 3 2011～2020 年湖南武陵山片区县域

生态压力指数时间演化趋势

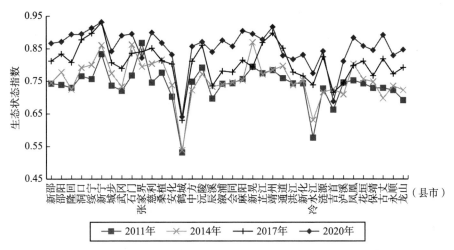

图 6－4　2011～2020 年湖南武陵山片区县域生态状态指数时间演化趋势

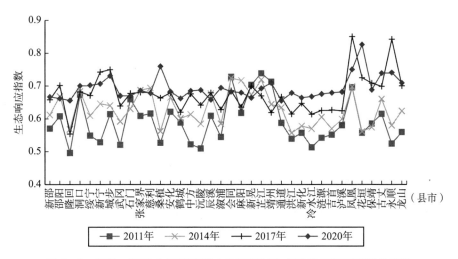

图 6－5　2011～2020 年湖南武陵山片区县域生态响应指数时间演化趋势

（一）生态环境安全综合评价结果的时序分析

1. 县域生态环境安全综合评价结果分析

从图 6－1、图 6－2 可以看出，2011～2020 年湖南武陵山片区县域生态
环境安全综合评价指数的最大值、最小值及中位值均在逐年增长，说明片区
生态环境安全水平整体上呈上升趋势，但安全等级提升并不显著。具体来

看，2011~2020年片区县域生态环境安全综合评价指数值介于0.55~0.85，生态环境安全跨越一般、良好、优越三个等级，说明片区县域生态环境的整体安全状况较为乐观，生态环境安全状况没有朝着负面方向发展，满足或基本满足人们生存发展需要，但各县市也未实现理想状态等级零的突破，生态环境质量仍有较大提升空间。

从县域情况来看，2011年新邵、隆回等17个县市生态环境安全水平处于一般等级，占比47.22%，其中冷水江市生态环境安全水平最低。冷水江市是国务院实施转型发展扶持政策的44个资源枯竭型城市之一，境内的锡矿山因富含锑矿，素有"世界锑都"之称，由于常年无序的锑矿开产，当地矿业资源日益枯竭，也对生态环境造成了极大压力。近年来当地政府虽然对锡矿山地区进行持续环境整治，坚决拆除非法炉，落后炉，万元规模工业增加值能耗持续下降，环境质量得到较大改善，但作为一座典型的资源型工业城市，当地支柱产业仍以电力、耐火材料、紧固件、生铁、钢材、水泥、锑品等工业产业为主，高能耗、高水耗、高资源耗费的工业产业对生态环境造成的负面影响十分明显，也严重制约了当地生态环境安全水平提升。2011年张家界、芷江、新晃、靖州4县市生态环境安全水平处于优越等级，占比11.11%，其中芷江县生态环境安全水平最高。芷江县位湖南省西部，怀化市中部，是经济发展相对落后的地区，其支柱产业主要以生态特色农业，及红色旅游业为主，高能耗、高水耗、高资源耗费的工业产业发展较为薄弱，对生态环境造成的压力不显著，因而生态环境安全水平较高。

2020年，片区县域生态环境安全水平实现较大提升，各县市生态环境安全均达到良好及以上等级，其中新邵、隆回、石门、张家界等24个县市生态环境安全水平达到优越等级，占比66.67%，其余各县市生态环境安全等级均为良好。2020年生态环境安全水平最高的县市是靖州县，生态环境安全水平最低的县市是冷水江市。靖州县地处湖南省西南部、沅水上游，是湘、贵两省交界地区，支柱产业主要以柑橘、杨梅等林果业，茯苓、杜仲等林药业为主，工业基础较为薄弱。近年来靖州县牢牢把握生态环保"主旋律"，健全生态环境保护责任体系，制定生态环境保护条例实施办法，形成全县生态保护红线"一张图"，做到了生态保护与经济发展互促共进，生态环境安全水平得到大幅度提升。冷水江市近年来积极推进供给侧结构性改革，不断淘汰不安全落后产能，较 2011 年生态环境安全综合评价指数值实现了较大幅度的跃升，但受"历史旧债"所累，生态环境安全水平仍旧处于片区末段位置。

2. 县域生态环境安全子系统综合评价结果分析

（1）生态压力指数评价结果分析。从图 6-3 可以看出，2011～2020 年湖南武陵山片区县域生态压力指数（负向指标）均不同程度呈现上升趋势，说明 10 年来片区县域生态环境所承受的压力正日益减轻，长期以来人类活动制约生态环境改善的不利局面正在改观，资源节约型和环境友好型社会正在形成，具体体现在各县市"工业三废"排放量、农用化肥施用量、单位 GDP 能耗、人均用水量等指标正在逐年下降。张家界、石门、冷水江、鹤城、绥宁等少数县市生态压力指数变化略有反复，城市生活污水排放量、城市垃圾清运量及人均用水量等指标均有反弹，说明随着新型城镇化进程推进，这些城市的人类生产生活对生态环境改善造成了不小的压力。

（2）生态状态指数评价结果分析。片区大部分县市生态状态指数（见图 6-4）亦呈现不同程度的上升趋势，说明 2011～2020 年湖南武陵山片区县域生态质量有了明显的改善。片区各县市生态质量明显改善，得益于各县市空气质量、地表水等环境状态改善，以及人均公共绿地面积、人均粮食产量等资源状态改善。2011～2020 年生态状态指数上升幅度最大的县市是石门县，状态指数值从 0.7679 上升到 0.8953，说明生态环境受人类活动影响较小，处于较好状态之下。上升幅度最小的县市是怀化市鹤城区，状态指数值从 0.5317 上升到 0.6409，说明城市生产生活对生态环境影响较为直接，生态环境状态虽有改善，但改善不显著。

（3）生态响应指数评价结果分析。生态响应是为应对生态环境变化所采取的措施及其效果，生态响应指数值越高，应对措施力度越大，效果越好。从图 6-5 可以看出，片区县域生态响应指数差异较大，但整体呈上升趋势。具体来看，2011 年芷江县生态响应指数值最大，隆回县生态响应指数值最小。到 2020 年，花垣县生态响应指数值最大，通道县最小。从反映生态响应指数的 6 个具体评价指标变化情况来看，研究初期，片区各县市由于经济总量较小，财力有限，节能环保投入普遍不高，加之民众环境保护意识淡薄，清洁技术应用不广泛，致使"三废"集中处理率偏低，从而严重制约生态环境安全水平提升。研究中后期，片区经济高速发展，政府对环保事业投入力度持续增强，加上各地持续推动产业结构调整，加快推进供给侧改革，高能耗、高水耗、高资源耗费的产业遭到淘汰和强制退出，片区整体生态环境逐步得到改善，生态环境安全综合指数均有不同程度的提升。

（二）生态环境安全综合评价结果的空间演化分析

1. 县域生态环境安全的空间演化分析

在时序分析的基础上，根据区域生态环境安全等级划分标准，运用Arc-GIS10.2分析软件，选取2011年、2014年、2017年、2020年综合评价数据进一步分析研究期内湖南武陵山片区县域生态环境安全评价结果的演化趋势。具体而言，2011~2020年湖南武陵山片区县域生态环境安全形势总体持续稳定向好，县域生态环境安全等级不断提升，呈现以下三个特点。

（1）县域生态环境安全形势形成点状辐射，逐步成片的空间格局。2011年片区仅张家界市辖区、芷江、新晃、靖州四县市生态环境安全水平处于"优越"等级，且呈点状零星分布。2014年逐步辐射带动周边县市生态环境安全等提升，其中带动慈利、石门、麻阳、通道等县生态环境安全等级从"良好"提升至"优越"，龙山、永顺、凤凰、鹤城等县市区生态环境安全等级从"一般"提升至"良好"。2017年辐射带动效应进一步显现，除冷水江外，片区各县市生态环境安全等级进一步提升，均达到"良好"以上等级。及至2020年冷水江市也实现了等级提升，从"一般"提升至"良好"。整体上看，研究期内片区县域生态环境安全等级逐步提升，升级区域不断扩大，初步形成点状辐射，成片升级的空间格局。

（2）片区"东北—西南"连线县市生态环境安全等级普遍高于"西北—东南"连线县市。研究期内，以石门—张家界—沅陵—靖州为连线的片区"东北—西南"走向县市的生态环境安全等级，普遍高于以涟源—新化—泸溪—花垣为连线的"西北—东南"走向的县市，片区县域生态环境安全水平呈现直观上的空间集聚性特征，表明研究期间内县域间相互促进、互相影响，辐射作用显著，片区生态环境安全形势具有地域性，其主要原因是连线区域县市在经济发展水平、产业结构、生态保护政策等方面具有相似性，或在环保政策选择上具有趋同性和政策协同效应，从地级市州层面来看，县域之间在经济发展、生态环境保护等方向政策趋同和协同效应更为明显。

（3）片区西北部、中南部县市生态环境安全等级提升缓慢。研究期内，分布在片区西北部的保靖、花垣、古丈等县市，片区中南部的新化、冷水江、会同等县市，生态环境安全等级提升缓慢，10 年间仅从"一般"提升至"良好"。其中冷水江市生态环境安全等级提升最慢，到 2020 年方升级至"良好"等级。究其原因，一方面与其他县市相比，这些地区经济发展相对落后，产业优化升级迟滞，环保投入增长较慢；另一方面，冷水江、保靖、花垣等县市经济发展高度依赖高能耗、高水耗、高资源耗费的矿业产业，以及钢铁、水泥等制造业，"三高"型产业对生态环境造成了极大的压力，也阻碍了地区生态环境安全等级提升。

2. 县域生态环境安全子系统的空间演化分析

为进一步探究片区县域生态压力、状态及响应指数的空间分布格局，运用 ArcGIS10.2 分析软件，选取 2011 年、2020 年生态子系统综合评价数据，采用自然间断点分级法分别将生态压力、状态及响应指数划分为 5 个等级，分析研究期内湖南武陵山片区县域生态子系统评价结果的演变趋势。

对比 2011 年、2020 年片区县域生态压力指数空间演化趋势可以看出，2011 年生态压力指数值较大的县市主要集中在片区北部的慈利、桑植、张家界市辖区等县市，东北部的安化及西南部的芷江、新晃、靖州、通道等县市，生态压力指数值较小的县市则主要集中在片区的区域中心城市吉首、鹤城、冷水江及其周边县市，表明吉首、冷水江等市的生态环境质量明显高于片区北部、东北部及西南部的县市。到 2020 年，生态压力指数值逐步增大，且指数值较大县市逐向片区中部转移，但片区区域中心城市，如吉首、鹤城、冷水江等区县，其生态压力变化不显著，表明片区县域生态环境压力虽有不同程度的缓减，但区域中心城市的生态环境压力仍不容忽视。

片区县域生态状态指数的空间演化呈点状扩散趋势。2011 年生态状态指数值较大的县市点状分布在片区北部的张家界、中南部的洞口、新宁及西南部的靖州等县市，生态状态指数值较小的县市仍旧集中片区的区域中心城市，如鹤城区、冷水江市等地，表明这些区域中心城市生态环境质量较周边县市低，也差于片区其他区域县市。随着时间的推移，到 2020 年片区生态状态指数值均有较大增长，其中北部的石门、慈利，南部的绥宁等县市变化最为明显，而生态状态指数值较小的县市仍旧集中在吉首、鹤城及冷水江等中心城市，这说明片区县域生态环境质量较 2011 年有了明显的改善，但区域中心城市的生态环境质量仍需要引起足够的重视。

片区县域生态响应指数在空间演化上，呈现向西、向南扩散的趋势。2011 年生态响应指数值较大的县市主要集中片区西南部的芷江、新晃、凤凰、靖州等地，以及北部的石门、慈利、张家界等县市，指数值较小的县市则主要集中片区的中北部的永顺、沅陵、洪江，南部的隆回、武冈、新宁等县市，表明片区北部、西南部县市生态响应较为敏锐，政策环保投入力度较大，而片区中北部及南部的部分县市在生态环境安全管控上响应力度稍显不足。到 2020 年片区生态响应值显著增长，且增长幅度较大，响应值较大的县市转移到中北部的桑植、永顺、古丈，及西部的花垣、凤凰等县市，以及南部的新宁、城步等县市，生态响应指数较小的县市则转移至东南部的新化、冷水江、隆回、新邵、邵阳等县市，这表明片区东南部县市生态响应敏锐度及响应力度弱于片区其他县市。

二、LISA 时空动态特征分析

（一）总体差异分析

全局 Moran's I 指数揭示了地理变量的总体空间集聚特征，本书运用 Geoda 软件测度 2011 ~ 2020 年湖南武陵山片区生态环境安全综合指数的全局 Moran's I 指数及其显著性水平（见图 6 - 6）。检验结果显示，2011 ~ 2020 年片区生态环境安全综合指数的全局 Moran's I 指数均为正值，且 2011 ~ 2018 年的全局 Moran's I 通过了 1% 水平下的显著性检验，2019 ~ 2020 年的全局 Moran's I 通过了 5% 水平下的显著性检验，表明 2011 ~ 2020 年片区生态环境安全的综合评价指数呈现空间正相性，总体上具有显著的集聚特征，较高生态环境安全水平的县市在空间上趋于相邻，较低水平的县市在空间上也趋于相邻。在 2011 ~ 2020 年片区生态环境安全的 Moran's I 值呈波动态势，且在后期出现下降趋势，表明片区县域生态环境安全的集聚特征并非一成不变，具有明显的动态性。

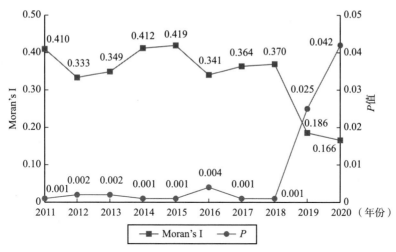

图 6-6　2011～2020 年湖南武陵山片区生态环境安全的
全局 Moran's I 值及其演化趋势

（二）LISA 时间路径的几何特征分析

　　LISA 时间路径的相对长度、弯曲度和转移方向能很好刻画区域生态环境安全的空间结构、空间转移动态等特征。将片区各县市生态环境安全综合评价指数的 LISA 坐标代入式（6-8）、式（6-9），计算出 2011～2020 年各县市 LISA 时间路径相对长度、弯曲度等特征值，运用 Arcgis10.2 中的自然间断点分级法将其划分为 5 个等级，并据此对比计算出各县市 LISA 坐标的转移方向，计算结果如表 6-4 所示。

表 6-4　　　　　　2011～2020 年湖南武陵山片区生态环境安全的
LISA 时间路径几何特征

序号	县（市）	相对长度	弯曲度	移动方向	序号	县（市）	相对长度	弯曲度	移动方向
1	新邵县	0.623	3.540	270°～360°	6	新宁县	0.553	10.889	180°～270°
2	邵阳县	0.837	6.283	90°～180°	7	城步县	0.813	3.003	90°～180°
3	隆回县	0.817	8.256	270°～360°	8	武冈市	0.697	3.276	0°～90°
4	洞口县	1.160	7.597	90°～180°	9	石门县	1.802	6.908	90°～180°
5	绥宁县	0.619	2.553	0°～90°	10	张家界市	0.817	1.998	90°～180°

序号	县（市）	相对长度	弯曲度	移动方向	序号	县（市）	相对长度	弯曲度	移动方向
11	慈利县	1.156	8.444	270°~360°	24	通道县	1.318	6.219	90°~180°
12	桑植县	0.927	2.109	270°~360°	25	洪江市	0.820	3.170	270°~360°
13	安化县	1.005	6.148	90°~180°	26	新化县	1.062	5.672	180°~270°
14	鹤城区	0.632	2.825	270°~360°	27	冷水江市	0.951	9.713	180°~270°
15	中方县	0.753	16.260	90°~180°	28	涟源市	0.751	6.600	270°~360°
16	沅陵县	0.560	3.953	270°~360°	29	吉首市	0.911	4.276	90°~180°
17	辰溪县	1.008	8.473	90°~180°	30	泸溪县	0.667	24.228	0°~90°
18	溆浦县	1.130	7.347	0°~90°	31	凤凰县	1.836	17.458	0°~90°
19	会同县	0.844	8.330	90°~180°	32	花垣县	1.323	3.625	0°~90°
20	麻阳县	1.229	5.843	270°~360°	33	保靖县	0.998	4.049	0°~90°
21	新晃县	1.579	2.730	180°~270°	34	古丈县	0.741	14.732	90°~180°
22	芷江县	0.926	1.909	90°~180°	35	永顺县	0.802	9.520	0°~90°
23	靖州县	1.624	8.049	270°~360	36	龙山县	0.949	3.960	0°~90°

1. 相对长度分析

片区 LISA 时间路径相对长度大于 1 的县市共有 13 个，占总样本数的 35.14%，相对长度较大的县市分别是石门县（1.802）、靖州县（1.624）、新晃县（1.579），主要集中在片区北部、中部、西部及西南部，说明这些地区生态环境安全格局呈现出更加动态的空间结构特性。LISA 时间路径相对长度较小的县市分别是新宁县（0.553）、沅陵县（0.560）、绥宁县（0.619），其主要集中在片区中北部和南部，说明这些地区生态环境安全空间结构较为稳定。

2. 弯曲度分析

片区 LISA 时间路径弯曲度较大的县市分别是泸溪县（24.228）、凤凰县（17.458）和中方县（16.260）、古丈县（14.732），主要集中在片区的中西部，表明这些地区在空间依赖上具有较大的波动性，以及对相邻地区具有更强的空间依赖，这些县市毗邻区域中心城市怀化与吉首，经济社会发展受两个中心城市影响较大，其中怀化市作为西南地区重要的铁路交通枢纽，地理区位优势明显，经济发展好于其他县市，环保投入更甚于周边县市，在产业调整与转移过程中，周边县市受其辐射影响程度最深，生态环境保护投入带来的外溢效应也更为明显。LISA 时间路径弯曲度较小的县市是张家界市（1.998），表明其在空间依赖方向上具有最强的稳定性，究其原因有两方面，一方面张家界产业结构上具有独特性，经济发展高度依赖旅游业，周边县市无法复制其独特的旅游产业发展经验，其自身受周边县市辐射影响较小；另一方面作为我国著名的旅游城市，张家界环保意识强烈，连续环保投入巨大，生态环境安全长期处于较高水平，其生态环境安全格局表现出最为稳定的变化趋势。

3. 转移方向分析

时间路径移动方向可以揭示 LISA 散点图的变化方向和趋势，对比各县市 2011 年与 2020 年在 LISA 散点图中的具体位置，可以判断各县市 LISA 坐标的转移方向和趋势。移动方向类型可以分为四种：0°～90°，代表赢—赢态势，即某一县域单元与相邻县市在生态环境安全演化上具有正向协同变动趋势；90°～180°，代表输—赢态势，即某一县域单元在生态环境安全演化上负向的变动趋势，相邻县市则具有正向的变动趋势；180°～270°，代表输—输态势，即某一县域单元与相邻县市在生态环境安全演化上具有负向协同变动趋势；270°～360°，代表赢—输态势，即某一县域单元在生态环境安全演化上正向的变动趋势，相邻县市则具有负向的变动趋势。

从表 6-4 可以看出，片区生态环境安全演化具有正向协同变动趋势的县市 9 个，占全部县市的 24.32%，主要集中片区西北部、中部及南部；具有负向协同变动趋势的县市 10 个，占全部县市的 27.03%，主要集中在片区北部、中部及南部。在生态环境安全演化上具有同向协同变动趋势的县市共计 19 个，占全部县市的 51.35%，表明这些区域生态环境安全演化具有较强的空间整合性。

三、LISA 时空跃迁分析

LISA 时间路径的几何特征揭示了 LISA 坐标的移动趋势，但无法描绘坐标中局部空间关联类型的相互转移，借助雷伊的时空跃迁分析方法，可进一步揭示局部空间关联类型相互转移的过程。从图 6 – 7、表 6 – 5 可以看出，2011～2020 年湖南武陵山片区生态环境安全的时空迁移类型主要有六种：HH→LH（迁移概率0.09）、LH→HH（迁移概率0.20）、LH→LL（迁移概率0.20）、LL→LH（迁移概率0.25）、LL→HL（迁移概率0.06）、HL→LL（迁移概率0.20），其中发生 Type I 迁移的县市 4 个，占比 10.8%；发生 Type Ⅱ 迁移的县市 5 个，占比 13.5%；无县市发生 TypeⅢ迁移，这表明片区县域生态环境安全的局部空间结构不稳定，各县市跃迁类型的转移具有活跃性特征。

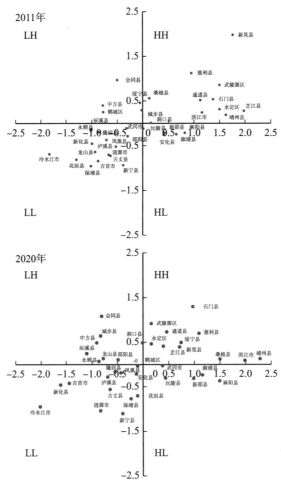

图 6 – 7   2011 年、2020 年湖南武陵山片区县域生态环境安全的

LISA 散点图及 Local Moran's I 类型划分

除上述跃迁外，还有第四类型（Type 0），即某一县域单元与相邻县域仍在同一象限内，未发生迁移。未发生 Type 0 跃迁的县市数量占所有可能发生跃迁的县市数量的比重，称为局部 Moran's I 的空间凝聚力（Spatial Cohesion）。从表 6 - 4 可以看出，2011 ~ 2020 年湖南武陵山片区县域生态环境安全的 Moran's I 散点保持在同一象限内的比例为 75.7%，即 Moran's I 的空间凝聚力 St = 0.757，表明片区县域生态环境安全具有空间稳定性特征，总体上路径依赖或锁定特征大于动态特征，片区县域生态环境安全水平的相对位置不易改变。

表 6 - 5　　　　　　　　　　Local Moran's I 转移概率矩阵

	HH_t	LH_t	LL_t	HL_t
HH	0（10 个，0.91）	Ⅰ（1 个，0.09）	Ⅲ（0 个，0.00）	Ⅱ（0 个，0.00）
LH	Ⅰ（1 个，0.20）	0（3 个，0.60）	Ⅱ（1 个，0.20）	Ⅲ（0 个，0.00）
LL	Ⅲ（0 个，0.00）	Ⅱ（4 个，0.25）	0（11 个，0.69）	Ⅰ（1 个，0.06）
HL	Ⅱ（0 个，0.00）	Ⅲ（0 个，0.00）	Ⅰ（1 个，0.20）	0（4 个，0.80）

第四节　本 章 小 结

本章基于 PSR 模型框架，借鉴熵权法与灰色关联思想，构建区域生态环境安全综合评价模型，对湖南武陵山片区的生态环境安全进行综合评价，并在 ESDA 分析框架基础上，借助 ESTDA，运用 LISA 时间路径、时空跃迁等分析工具，对湖南武陵山片区生态环境安全格局的时空演化特征进行分析，研究结果如下。

第一，2011 ~ 2020 年，片区县域生态环境安全综合评价指数值介于 0.55 ~ 0.85，生态环境安全跨越一般、良好、优越三个等级，片区县域生态环境的整体安全状况较为乐观，生态环境安全状况没有朝着负面方向发展，满足或基本满足人们生存发展需要，但各县市未实现理想状态等级零的突破，生态环境质量仍有较大提升空间。

第二，从空间格局上看，2011 ~ 2020 年片区县域生态环境安全形势总体持续稳定向好，县域生态环境安全等级不断提升，但空间演化差异较为明显，体现在县域生态环境安全形势形成点状辐射，逐步成片的空间格局；片区"东北—西南"连线县市生态环境安全等级普遍高于"西北—东南"连线县市；片区西北部、中南部县市生态环境安全等级提升缓慢。

第三，研究期内，片区生态环境安全的综合评价指数呈现空间正相关性，总体上具有显著的集聚特征，但集聚特征并非一成不变，具有明显的动态性；LISA 时间路径相对长度较大的县市主要集中在片区北部、中部、西部及西南部，表明这些地区生态环境安全格局呈现出更加动态的空间结构特性；弯曲度较大的县市主要集中在片区中西部，表明这些地区在空间依赖上具有较大的波动性，以及对相邻地区具有更强的空间依赖；移动方向上具有同向协同变动趋势的县市共计 19 个，占比 51.35%，表明这些区域生态环境安全演化具有较强的空间整合性。

第四，从转移矩阵来看，片区县域生态环境安全的局部空间结构不稳定，各县市跃迁类型转移具有活跃性特征，2011 ~ 2020 年片区县域生态环境安全的 Moran's I 散点保持在同一象限内的比例为 75.7%，即 Moran's I 的空间凝聚力 St = 0.757，表明片区县域生态环境安全具有空间稳定性特征，总体上路径依赖或锁定特征大于动态特征，片区县域生态环境安全水平的相对位置不易改变。

第七章 武陵山片区城镇化与生态环境风险交互效应实证研究

第一节 模型构建与指标选取

一、交互效应的 PVAR 模型构建

面板向量自回归模型（Panel Vector Auto Regression，PVAR）最早由霍尔茨-伊金等（Holtz Eakin et al.，1988）提出的，模型沿袭了西姆斯（Sims，1980）提出的向量自回归模型（Vector Auto Regression，VAR）的优点，即事先不必假设变量之间的因果关系，而是直接将各变量都视为内生变量，分析各变量及其滞后变量对模型中其他变量的影响。相较于传统 VAR 模型的长时序要求，PVAR 模型具有截面大、时序短的特点（张艾莲等，2016）。PVAR 模型充分考虑了个体效应和时间效应，利用面板数据能够有效解决个体异质性问题。其基本表达式为：

$$Y_{it} = \beta_0 + \sum_{j=1}^{k} \beta_j Y_{it-j} + \gamma_i + \delta_{it} + \mu_{it} \qquad (7-1)$$

式中，$i = 1$，2，$\cdots$，N 为横截面样本数；$t = 1$，2，$\cdots$，T 为面板数据的时间跨度；Y_{it} 为第 i 个横截面样本第 t 年的多维度变量；β_0 为常数向量；β_j 为滞后期系数矩阵；Y_{it-j} 为滞后 j 期的变量；γ_i 为横截面样本个体间的固定效应向量，反映个体的异质性；δ_{it} 为横截面样本个体间的时间效应向量，表示同一时点不同截面可能受到的共同冲击；μ_{it} 为随机误差效应向量。

PVAR 模型的主要分析过程及步骤如下。

（1）单位根检验。平稳数据的特点是具有固定的均值和方差，而非平稳数据的均值和方差随时间变化。平稳数据和非平稳数据的建模步骤差异

比较大，若直接对非平稳数据建模，容易出现伪回归现象。建模前对变量数据进行单位根检验，目的就是检验变量数据的平稳性，规避伪回归等严重后果。对于长面板数据，常用的单位根检验方法有六种：LLC 检验、Breitung 检验、IPS 检验、Fisher 检验、Hadri LM 检验（樊晶慧，2023）。对于短面板数据，若个体观测值较多，时间序列观测值相对较少，且不存在时间趋势，面板数据的非平稳程度相对较低，回归结果较为可靠，可以不进行单位根检验；反之短面板数据可能存在非平稳问题，需要差分处理并进行单位根检验。短面板数据单位根检验方法主要是 HT 检验和 IPS 检验。

（2）协整检验。所谓协整，即变量之间存在共同的随机性趋势。在伪回归现象中有一种特殊情况是，时间序列变量数据之间存在相同的趋势成分，利用这种共同趋势可以修正回归使之变得可靠。协整检验的目的就是判定一组非平稳序列的线性组合是否具有稳定的均衡关系（霍明等，2015）。协整传递出的长期均衡关系，是具有单独随机性趋势的几个变量之间存在的一种可靠联系，引入这种"相对平稳"对模型进行调整，可以排除单位根带来的随机性趋势（陶玉枝，2016）。常用的协整检验方法包括 Kao 检验、Pedroni 检验、Westerlund 检验等。由于协整关系是对非平稳变量之间长期均衡关系的一种统计描述，对于平稳变量而言，则无需进行协调检验，直接进入下一环节的检验分析。

（3）格兰杰因果关系检验。格兰杰因果关系检验（Granger causality test）是一种假设检定的统计方法，用以检验一组时间序列变量是否为另一组时间序列变量的原因，格兰杰因果关系检验基于自回归模型，通过一系列检定，揭示不同序列变量之间前后期的相关性。格兰杰因果关系检验的结论只是一种统计估计，不是真正意义上的因果关系，不能作为肯定或否定因果关系的依据，而是说一组序列变量的前期变化能有效地解释另一组序列变量的变化，即"格兰杰原因"（韩忆晨，2022）。面板 Granger 因果检验（即 D-H 因果检验）是目前比较常见的因果关系检验方法，该方法是杜米特雷斯库-于里（Dumitrescu-Hurlin，2012）在格兰杰（Granger，1969）因果检验基础上拓展的，适用于检验平稳面板数据，对于异质面板数据分析也具有较理想的效果。

（4）脉冲响应。脉冲响应分析是向量自回归模型的计量经济学分析中的重要一环，分析的主要目的是描述模型变量对一个或多个变量冲击的演化。作为系统特征的时域描述，脉冲响应源自信息与系统科学。它用来度量和刻画系统随机扰动项的一个标准差冲击对内生变量当前和未来取值的影响，以及这些影响的变动轨迹（肖况，2021）。在向量自回归模型中，脉冲响应函数可以刻画出一个内生变量在 t 时刻的一个单位扰动冲击是如何动态传递给所有其他变量，并对 $t+s$ 期其他变量造成影响，从而揭示和判断变量之间的动态交互的原因和效果。

（5）预测方差分解。预测方差分解是脉冲响应函数的量化分析，在向量自回归模型中，根据成因不同将模型中内生变量的预测误差进行分解，然后根据计算得到的方差值来度量每个信息冲击对内生变量的影响程度和相对贡献值。预测方差分解考察的是被解释变量方差的变化在多大程度上源自自身的冲击，又在多大程度上源自其他解释变量的冲击。如果由因素不同水平引起的差异占显著比例，那么可以就推断该因素对响应变量的差异具有显著作用；反之，如果抽样过程本身引起的差异占显著比例，那么可以推断该因素对响应变量的差异不具有显著作用。从数值上看，某个变量的方差分解数据越大，变量解释能力越强。

二、指标选取与变量描述性统计

为了进一步探究湖南武陵山片区新型城镇化与生态环境风险之间交互效应，在指标选取上要客观反映新型城镇化水平与生态环境风险的变化过程，因此在综合考虑研究需要和数据可获取性的基础上，遵循客观性、可量化的原则，选取人均 GDP（$pgdp$）、常住人口城镇化率（$urba$）和城市建成区面积（$area$）三个指标表征片区各县市新型城镇化水平，分别表示片区各县市的经济城镇化水平、人口城镇化水平和土地城镇化水平；选取城市污水排放量（$disc$）和年细颗粒物（PM2.5）平均浓度（pm）两个指标表征片区生态环境风险水平，分别表示片区各县市的水环境质量状况和空气环境质量状况。

本书以 2010～2020 年湖南武陵山片区的县域数据为样本，面板数据的时间跨度为 11 年，横截面跨度为片区 36 个县、市、区，为减少原始数据间异常波动，消除可能的异方差，对上述时间序列变量数据进行取对数处理，得到人均 GDP 对数（ln$pgdp$）、常住人口城镇化率对数（ln$urba$）、城市建成区面积对数（ln$area$）、城市污水排放量（ln$disc$）和年细颗粒物（PM2.5）平均浓度对数（lnpm）。

为了更好揭示片区县域相关指标之间的数据差异程度，运用统计分析软件 stata15.0 对所选取的指标变量进行了描述性统计分析，具体详见表 7－1。从表 7－1 可以看出，各指标数据的最大值与最小值之间存在较大差异，说明片区各县市新型城镇化发展水平与生态环境质量状况均存在较大的差异，这为后续的实证研究提供了更大范围且更为有效的样本。

表 7－1　　　　　　　　　　　　变量描述性统计

变量		平均值	标准差	最小值	最大值	观测值
ln$pgdp$	整体	9.93	0.49	8.85	11.34	$N = 396$
	组间		0.40	9.44	11.13	$n = 36$
	组内		0.29	9.26	10.62	$T = 11$
ln$urba$	整体	3.64	0.29	3.02	4.54	$N = 396$
	组间		0.25	3.41	4.51	$n = 36$
	组内		0.15	3.25	4.00	$T = 11$
ln$area$	整体	2.42	0.62	0.99	4.18	$N = 396$
	组间		0.60	1.22	4.13	$n = 36$
	组内		0.18	1.84	3.09	$T = 11$
ln$disc$	整体	6.70	0.70	4.96	9.19	$N = 396$
	组间		0.66	5.75	8.46	$n = 36$
	组内		0.24	5.05	7.89	$T = 11$
lnpm	整体	3.65	0.25	3.01	4.08	$N = 396$
	组间		0.10	3.51	3.84	$n = 36$
	组内		0.23	3.14	4.00	$T = 11$

第二节　面板数据检验与分析

一、面板数据检验

（一）变量的单位根检验

为避免出现伪回归等问题，提高模型的有效性，根据样本数据的统计特征，选择 HT、IPS 两种检验方法，对时间序列变量进行单位根平稳性检验。运用统计分析软件 stata15.0 进行单位根检验的结果如表 7-2 所示。

表 7-2　　　　　　　　　　变量单位根检验结果

变量	HT			IPS		结论
	T&I	I	None	T&I	I	
ln$pgdp$	0.5367 (0.9794)	0.7617 (0.6088)	0.9572 (0.0283)	0.2524 (0.5996)	3.5320 (0.9998)	不平稳
Δln$pgdp$	0.0680 (0.0000)	-0.0549 (0.0000)	0.0680 (0.0000)	-5.5499 *** (0.0000)	-4.2482 *** (0.0000)	平稳
ln$urba$	0.4594 (0.7427)	0.8771 (0.9987)	0.9427 (0.0054)	1.3758 (0.9156)	4.4073 (1.0000)	不平稳
Δln$urba$	0.2656 (0.0330)	-0.0643 (0.0000)	0.2656 (0.0000)	-3.8890 ** (0.0001)	-2.4752 ** (0.0067)	平稳
ln$area$	0.4367 (0.5965)	0.7346 (0.3576)	0.9867 (0.2763)	-1.4243 (0.0772)	1.5270 (0.9366)	不平稳
Δln$area$	0.0520 (0.0000)	-0.0329 (0.0000)	0.0520 (0.0000)	-6.9824 *** (0.0000)	-5.7354 *** (0.0000)	平稳
ln$disc$	0.1067 (0.0000)	0.7326 (0.3407)	0.9419 (0.0049)	-3.0068 ** (0.0013)	1.5972 (0.9449)	不平稳
Δln$disc$	-0.2023 (0.0000)	-0.3294 (0.0000)	-0.2023 (0.0000)	-7.0225 *** (0.0000)	-6.3390 *** (0.0000)	平稳

续表

变量	HT			IPS		结论
	T&I	I	None	T&I	I	
ln*pm*	-0.2109 (0.0000)	0.3052 (0.0000)	0.9636 (0.0528)	-8.2618 *** (0.0000)	-3.8963 *** (0.0000)	不平稳
Δln*pm*	-0.4472 (0.0000)	-0.4939 (0.0000)	-0.4472 (0.0000)	-8.8384 *** (0.0000)	-9.0853 *** (0.0000)	平稳

注：Δ 表示一阶差分，T&I 表示同时包含趋势项和截距项，I 表示仅含截距项，None 表示均不含趋势项和截距项，括号内为 P 值，*** 、 ** 、 * 分别表示在 1% 、5% 、10% 水平上显著，下表同。

从表 7 – 2 变量单位根检验结果可以看出，在 HT 检验中，ln*pgdp*、ln*urba*、ln*area* 三个变量在最严苛的 T&I 条件下存在 $P > 0.05$ 情形，说明其不能拒绝存在单位根的原假设，原序列变量是非平稳序列数据；ln*disc*、ln*pm* 两个变量在最严苛的 T&I 条件下 $P < 0.05$，说明其通过了单位根检验，能拒绝存在单位根的原假设，原序列变量是平稳序列数据。在 IPS 检验中，ln*pgdp*、ln*urba*、ln*area* 三个变量同样未通过单位根检验，不能拒绝存在单位根的原假设；而 ln*disc*、ln*pm* 两个变量在 1% 显著水平下通过了单位根检验，能拒绝存在单位根的原假设。为保持所有变量序列同阶单整，对变量进行一阶差分处理，再运用 HT、IPS 两种检验方法对差分后的序列变量进行单位根平稳性检验。从表 7 – 2 可以看出，在 HT、IPS 检验中，差分后的序列变量均通过了单位根平稳性检验，说明其是一阶单整过程 $I(1)$。

（二）变量协整关系检验

基于稳健性考虑，需要进一步判断序列变量之间是否存在长期的稳定均衡关系，本书采用佩德罗尼（Pendroni，1999）提出的 Pendroni 协整检验方法对序列变量进行检验，检验结果表明，三种检验形式下 P 均为 0，强烈拒绝不存在协整关系的原假设，ln*pgdp*、ln*urba*、ln*area*、ln*disc*、ln*pm* 五个变量之间存在长期稳定的协整关系（见表 7 – 3）。

表 7 – 3　　　　　　　　　　变量 Pendroni 协整关系检验结果

	Statistic	p-value
Modified Phillips – Perron t	7. 9514	0. 0000
Phillips – Perron t	– 6. 9461	0. 0000
Augmented Dickey – Fuller t	– 6. 6962	0. 0000

（三）　最优滞后阶数选择

为准确估计时间序列变量的历史状态对当前状态的影响程度，提高时间序列预测的精准性，从而保证 PVAR 模型参数估计的有效性，需要采用合理的方法选取时间序列变量的最优滞后阶数。本研究采用 AIC、BIC 和 HQIC 信息准则选择最优滞后除数，即选择最小值所在的滞后阶数，结果如表 7 – 4 所示。从表 7 – 4 可以看出，湖南武陵山片区新型城镇化与生态环境风险交互效应的 PVAR 模型最优滞后期为 1。

表 7 – 4　　　　　　　　　　最优滞后阶数选择

lag	AIC	BIC	HQIC
1	– 8. 6559 *	– 6. 04858 *	– 7. 61105 *
2	– 7. 96384	– 4. 74253	– 6. 66765
3	– 7. 4987	– 3. 51399	– 5. 88887
4	– 6. 27422	– 1. 30739	– 4. 26038
5	– 2. 07146	4. 21877	0. 484536

（四）　PVAR 模型平稳性检验

进一步检验 PVAR 模型的平稳性发现，AR 特征根倒数的模都小于 1，所有点都位于单位圆内，说明构建的 PVAR 模型通过了平稳性检验，检验结果见图 7 – 1。

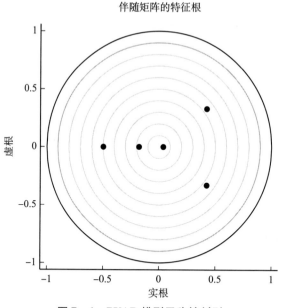

图7-1　PVAR模型平稳性判别

二、格兰杰因果关系分析

通过面板格兰杰因果关系检验，判断人均GDP、常住人口城镇化率、城市建成区面积、城市污水排放量和年细颗粒物（PM2.5）平均浓度五个变量之间是否彼此存在因果关系，检验结果如表7-5所示。

表7-5　　　　　　　　　变量间Granger因果关系检验结果

Equation	Excluded	chi2	df	Prob > chi2
ln$pgdp$	ln$urba$	1.301	1	0.254
ln$pgdp$	ln$area$	0.013	1	0.910
ln$pgdp$	ln$disc$	5.505	1	0.019
ln$pgdp$	lnpm	9.945	1	0.002
ln$pgdp$	ALL	12.467	4	0.014
ln$urba$	ln$pgdp$	5.620	1	0.018

续表

Equation	Excluded	chi2	df	Prob > chi2
ln$urba$	ln$area$	0. 149	1	0. 699
ln$urba$	ln$disc$	3. 276	1	0. 070
ln$urba$	lnpm	14. 872	1	0. 000
ln$urba$	ALL	17. 891	4	0. 001
ln$area$	ln$pgdp$	2. 276	1	0. 131
ln$area$	ln$urba$	0. 000	1	0. 996
ln$area$	ln$disc$	1. 078	1	0. 299
ln$area$	lnpm	3. 452	1	0. 063
ln$area$	ALL	6. 903	4	0. 141
ln$disc$	ln$pgdp$	0. 065	1	0. 798
ln$disc$	ln$urba$	0. 708	1	0. 400
ln$disc$	ln$area$	0. 003	1	0. 959
ln$disc$	lnpm	0. 355	1	0. 551
ln$disc$	ALL	4. 218	4	0. 377
lnpm	ln$pgdp$	14. 618	1	0. 000
lnpm	ln$urba$	0. 529	1	0. 467
lnpm	ln$area$	0. 204	1	0. 652
lnpm	ln$disc$	0. 256	1	0. 613
lnpm	ALL	88. 059	4	0. 000

以人均 GDP（ln$pgdp$）为被解释变量，常住人口城镇化率（ln$urba$）、城市建成区面积（ln$area$）、城市污水排放量（ln$disc$）和年细颗粒物（PM2.5）平均浓度（lnpm）为解释变量。从表 7 – 5 可以看出，解释变量 ln$disc$、lnpm 的卡方统计量分别为 5. 505、9. 945，对应 P 值分别为 0. 019、0. 002（P 值均小于 0. 1），拒绝"城市污水排放量变化、年细颗粒物（PM2.5）平均浓度变化不是人均 GDP 发生变化的格兰杰原因"的原假设，说明两者都是人均 GDP 发生变化的格兰杰原因；而解释变量 ln$urba$、ln$area$ 对应 P 值均大于 0. 1，说明可以接受"常住人口城镇化率变化、城市建成区

面积变化不是人均 GDP 发生变化的格兰杰原因"的原假设。同时检验解释变量 ln$disc$、lnpm、ln$urba$、ln$area$ 的联合显著性，其卡方统计量分别为 12.467，对应 P 值为 0.014（P 值小于 0.1），拒绝"常住人口城镇化率变化、城市建成区面积变化、城市污水排放量变化和年细颗粒物（PM2.5）平均浓度变化不是人均 GDP 发生变化的格兰杰原因"的原假设，说明解释变量的综合变化是人均 GDP 产生变化的原因。

以常住人口城镇化率（ln$urba$）为被解释变量，人均 GDP（ln$pgdp$）、城市建成区面积（ln$area$）、城市污水排放量（ln$disc$）和年细颗粒物（PM2.5）平均浓度（lnpm）为解释变量。从表 7 - 5 可以看出，解释变量 ln$pgdp$、ln$disc$、lnpm 的卡方统计量分别为 5.620、3.726、14.872，对应 P 值分别为 0.018、0.000、0.001（P 值均小于 0.1），拒绝"人均 GDP 变化、城市污水排放量变化、年细颗粒物（PM2.5）平均浓度变化不是常住人口城镇化率发生变化的格兰杰原因"的原假设，说明三者都是常住人口城镇化率发生变化的格兰杰原因；而解释变量 ln$area$ 对应 P 值大于 0.1，说明可以接受"城市建成区面积变化不是常住人口城镇化率变化的格兰杰原因"的原假设。同时检验解释变量 ln$disc$、lnpm、ln$pgdp$、ln$area$ 的联合显著性，其卡方统计量分别为 17.891，对应 P 值为 0.001（P 值小于 0.1），拒绝"人均 GDP 变化、城市建成区面积变化、城市污水排放量变化和年细颗粒物（PM2.5）平均浓度变化不是常住人口城镇化率变化的格兰杰原因"的原假设，说明解释变量的综合变化是常住人口城镇化率产生变化的原因。

以城市建成区面积（ln$area$）为被解释变量，人均 GDP（ln$pgdp$）、常住人口城镇化率（ln$urba$）、城市污水排放量（ln$disc$）和年细颗粒物（PM2.5）平均浓度（lnpm）为解释变量。从表 7 - 5 可以看出，解释变量 lnpm 的卡方统计量为 3.452，P 值为 0.063，拒绝"年细颗粒物（PM2.5）平均浓度变化不是城市建成区面积发生变化的格兰杰原因"的原假设，说明年细颗粒物（PM2.5）平均浓度变化是城市建成区面积发生变化的格兰杰原因，而解释变量 ln$pgdp$、ln$urba$、ln$disc$ 的 P 值均大于 0.1，说明可以接受"人均 GDP 变化、常住人口城镇化率变化、城市污水排放量变化不是城市建成区面积变化的格兰杰原因"的原假设。检验解释变量 ln$pgdp$、ln$urba$、ln$disc$、lnpm 的联合显著性，其 P 值大于 0.1，接受"人均 GDP 变化、常住人口城镇化率变化、城市污水排放量变化和年细颗粒物（PM2.5）平均浓度变化不是城市建成区面积变化的格兰杰原因"的原假设，说明解释变量的综合变化不是城市建成区面积产生变化的原因。

以城市污水排放量（ln$disc$）为被解释变量，人均 GDP（ln$pgdp$）、常住人口城镇化率（ln$urba$）、城市建成区面积（ln$area$）和年细颗粒物（PM2.5）平均浓度（lnpm）为解释变量。从表 7 – 5 可以看出，解释变量 ln$pgdp$、ln$urba$、ln$area$、lnpm 的 P 值均大于 0.1，说明可以接受"人均 GDP变化、常住人口城镇化率变化、城市建成区面积变化和年细颗粒物（PM2.5）平均浓度变化不是城市污水排放量变化的格兰杰原因"的原假设。检验解释变量 ln$pgdp$、ln$urba$、ln$area$、lnpm 的联合显著性，其 P 值大于 0.1，说明解释变量的综合变化也不是城市污水排放量产生变化的格兰杰原因。

以年细颗粒物（PM2.5）平均浓度（lnpm）为被解释变量，人均 GDP（ln$pgdp$）、常住人口城镇化率（ln$urba$）、城市建成区面积（ln$area$）和城市污水排放量（ln$disc$）为解释变量。从表 7 – 5 可以看出，解释变量 ln$pgdp$ 的卡方统计量为 14.618，对应 P 值为 0.000，强烈拒绝"人均 GDP 变化不是年细颗粒物（PM2.5）平均浓度发生变化的格兰杰原因"的原假设，说明人均 GDP 变化是年细颗粒物（PM2.5）平均浓度发生变化的格兰杰原因；而解释变量 ln$urba$、ln$area$、ln$disc$ 的 P 值均大于 0.1，说明可以接受"常住人口城镇化率变化、城市建成区面积变化、城市污水排放量变化不是年细颗粒物（PM2.5）平均浓度变化的格兰杰原因"的原假设。进一步解释变量 ln$pgdp$、ln$urba$、ln$area$、ln$disc$ 的联合显著性，其卡方统计量为 88.059，对应 P 值为 0.000，强烈拒绝"人均 GDP 变化、常住人口城镇化率、城市建成区面积变化和城市污水排放量变化不是年细颗粒物（PM2.5）平均浓度变化的格兰杰原因"的原假设，说明解释变量的综合变化是年细颗粒物（PM2.5）平均浓度产生变化的原因。

综上所述，武陵山片区新型城镇化发展水平与生态环境风险之间存在着较为显著的交互影响。随着经济城镇化的发展，一方面片区内产业不断聚集，结构不断优化升级，从而促进农村人口向城镇流动和集中，人口城镇化进程不断加快；另一方面，经济发展对生态环境产生的负面影响也是显而易见的，较为突出的是，各地空气环境质量日益恶化，恶化的城市生活环境又反过来影响人们在城市生活的意愿，人们开始"用脚投票"，逐步逃离污染严重的城市生活环境，近年来武陵山片区部分县市人口出现了净流出就说明了一点。城市空气、水资源环境污染加重，不仅影响人们城市生活意愿，也间接影响城市经济发展，迫使政府转化发展思路，推动产业结构优化，调整城市空间布局，不断淘汰高污染高能耗的产业，加快技术创新和清洁能源使用。从近年来湖南武陵山片区内各级政府的年度工作报告就可以看出，倡导绿色发展逐步成为了主流，抑制城市空间扩张冲动，坚守耕地红线，保护生态环境成为当政者政绩的重要内容。

三、GMM 估计结果分析

对新型城镇化与生态环境风险交互效应的 PVAR（1）模型进行 GMM 参数估计，可以得到模型总体的参数估计量，GMM 参数估计结果如表 7 - 6 所示，其中 $L1.$ 表示滞后一阶，$h\_$ 表示采用 Helmert 变换消除固定效应后变量。

表 7 - 6　　　　　　　　　　模型 GMM 估计结果

方程	$L1.\ h\_lnpgdp$	$L1.\ h\_lnurba$	$L1.\ h\_lnarea$	$L1.\ h\_lndisc$	$L1.\ h\_lnpm$
$L1.\ h\_lnpgdp$	1. 034 *** (0. 000)	0. 113 ** (0. 018)	0. 157 (0. 131)	0. 050 (0. 798)	- 0. 446 *** (0. 000)
$L1.\ h\_lnurba$	- 0. 127 (0. 254)	0. 812 *** (0. 000)	- 0. 001 (0. 996)	0. 138 (0. 400)	- 0. 080 (0. 467)
$L1.\ h\_lnarea$	0. 018 (0. 910)	0. 026 (0. 699)	0. 761 *** (0. 000)	- 0. 016 (0. 959)	0. 076 (0. 652)
$L1.\ h\_lndisc$	0. 107 ** (0. 019)	0. 039 * (0. 070)	0. 039 (0. 299)	0. 840 *** (0. 000)	0. 022 (0. 613)
$L1.\ h\_lnpm$	0. 264 ** (0. 002)	0. 160 *** (0. 000)	0. 162 * (0. 063)	0. 108 (0. 551)	0. 426 *** (0. 000)

（1）五个变量滞后一期对当期自身的影响。滞后一期的人均 GDP、常住人口城镇化率、城市建成区面积、城市污水排放量和年细颗粒物（PM2.5）平均浓度对当期自身的影响系数分别为 1.034、0.812、0.761、0.840 和 0.426，且均通过 1% 水平的显著性检验，表明五个变量的一期滞后项对当期自身均存在显著的促进作用。

（2）常住人口城镇化率、城市建成区面积、城市污水排放量和年细颗粒物（PM2.5）平均浓度对人均 GDP 的影响。滞后一期的城市污水排放量和年细颗粒物（PM2.5）平均浓度对当期人均 GDP 的影响系数分别为 0.107、0.264，且通过了 5% 水平的显著性检验，表明城市污水排放量和年细颗粒物（PM2.5）平均浓度的一期滞后项对当期人均 GDP 存在显著的促进作用。滞后一期的常住人口城镇化率、城市建成区面积对当期人均 GDP 的影响系数未通过显著性检验，表明两者对当期人均 GDP 的影响不显著。

（3）人均 GDP、城市建成区面积、城市污水排放量和年细颗粒物（PM2.5）平均浓度对常住人口城镇化率的影响。滞后一期的人均 GDP、城市污水排放量和年细颗粒物（PM2.5）平均浓度对当期常住人口城镇化率的影响系数分别为 0.113、0.039 和 0.160，且分别通过了 5%、10%、1% 水平的显著性检验，人均 GDP、城市污水排放量和年细颗粒物（PM2.5）平均浓度的一期滞后项对当期常住人口城镇化率存在显著的促进作用。滞后一期的城市建成区面积对当期常住人口城镇化率的影响系数未通过显著性检验，说明城市建成区面积对当期常住人口城镇化率影响不显著。

（4）人均 GDP、常住人口城镇化率、城市污水排放量和年细颗粒物（PM2.5）平均浓度对城市建成区面积的影响。滞后一期的年细颗粒物（PM2.5）平均浓度对当期城市建成区面积的影响系数为 0.162，且通过了 10% 水平的显著性检验，年细颗粒物（PM2.5）平均浓度的一期滞后项对当期城市建成区面积存在显著的促进作用。滞后一期的人均 GDP、常住人口城镇化率、城市污水排放量对当期城市建成区面积的影响系数未通过显著性检验，说明三者对当期城市建成区面积的影响不显著。

（5）人均 GDP、常住人口城镇化率、城市建成区面积和年细颗粒物（PM2.5）平均浓度对城市污水排放量的影响。滞后一期的人均 GDP、常住人口城镇化率、城市建成区面积和年细颗粒物（PM2.5）平均浓度对当期城市污水排放量的影响系数未通过显著性检验，说明四者对当期城市污水排放量的影响不显著。

（6）人均 GDP、常住人口城镇化率、城市建成区面积和城市污水排放量对年细颗粒物（PM2.5）平均浓度的影响。滞后一期的人均 GDP 对当期年细颗粒物（PM2.5）平均浓度的影响系数为 - 0.446，且通过了1% 水平的显著性检验，人均 GDP 的一期滞后项对当期年细颗粒物（PM2.5）平均浓度存在显著的抑制作用。滞后一期的常住人口城镇化率、城市建成区面积和城市污水排放量对当期年细颗粒物（PM2.5）平均浓度的影响系数未通过显著性检验，表明三者对当期年细颗粒物（PM2.5）平均浓度的影响不显著。

四、脉冲响应分析

为一步考察探究湖南武陵山片区新型城镇化与生态环境风险之间的动态交互关系，运用脉冲响应函数分析工具描述各内生变量之间变动的动态路径，即通过给定变量一个标准差的冲差，经过 Monte Carlo 模拟 200 次获得冲击反应，得到置信区间为 95% 的脉冲响应函数图（见图 7 - 2）。图 7 - 2刻画了 lnpgdp、lnurba、lnarea、lndisc、lnpm 五个变量之间的冲击影响，其中横坐标代表追溯期，纵坐标代表一个变量对另一变量的响应程度；中间实线是脉冲响应函数曲线；上下两条实线表示两个标准差的置信区间；每一行为同种冲击对不同变量造成的影响，每一列为不同冲击对同一变量造成的影响。

图 7 - 2 第一行展示了人均 GDP（lnpgdp）受到一个标准差的冲击对本身及其他变量的影响。具体而言，人均 GDP 变化对自身产生较为强烈的正向冲击，随后冲击力度逐步减弱衰退，在第 10 期收敛趋于平稳，这说明通过单纯追求经济发展推高新型城镇化发展水平，是难以持续的。人均 GDP变化对常住人口城镇化率产生负向冲击，且冲击力度不强，在第 4 期冲击力度达到峰值后逐步减弱衰退，趋于收敛平稳，这说明随着经济结构优化升级，劳动生产率逐步提升，产业就业容量在缩小，间接影响常住人口城镇化率的提升。人均 GDP 变化对城市建成区面积产生微弱的正向冲击，且在第 6

期即趋于 0，这说明产业结构调整，在推动城市空间优化方面不具有显著影响。人均 GDP 变化对城市污水排放量产生较弱的正向冲击，冲击力度先强后弱，在第 5 期达到峰值后逐步衰退并趋于平稳，这说明行业结构优化升级后，经济发展对城市污水排放造成的影响在减弱。人均 GDP 变化对城市年细颗粒物（PM2.5）平均浓度产生较强的正向冲击，与对城市污水排放量的冲击相似，冲击力度先强后弱，在第 2 期达到峰值后逐步衰退，在第 10 期都未趋于平稳，这说明随着经济的发展，城市空气环境质量虽有较大的改观，但空污治理仍不容忽视。

一阶滞后向量自回归（VAR）模型的脉冲响应分析

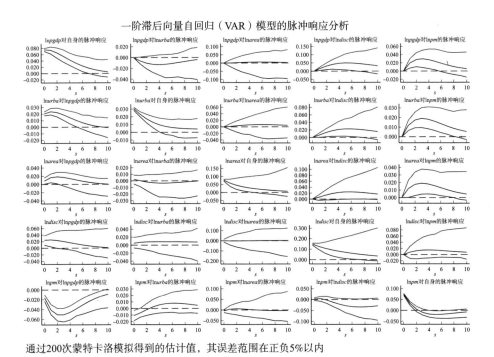

通过200次蒙特卡洛模拟得到的估计值，其误差范围在正负5%以内

图 7 - 2　脉冲响应函数

图 7 - 2 第二行展示了常住人口城镇化率（ln*urba*）受到一个标准差的冲击对本身及其他变量的影响。具体而言，常住人口城镇化率变化对人均GDP 产生较为强烈的正向冲击，冲击力度先强后弱，在第 2 期即达到峰值回落，在第 8 期收敛趋于平稳，这说明经济发展过程，人口红利现象正在消退，经济结构与产业结构调整升级势在必行。常住人口城镇化率变化对自身

产生强烈的正向冲击，随后冲击力度逐步减弱衰退，且在第 10 期都趋于平稳收敛，这说明提高城市常住人口比例，并不是以人为本的新型城镇化的全部内容，新型城镇高质量发展需要人口、经济、空间及社会各方面都能得到协调发展。常住人口城镇化率变化对城市建成区面积产生微弱的正向冲击，冲击力度随后虽有增强，但作用力度非常有限，在第 5 期达到峰值后再次衰退，趋于平稳，这说明城市空间优化调整已达到较优的状态，常住人口增加并没有造成新的城市空间扩张发展。常住人口城镇化率变化对城市污水排放量产生较弱的正向冲击，冲击力度先强后弱，在第 5 期即达到峰值衰退，并趋于平稳，这说明生态文明理念逐步深入人心，清洁技术广泛推广正在产生良好的成效。常住人口城镇化率变化对城市年细颗粒物（PM2.5）平均浓度产生较强的正面冲击，冲击力度在第 3 期达到峰值回落，并逐步趋于平稳，这说明绿色生产、绿色出行、绿色消费的生活方式，逐步成为一种潮流，新的生活方式对城市空污治理起到良好的推动作用。

图 7-2 第三行展示了城市建成区面积（lnarea）受到一个标准差的冲击对本身及其他变量的影响。其中城市建成区面积变化对人均 GDP 产生较强的正向冲击，冲击力度在第 3 期达到峰值，随后减弱并于第 9 期收敛趋于 0，这说明随着"房住不炒"的调控政策出台，以房地产行业为代表的城市空间扩张对 GDP 拉动效应正在消退。城市建成区面积变化对常住人口城镇化率先后产生正向冲击和负向冲击，冲击力度总体较弱，在第 5 期负向冲击达到峰值后逐步减弱，并趋于平稳，这说明随着以人为本、四化协同的新型城镇化发展，以城市空间扩张为标志的城镇化运动逐步退出历史舞台。城市建成区面积变化对自身产生较强的正向冲击，冲击力度逐步减弱衰退，并于趋于收敛，这说明"以地为主"，通过低价征收农业用地，推动土地城镇化发展的老路子已难以适应时代要求，城市存量空间优化调整成为必然。城市建成区面积变化对城市污水排放量和城市年细颗粒物（PM2.5）平均浓度均产生较强的正面冲击，冲击力度先强后弱，最后趋于平稳，这说明城市扩张过程，其实就是废水、废气、废渣等环境污染物的产生过程，城市环境污染逐步演化成顽疾难治的"城市病"。

图 7-2 第四行展示了城市污水排放量（lndisc）受到一个标准差的冲击对本身及其他变量的影响。其中城市污水排放量变化对人均 GDP 产生较强

的正面冲击，冲击力度逐步减弱，并于第 9 期收敛趋于 0，这说明以高能耗、高水耗为主要特征的低端产业产值在地区 GDP 中的比重正在逐步降低，当前城市污水排放主要以生活污水排放为主。城市污水排放量变化对常住人口城镇化率产生正面冲击，冲击力度不大且各期较为平稳，这说明在一定时期内，城市污水排放量的冲击对常住人口城镇化率不具有显著影响。与此相同的是，城市污水排放量变化对城市建成区面积的冲击也不具有显著性。城市污水排放量变化对自身产生较强的正面冲击，冲击力度逐步衰退并最终趋于平稳，这说明随着新型城镇化进程的推进，城市污水排放结果发生根本性变化，工业污水达标排放率逐年提升，对城市生态环境造成的压力日益减弱。城市污水排放量变化对年细颗粒物（PM2.5）平均浓度产生正面冲击，冲击力度不大且最终趋于平稳，这说明城市污水排放量的冲击对年细颗粒物（PM2.5）平均浓度变化不具显著影响。

图 7 - 2 第五行展示了年细颗粒物（PM2.5）平均浓度（lnpm）受到一个标准差的冲击对本身及其他变量的影响。其中年细颗粒物（PM2.5）平均浓度对人均 GDP 产生强烈的负向冲击，冲击力度逐步增强且在第 3 期达到峰值减弱，并最终趋于平稳收敛，这说明空气环境污染对经济发展起到显著的反作用，拖累了城市经济增长，当然这种反向影响随着空气环境质量的改善而逐步减弱。年细颗粒物（PM2.5）平均浓度对常住人口城镇化率先产生负面冲击，冲击力度不大且逐步减弱，在第 2 期转为正向冲击，冲击力度逐步增强，第 6 期达到峰值后衰退，并最终趋于收敛，这说明随着人们环保意识的增强，对空气环境质量给予更多的关注，空气环境质量的好坏对城市人口居留意愿产生一定影响。年细颗粒物（PM2.5）平均浓度变化对城市建成区面积的冲击也不具有显著性。年细颗粒物（PM2.5）平均浓度变化对城市污水排放量产生微弱的负向冲击，冲击力度逐步增强，在第 6 期达到峰值后减弱，这说明年细颗粒物（PM2.5）平均浓度变化对城市污水排放量的冲击不具有显著影响。年细颗粒物（PM2.5）平均浓度变化对自身产生较强正面冲击，冲击力度逐步衰退并于第 3 期转向微弱的负向冲击，这说明随着"三高"产业逐步淘汰，空气环境质量得到大幅度改善，虽然随着季节变化，城市空气优良率时有反复，但整体上年细颗粒物（PM2.5）平均浓度变化对自身的冲击不显著。

五、预测方差分解

方差分解用于描述模型变量受到其中某一变量标准差的冲击所产生的力度与来源，变量分解数值越大，其解释能力越强。本章选取 30 期预测方差分解结果，进一步分析人均 GDP、常住人口城镇化率、城市建成区面积、城市污水排放量和年细颗粒物（PM2.5）平均浓度在受其中某一变量标准差冲击时的相对影响程度。具体分解结果见表 7 - 7。

表 7 - 7   模型预测方差分解结果

变量	s	lnpgdp	lnurba	lnarea	lndisc	lnpm
lnpgdp	1. 000	1. 000	0. 000	0. 000	0. 000	0. 000
	10. 000	0. 521	0. 021	0. 004	0. 357	0. 095
	20. 000	0. 482	0. 020	0. 005	0. 404	0. 089
	30. 000	0. 481	0. 020	0. 005	0. 405	0. 089
lnurba	1. 000	0. 307	0. 693	0. 000	0. 000	0. 000
	10. 000	0. 227	0. 228	0. 029	0. 327	0. 190
	20. 000	0. 207	0. 215	0. 033	0. 367	0. 177
	30. 000	0. 206	0. 216	0. 034	0. 367	0. 177
lnarea	1. 000	0. 011	0. 001	0. 988	0. 000	0. 000
	10. 000	0. 064	0. 003	0. 688	0. 163	0. 082
	20. 000	0. 061	0. 003	0. 660	0. 196	0. 080
	30. 000	0. 061	0. 003	0. 659	0. 196	0. 080
lndisc	1. 000	0. 026	0. 001	0. 000	0. 973	0. 000
	10. 000	0. 034	0. 007	0. 000	0. 943	0. 016
	20. 000	0. 032	0. 011	0. 001	0. 939	0. 017
	30. 000	0. 032	0. 012	0. 001	0. 938	0. 017
lnpm	1. 000	0. 046	0. 020	0. 003	0. 001	0. 931
	10. 000	0. 462	0. 017	0. 004	0. 219	0. 298
	20. 000	0. 413	0. 017	0. 004	0. 299	0. 268
	30. 000	0. 411	0. 017	0. 004	0. 301	0. 267

从表7-7可以看出，人均GDP（ln$pgdp$）对自身的方差贡献率从滞后第1期的100%开始逐步减弱，到第20期的48.2%趋于稳定，这表明人均GDP是自身最大的贡献要素。相较于人均GDP自身而言，其他四个变量对人均GDP的贡献率虽然刚开始均较小，但随着时间推移贡献水平都在逐步增大，最终在第20期分别稳定在2%、0.5%、40.4%和8.9%的水平。而对人均GDP变化的贡献从大到小依次为城市污水排放量变化、年细颗粒物（PM2.5）平均浓度变化、常住人口城镇化率变化和城市建成区面积变化，这说明湖南武陵山片区经济城镇化发展与生态环境保护存在密切的联系，经济高质量发展与区域生态环境保护相辅相成，走绿色发展道路，是片区各县市促进经济高质量发展的必然选择。

常住人口城镇化率（ln$urba$）对自身的方差贡献率从滞后第1期的69.3%，下降至第20期的21.5%附近趋于稳定。人均GDP变化对常住人口城镇化率的方差贡献同样在降低，从第1期的30.7%下降至第20期的20.7%附近趋于平稳。其他三个变量的变化对常住人口城镇化率的方差贡献率都在稳步增大，最后在第20期分别稳定在3.4%、36.7%和17.7%水平附近。滞后20期以后，各变量变化对常住人口城镇化率的方差贡献大小依次为城市污水排放量变化、常住人口城镇率自身变化、人均GDP变化、年细颗粒物（PM2.5）平均浓度变化及城市建成区面积变化。这说明湖南武陵山片区人口城镇化发展，不仅受经济发展的直接影响，还受生态环境质量的间接影响，且生态环境质量的好坏对人口城镇化进程的影响在不断增强，相比之下城市空间扩张对常住人口城镇化率的影响并不显著。

城市建成区面积（ln$area$）对自身的方差贡献率从滞后第1期98.8%逐步下降第20期66%附近趋于稳，但仍是自身最大贡献要素。相对于城市建成区面积，其他四个变量变化对城市建成区面积的方差贡献率逐期上升，最后在第20期分别稳定在6.1%、3.0%、19.6%和8.0%水平附近。而其他变量变化对城市建成区面积的方差贡献大小依次为城市污水排放量变化、年细颗粒物（PM2.5）平均浓度变化、人均GDP变化及常住人口城镇化率变化。这说明湖南武陵山片区土地城镇化高质量发展，不仅受耕地保护红线约束，也受到生态环境质量状况的影响，因此在推动新型城镇化进程中，一方面要重视经济社会发展，吸引人力资源在城镇合理聚集，另一方面也要更加重视生态环境安全与生态质量提升，避免走"先污染再治理"的老路，努力实现经济社会与生态环境的协调可持续发展。

城市污水排放量（lndisc）对自身的方差贡献率从滞后第 1 期的 97.3%下降到第 20 期的 93.9%附近趋于平稳，仍是自身最大贡献要素。其他变量变化对城市污水排放量的方差贡献率虽逐期上升，但上升趋势不明显，最后在第 20 期附近趋于稳定，人均 GDP 变化、常住人口城镇化率变化、城市建成区面积变化和年细颗粒物（PM2.5）平均浓度变化对城市污水排放量的方差贡献率分别为 3.2%、1.1%、1.0%和 1.7%。这说明新型城镇化发展到一定阶段，城市污水排放量主要受自身变化的影响，对其他变量变化的反应不显著，因此在城镇化进程中，城市污水治理重在防治，一是要强化污水源头控制，坚决取缔污染水环境的生产项目，二是要强化执法检查，将环保法律制度落到实处，三是积极引入污水防治技术和设施，提高水环境科技防治水平。

年细颗粒物（PM2.5）平均浓度（lnpm）对自身的方差贡献率从滞后第 1 期的 93.1%下降至第 20 期的 26.8%附近趋于稳定。人均 GDP 变化、城市污水排放量变化对年细颗粒物（PM2.5）平均浓度的方差贡献率逐期上升，其方差贡献率在第 20 期分别稳定在 41.3%、29.9%附近。常住人口城镇化率变化、城市建成区面积变化对年细颗粒物（PM2.5）平均浓度的方差贡献较小且增减幅度不大，在第 20 期分别稳定在 1.7%、0.4%水平。各变量变化对年细颗粒物（PM2.5）平均浓度的方差贡献依次为人均 GDP 变化、城市污水排放量变化、常住人口城镇化率变化和城市建成区面积变化，这说明湖南武陵山片区空气环境质量与经济城镇化、城市污水防治之间存在密切关系，经济发展成为影响空气环境质量的主要因素，而人口城镇化、土地城镇化则对空气环境质量影响不显著。

第三节　本章小结

本章选取人均 GDP（pgdp）、常住人口城镇化率（urba）和城市建成区面积（area）三个指标表征片区各县市新型城镇化水平，分别表示片区各县市的经济城镇化水平、人口城镇化水平和土地城镇化水平；选取城市污水排放量（disc）和年细颗粒物（PM2.5）平均浓度（pm）两个指标表征片区生态环境风险水平，分别表示片区各县市的水环境质量状况和空气环境质量状况，以2010～2020年湖南武陵山片区的县域数据为样本，构建PVAR模型，采用格兰杰因果关系检验、脉冲响应、预测方差分解进行分析，考察新型城镇化（经济城镇化、人口城镇化、土地城镇化）与生态环境风险（水环境风险和空气环境风险）之间的交互效应，研究结果如下。

第一，格兰杰因果关系检验结果表明，武陵山片区新型城镇化发展水平与生态环境风险之间存在着一定的因果关系。城市污水排放量变化、年细颗粒物（PM2.5）平均浓度变化是人均GDP发生变化的格兰杰原因，说明以牺牲生态环境为代价，在一定程度上可以推动经济城镇化发展；人均GDP变化、城市污水排放量变化、年细颗粒物（PM2.5）平均浓度变化是常住人口城镇化率发生变化的格兰杰原因，说明经济发展，生态环境恶化，对人口城镇化进程产生重大影响；年细颗粒物（PM2.5）平均浓度变化是城市建成区面积发生变化的格兰杰原因，说明在空间城镇化过程中空气污染等"城市病"问题不容忽视；人均GDP变化、常住人口城镇化率变化、城市建成区面积变化和年细颗粒物（PM2.5）平均浓度变化不是城市污水排放量变化的格兰杰原因，说明城镇化进程与城市污水治理并不一定相互影响；人均GDP变化是年细颗粒物（PM2.5）平均浓度发生变化的格兰杰原因，说明经济城镇化对城市空气污染加重起到了推波助澜的作用。

第二，脉冲响应分析结果表明，①通过单纯追求经济发展，推高新型城镇化发展水平，是难以持续的。随着经济结构优化升级，劳动生产率提升，就业容量缩小，间接影响人口城镇化进程；经济发展在推动城市空间优化方面不具有显著影响，对城市污水治理造成的压力也在减弱，但对空气污染治理造成的压力仍不容忽视。②人口红利现象正在消退，经济结构与产业结构调整升级势在必行。新型城镇高质量发展需要人口、经济、空间及社会各方面都能得到协调发展；城市空间优化调整已达到较优的状态，常住人口增加并没有造成新的城市空间扩张发展；随着绿色生产、绿色出行、绿色消费的生活方式，逐步成为一种潮流，这对城市空气污染治理起到良好的推动作用。③随着"房住不炒"的调控政策出台，以房地产行业为代表的城市空间扩张对 GDP 拉动效应正在消退，以城市空间扩张为标志的城镇化运动逐步退出历史舞台，城市存量空间优化调整成为必然；此外城市扩张过程，其实就是废水、废气、废渣等环境污染物的产生过程，城市环境污染逐步演化成顽疾难治的"城市病"。④以高能耗、高水耗为主要特征的低端产业产值在地区 GDP 中的比重正在逐步降低。随着新型城镇化进程的推进，工业污水达标排放率逐年提升，对城市生态环境造成的压力日益减弱。⑤空气环境污染对经济发展起到显著的反作用，拖累了城市经济增长，当然这种反向影响随着空气环境质量的改善而逐步减弱；空气环境质量的好坏对城市人口居留意愿产生一定影响；随着"三高"产业逐步淘汰，空气环境质量大幅度改善。

第三，预测方差分解表明，人均 GDP、常住人口城镇化率、城市建成区面积、城市污水排放量、年细颗粒物（PM2.5）平均浓度对自身及其他指标的方差贡献率各不相同，但均在第 20 期趋势平稳，这说明经济城镇化发展与生态环境保护存在密切的联系，经济高质量发展与区域生态环境保护相辅相成，走绿色发展道路，是片区各县市促进经济高质量发展的必然选择；人口城镇化发展，不仅受经济发展的直接影响，还受生态环境质量的间接影响，且生态环境质量的好坏对人口城镇化进程的影响在不断增强，相比之下城市空间扩张对常住人口城镇化率的影响并不显著；片区土地城镇化高质量发展，不仅受耕地保护红线约束，也受到生态环境质量状况的影响，在推动新型城镇化进程中，一方面要重视经济社会发展，吸引人力资源在城镇合理聚集，另一方面也要更加重视生态环境安全与生态质量提升，避免走"先污染再治理"的老路，努力实现经济社会与生态环境的协调可持续发展；在城镇化进程中，城市污水治理重在防治，一是要强化污水源头控制，坚决取缔污染水环境的生产项目，二是要强化执法检查，将环保法律制度落到实处，三是积极引入污水防治技术和设施，提高水环境科技防治水平；片区空气环境质量与经济城镇化、城市污水防治之间存在密切关系，经济发展成为影响空气环境质量的主要因素，而人口城镇化、土地城镇化则对空气环境质量影响不显著。

第八章 武陵山片区新型城镇化 与生态环境耦合协调 发展研究

新型城镇化与生态环境风险之间的交互关系在前面第七章得到了论证，本章将在前文分析基础上，参考前人研究成果，并结合研究区实际情况构建新型城镇化与生态环境耦合协调度的评价指标体系，运用耦合协调度模型、Tapio 脱钩模型对 2011～2020 年湖南武陵山片区新型城镇化与生态环境耦合协调关系及其解耦过程进行分析，以期为制定片区新型城镇化与生态环境协调发展政策提供决策参考。

第一节 指标选取与模型构建

一、耦合协调评价指标体系选取

构建评价指标体系是科学测度新型城镇化与生态环境耦合协调发展关系的基础，遵循指标构建的代表性、科学性、独立性、可获得性等原则，充分参考前人的研究成果（常新锋和管鑫，2020；韩燕和张玉婷，2021；云小鹏，2022；冯俊华和张路路，2022），结合研究区新型城镇化发展实际，形成湖南武陵山片区新型城镇化与生态环境耦合协调度的评价指标体系（见表 8-1）。

表 8 - 1　湖南武陵山片区新型城镇化与生态环境耦合协调度评价指标体系

系统层	准则层	序号	指标层	单位	指标分类
新型城镇化 发展水平	人口城镇化	1	常住人口城镇化率	%	正向指标
		2	人口密度	人/平方千米	正向指标
		3	人口均流入（出）	万人	正向指标
		4	人口自然增长率	‰	正向指标
		5	城乡居民收入比	%	逆向指标
		6	城镇居民人均可支配收入增长率	%	正向指标
		7	居民人均可支配收入与人均 GDP 之比	%	正向指标
		8	全体居民人均生活消费支出	元	正向指标
		9	恩格尔系数	%	逆向指标
	空间城镇化	10	建成区道路面积率	%	正向指标
		11	建成区供水管道密度	千米/平方千米	正向指标
		12	建成区路网密度	千米/平方千米	正向指标
		13	建成区排水管道密度	千米/平方千米	正向指标
		14	人均道路面积	平方米	正向指标
		15	人均建成区面积	平方米	正向指标
		16	居民人均住房使用面积	平方米	正向指标
		17	城市夜间灯光强度	—	正向指标
		18	固定资产投资额占 GDP 比重	%	正向指标
		19	人均固定资产投资额	万元	正向指标
	经济城镇化	20	人均地区生产总值	元	正向指标
		21	地区生产总值增长率	%	正向指标
		22	城镇登记失业率	%	逆向指标
		23	消费对经济增长贡献率	%	正向指标
		24	一般公共预算收入占 GDP 比重	%	正向指标
		25	非农产业增加值占 GDP 比重	%	正向指标
		26	非农产业从业人数占比	%	正向指标
		27	服务业增加值占 GDP 比重	%	正向指标
		28	数字产业增加值占 GDP 比重	%	正向指标
		29	人均社会消费品零售额	万元	正向指标

系统层	准则层	序号	指标层	单位	指标分类
新型城镇化发展水平	经济城镇化	30	高新技术产业增加值比 PDP 比重	%	正向指标
		31	万人发明专利拥有量	件	正向指标
		32	全社会劳动生产率	元/人	正向指标
		33	年末金融机构存贷比	%	正向指标
		34	科学研究与试验发展（P&D）经费支出占 GDP 比重	%	正向指标
		35	每百亿元 GDP 实际使用外资金额	万美元	正向指标
	社会城镇化	36	人均公共预算支出	元	正向指标
		37	公共服务支出占 GDP 比重	%	正向指标
		38	电视覆盖率	%	正向指标
		39	广播覆盖率	%	正向指标
		40	供水普及率	%	正向指标
		41	燃气普及率	%	正向指标
		42	城乡医疗保险参保率	%	正向指标
		43	每十万人医院病床数	张	正向指标
		44	每百人公共图书馆藏书	册	正向指标
		45	每万人拥有规模以上工业企业数	个	正向指标
		46	每万人在校大学生数	人	正向指标
		47	义务教育师生比	%	正向指标
生态环境承载能力	生态环境压力	48	单位面积工业二氧化硫排放量	吨/平方千米	逆向指标
		49	单位面积工业废水排放量	吨/平方千米	逆向指标
		50	单位面积工业固体废弃物产生量	吨/平方千米	逆向指标
		51	单位面积农用化肥施用量	吨/公顷	逆向指标
		53	单位 GDP 能耗	tce/万元	逆向指标
		54	人均生活垃圾清运量	t	逆向指标
		55	人均日生活用水量	l	逆向指标
		56	人均污水排放量	立方米	逆向指标

系统层	准则层	序号	指标层	单位	指标分类
生态环境承载能力	生态环境状态	57	地表水达到或好于 3 类水体比例	%	正向指标
		58	空气质量优良天数比例	%	正向指标
		59	年细颗粒物（PM2.5）平均浓度	微克/立方米	逆向指标
		60	人均耕地面积	公顷	正向指标
		61	人均公园绿地面积	平方米	正向指标
		62	人均粮食总产量	千克	正向指标
	生态环境响应	63	工业固体废弃物综合利用率	%	正向指标
		64	垃圾分类集中处理率	%	正向指标
		65	污水集中处理率	%	正向指标
		66	环境污染治理投资占 GDP 比重	%	正向指标
		67	森林覆盖率	%	正向指标
		68	建成区绿化覆盖率	%	正向指标

二、耦合协调发展测度模型构建

（一）新型城镇化与生态环境系统综合发展指数计算

组合赋权法确定指标权重。构建多属性评价矩阵 $(a_{ij})_{m \times n}$，采用极差法对评价矩阵中的指标数据进行无量纲化处理，得到归一化评价矩阵 X_{ij}。为了弥补了单一赋权法的局限性，本书采用组合赋权法确定实际权重 w_j，具体计算公式参见式（5-4）至式（5-12）。

计算城镇化与生态环境系统综合发展指数。经无量纲化处理后的数据 x_{ij} 和指标权重 w_j，按线性加权模型计算城镇化和生态环境系统综合发展指数。

城镇化综合发展指数：

$$U_i = \sum_{j=1}^{n} w_j x_{ij} \qquad (8-1)$$

生态环境系统综合指数：

$$E_i = \sum_{j=1}^{n} w_j x_{ij} \qquad (8-2)$$

（二）新型城镇化与生态环境系统耦合协调度测度

为分析新型城镇化系统与生态环境系统之间相互作用和彼此影响，引入和借鉴物理学中的耦合度概念，城镇化系统与生态环境系统耦合度计算公式：

$$C = 2 \sqrt{UE/(U + E)} \qquad (8-3)$$

式中，C 为耦合度，U 为城镇化系统综合发展指数，E 为生态环境系统综合发展指数，当 $C = 0$ 时，表明城镇化系统与生态环境系统之间互不相关、互不影响；随着 C 值的增加，表明两个系统之间的关联性逐渐增强；当 $C = 1$ 时，表明城镇化系统与生态环境系统之间相关性极强。

耦合度能够反映城镇化与生态环境质量之间的相互影响程度，但有时无法表达出二者的综合发展水平及其协调性，因此采用协调度进一步分析二者的协调关系。城镇化系统与生态环境耦合协调度计算公式：

$$D = 2 \sqrt{C \times T} \qquad (8-4)$$

$$T = \alpha U + \beta E \qquad (8-5)$$

式中，D 为耦合协调度，T 为城镇化系统与生态环境系统综合发展指数，由于两个系统对实现社会可持续发展同等重要，因此取值 $\alpha = 0.5$，$\beta = 0.5$。

（三）新型城镇化与生态环境系统耦合协调类型判断标准

参考相关学者的研究成果（崔木花，2015；周燕华和施生旭，2019），湖南武陵山片区城镇化与生态环境耦合协调度划分为 7 种类型，结合 U_i 与 E_i 的相对大小，确定城镇化与生态环境相对发展程度，在 7 种耦合协调类型的基础上进一步分为 21 种发展类型（见表 8-2）。

表 8-2　　　　新型城镇化与生态环境耦合协调度划分区间及类型

D 值区间	耦合协调类型	U_i 和 E_i 的对比关系	发展类型	细分类型
$0 < D \leqslant 0.2$	重度失调的耦合（A）	$U_i - E_i > 0.15$	生态环境滞后型（1）	A1
		$-0.15 < U_i - E_i < 0.15$	城镇化与生态环境同步型（2）	A2
		$U_i - E_i < -0.15$	城镇化滞后型（3）	A3

D 值区间	耦合协调类型	U_i 和 E_i 的对比关系	发展类型	细分类型
$0.2 < D \leq 0.3$	中度失调的耦合（B）	$U_i - E_i > 0.15$	生态环境滞后型（1）	B1
		$-0.15 < U_i - E_i < 0.15$	城镇化与生态环境同步型（2）	B2
		$U_i - E_i < -0.15$	城镇化滞后型（3）	B3
$0.3 < D \leq 0.4$	轻度失调的耦合（C）	$U_i - E_i > 0.15$	生态环境滞后型（1）	C1
		$-0.15 < U_i - E_i < 0.15$	城镇化与生态环境同步型（2）	C2
		$U_i - E_i < -0.15$	城镇化滞后型（3）	C3
$0.4 < D \leq 0.5$	轻度协调的耦合（D）	$U_i - E_i > 0.15$	生态环境滞后型（1）	D1
		$-0.15 < U_i - E_i < 0.15$	城镇化与生态环境同步型（2）	D2
		$U_i - E_i < -0.15$	城镇化滞后型（3）	D3
$0.5 < D \leq 0.6$	中度协调的耦合（E）	$U_i - E_i > 0.15$	生态环境滞后型（1）	E1
		$-0.15 < U_i - E_i < 0.15$	城镇化与生态环境同步型（2）	E2
		$U_i - E_i < -0.15$	城镇化滞后型（3）	E3
$0.6 < D \leq 0.8$	良好协调的耦合（F）	$U_i - E_i > 0.15$	生态环境滞后型（1）	F1
		$-0.15 < U_i - E_i < 0.15$	城镇化与生态环境同步型（2）	F2
		$U_i - E_i < -0.15$	城镇化滞后型（3）	F3
$0.8 < D \leq 1$	优质协调的耦合（G）	$U_i - E_i > 0.15$	生态环境滞后型（1）	G1
		$-0.15 < U_i - E_i < 0.15$	城镇化与生态环境同步型（2）	G2
		$U_i - E_i < -0.15$	城镇化滞后型（3）	G3

第二节　新型城镇化与生态环境耦合协调发展评价

　　根据湖南武陵山片区新型城镇化与生态环境耦合协调评价指标体系及其测度模型，计算得到 2011～2020 年片区县域新型城镇化与生态环境的耦合度（见表 8 - 3、图 8 - 1），及耦合协调度（见表 8 - 4、图 8 - 2、图 8 - 3）。

一、耦合协调发展的综合评价

（一）新型城镇化与生态环境耦合度的时序分析

从表 8-3、图 8-1 可以看出，2011~2020 年片区县域新型城镇化与生态环境的耦合度的最小值及中位值均大于 0.8，且整体呈上升趋势，最大值则无限接近于 1，表明片区新型城镇化与生态环境相互作用，互相影响，且随着时间推移，两个系统之间的关联性越来越强。具体来看，2011~2018 年，两个系统之间耦合度呈较快的上升趋势，2018 年以后，两者之间的耦合度变化趋于平稳。

表 8-3　　2011~2020 年湖南武陵山片区新型城镇化与生态环境耦合度

序号	县（市）	2011 年	2012 年	2013 年	2014 年	2015 年	2016 年	2017 年	2018 年	2019 年	2020 年
1	新邵县	0.9129	0.9173	0.9312	0.9581	0.9680	0.9726	0.9836	0.9927	0.9924	0.9925
2	邵阳县	0.8962	0.9056	0.9384	0.9576	0.9629	0.9687	0.9809	0.9865	0.9832	0.9879
3	隆回县	0.8741	0.9121	0.9124	0.9317	0.9529	0.9534	0.9744	0.9837	0.9880	0.9860
4	洞口县	0.8803	0.8867	0.9113	0.9492	0.9625	0.9659	0.9735	0.9832	0.9882	0.9856
5	绥宁县	0.8987	0.9097	0.9252	0.9360	0.9539	0.9521	0.9777	0.9784	0.9784	0.9810
6	新宁县	0.9154	0.9198	0.9356	0.9452	0.9538	0.9684	0.9793	0.9854	0.9875	0.9878
7	城步县	0.9137	0.9190	0.9351	0.9460	0.9665	0.9644	0.9806	0.9909	0.9916	0.9871
8	武冈市	0.9338	0.9409	0.9471	0.9543	0.9586	0.9663	0.9836	0.9891	0.9936	0.9934
9	石门县	0.9394	0.9448	0.9510	0.9623	0.9705	0.9758	0.9901	0.9940	0.9975	0.9973
10	张家界市	0.9796	0.9838	0.9874	0.9917	0.9943	0.9957	0.9972	0.9995	0.9998	0.9998
11	慈利县	0.9097	0.9198	0.9267	0.9552	0.9646	0.9726	0.9825	0.9914	0.9934	0.9906
12	桑植县	0.8994	0.9051	0.9205	0.9309	0.9411	0.9502	0.9620	0.9781	0.9811	0.9827
13	安化县	0.8750	0.8806	0.9055	0.9163	0.9280	0.9466	0.9653	0.9750	0.9784	0.9797
14	鹤城区	0.9980	0.9993	0.9999	0.9999	0.9998	0.9991	0.9972	0.9949	0.9930	0.9956
15	中方县	0.9511	0.9585	0.9698	0.9679	0.9809	0.9883	0.9964	0.9987	0.9978	0.9974

序号	县（市）	2011 年	2012 年	2013 年	2014 年	2015 年	2016 年	2017 年	2018 年	2019 年	2020 年
16	沅陵县	0.9279	0.9330	0.9507	0.9565	0.9605	0.9661	0.9727	0.9804	0.9838	0.9880
17	辰溪县	0.9267	0.9336	0.9376	0.9459	0.9508	0.9578	0.9700	0.9778	0.9882	0.9892
18	溆浦县	0.8996	0.9031	0.9175	0.9411	0.9386	0.9450	0.9646	0.9757	0.9822	0.9876
19	会同县	0.9107	0.9152	0.9220	0.9358	0.9520	0.9497	0.9642	0.9747	0.9800	0.9830
20	麻阳县	0.8645	0.8791	0.8909	0.9238	0.9352	0.9471	0.9658	0.9810	0.9879	0.9918
21	新晃县	0.8894	0.8986	0.9127	0.9305	0.9402	0.9518	0.9772	0.9806	0.9874	0.9936
22	芷江县	0.9058	0.9167	0.9263	0.9287	0.9451	0.9532	0.9710	0.9838	0.9881	0.9950
23	靖州县	0.9155	0.9212	0.9283	0.9416	0.9569	0.9687	0.9752	0.9777	0.9868	0.9920
24	通道县	0.8757	0.8856	0.9098	0.9157	0.9377	0.9527	0.9694	0.9808	0.9821	0.9878
25	洪江市	0.9480	0.9545	0.9603	0.9628	0.9744	0.9813	0.9865	0.9934	0.9956	0.9976
26	新化县	0.8844	0.9020	0.9201	0.9422	0.9434	0.9442	0.9603	0.9707	0.9764	0.9773
27	冷水江市	0.9944	0.9985	0.9995	0.9997	0.9999	0.9997	0.9984	0.9972	0.9971	0.9977
28	涟源市	0.9218	0.9373	0.9551	0.9495	0.9583	0.9724	0.9816	0.9877	0.9907	0.9904
29	吉首市	0.9892	0.9935	0.9956	0.9988	0.9999	0.9999	0.9972	0.9959	0.9940	0.9963
30	泸溪县	0.9097	0.9136	0.9261	0.9341	0.9467	0.9563	0.9719	0.9845	0.9866	0.9858
31	凤凰县	0.9361	0.9415	0.9542	0.9638	0.9591	0.9702	0.9758	0.9891	0.9881	0.9896
32	花垣县	0.9312	0.9328	0.9430	0.9413	0.9515	0.9569	0.9792	0.9846	0.9882	0.9887
33	保靖县	0.8769	0.8942	0.9135	0.9235	0.9478	0.9440	0.9689	0.9833	0.9799	0.9798
34	古丈县	0.9179	0.9272	0.9382	0.9504	0.9557	0.9597	0.9676	0.9813	0.9836	0.9825
35	永顺县	0.9272	0.9345	0.9397	0.9395	0.9489	0.9500	0.9658	0.9768	0.9705	0.9733
36	龙山县	0.9140	0.9246	0.9308	0.9395	0.9496	0.9581	0.9727	0.9850	0.9873	0.9872
	最大值	0.9980	0.9993	0.9999	0.9999	0.9999	0.9999	0.9984	0.9995	0.9998	0.9998
	最小值	0.8645	0.8791	0.8909	0.9157	0.9280	0.9440	0.9603	0.9707	0.9705	0.9733
	中位值	0.9139	0.9198	0.9331	0.9455	0.9548	0.9620	0.9755	0.9841	0.9880	0.9884

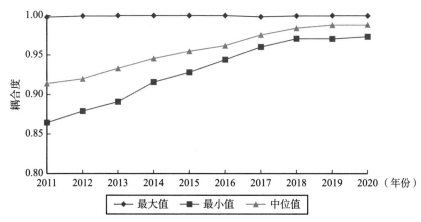

图8-1　2011~2020年湖南武陵山片区新型城镇化
与生态环境耦合度时间演变趋势

高度耦合的城镇化系统和生态环境系统之间存在着紧密的依存关系，说明城镇化与生态环境保护是一个有机整体，一个系统发生变化，必然影响另一个系统。新型城镇化的"新型"就是要将生态文明理念贯穿发展始终，将"绿水青山就是金山银山"的观念深入人心，否则以牺牲生态环境为代价推动城镇化进程，最终也会反噬掉已有的成果。

（二）新型城镇化与生态环境耦合协调度的时序分析

2011~2020年湖南武陵山片区县域新型城镇化与生态环境的耦合协调度的最大值、最小值及中位值均在逐年增长（见表8-4、图8-2、图8-3），说明片区新型城镇化与生态环境的耦合协调发展水平整体上呈上升趋势。具体来看，2011~2020年片区县域新型城镇化与生态环境的耦合协调度介于0.45~0.85，跨越轻度协调的耦合、中度协调的耦合、良好协调的耦合、优质协调的耦合四种类型，表明片区县域新型城镇化与生态环境的耦合协调发展基础扎实，总体趋势持续向好，但处于优质协调耦合类型的县市较少，整体上尚未实现优质协调耦合升级。

表8-4　2011～2020年湖南武陵山片区新型城镇化与生态环境耦合协调度

序号	县（市）	2011年	2012年	2013年	2014年	2015年	2016年	2017年	2018年	2019年	2020年
1	新邵县	0.5670	0.5686	0.5859	0.5899	0.5986	0.6218	0.6495	0.6701	0.6697	0.6720
2	邵阳县	0.5533	0.5613	0.5880	0.6082	0.6208	0.6289	0.6478	0.6594	0.6497	0.6600
3	隆回县	0.4955	0.5063	0.5165	0.5281	0.5389	0.5490	0.5596	0.5986	0.5998	0.6154
4	洞口县	0.5533	0.5584	0.5782	0.6086	0.6232	0.6282	0.6408	0.6579	0.6698	0.6638
5	绥宁县	0.5588	0.5688	0.5814	0.5911	0.6081	0.6110	0.6449	0.6480	0.6480	0.6575
6	新宁县	0.5715	0.5795	0.5961	0.6046	0.6176	0.6366	0.6531	0.6643	0.6699	0.6695
7	城步县	0.5692	0.5764	0.5917	0.6008	0.6304	0.6301	0.6584	0.6731	0.6755	0.6695
8	武冈市	0.5786	0.5893	0.6022	0.6063	0.6127	0.6239	0.6482	0.6598	0.6739	0.6748
9	石门县	0.5897	0.5960	0.6060	0.6179	0.6323	0.6411	0.6644	0.6798	0.6894	0.6915
10	张家界市	0.6345	0.6439	0.6525	0.6660	0.6747	0.6817	0.6882	0.7252	0.7593	0.8015
11	慈利县	0.5653	0.5804	0.5869	0.6154	0.6262	0.6373	0.6524	0.6728	0.6774	0.6748
12	桑植县	0.5576	0.5646	0.5803	0.5848	0.6002	0.6099	0.6242	0.6497	0.6558	0.6626
13	安化县	0.5420	0.5486	0.5674	0.5753	0.5887	0.5919	0.5963	0.6386	0.6471	0.6503
14	鹤城区	0.6715	0.6808	0.6899	0.6938	0.7012	0.7114	0.7247	0.7358	0.7631	0.8036
15	中方县	0.6011	0.6120	0.6284	0.6264	0.6507	0.6659	0.6861	0.7015	0.6961	0.6961
16	沅陵县	0.5782	0.5861	0.6048	0.6119	0.6199	0.6298	0.6373	0.6510	0.6581	0.6694
17	辰溪县	0.5769	0.5859	0.5932	0.6028	0.6101	0.6184	0.6312	0.6435	0.6606	0.6673
18	溆浦县	0.5584	0.5648	0.5798	0.5973	0.5975	0.5993	0.6000	0.6429	0.6552	0.6688
19	会同县	0.5739	0.5776	0.5867	0.5951	0.5986	0.6121	0.6267	0.6411	0.6499	0.6576
20	麻阳县	0.5322	0.5444	0.5560	0.5819	0.5902	0.6031	0.6237	0.6478	0.6658	0.6730
21	新晃县	0.5576	0.5655	0.5753	0.5908	0.6023	0.6113	0.6450	0.6480	0.6628	0.6779
22	芷江县	0.5777	0.5844	0.5933	0.5924	0.6055	0.6147	0.6353	0.6587	0.6707	0.6895
23	靖州县	0.5729	0.5785	0.5886	0.5990	0.6127	0.6285	0.6390	0.6498	0.6645	0.6830
24	通道县	0.5447	0.5525	0.5714	0.5787	0.5995	0.6135	0.6348	0.6520	0.6568	0.6638

续表

序号	县（市）	2011 年	2012 年	2013 年	2014 年	2015 年	2016 年	2017 年	2018 年	2019 年	2020 年
25	洪江市	0.5949	0.6032	0.6107	0.6119	0.6286	0.6450	0.6542	0.6727	0.6804	0.6929
26	新化县	0.4895	0.5160	0.5275	0.5292	0.5397	0.5498	0.5991	0.5996	0.5964	0.5966
27	冷水江市	0.6445	0.6674	0.6765	0.6793	0.6920	0.7008	0.7125	0.7223	0.7229	0.7236
28	涟源市	0.5679	0.5818	0.5998	0.5980	0.6111	0.6268	0.6395	0.6532	0.6602	0.6644
29	吉首市	0.6403	0.6525	0.6644	0.6759	0.6987	0.7054	0.7311	0.7382	0.7662	0.8014
30	泸溪县	0.5631	0.5693	0.5799	0.5841	0.5977	0.6146	0.6336	0.6513	0.6576	0.6572
31	凤凰县	0.5910	0.6018	0.6106	0.6212	0.6165	0.6329	0.6482	0.6700	0.6686	0.6732
32	花垣县	0.5758	0.5778	0.5893	0.5876	0.5906	0.5946	0.5986	0.6156	0.6347	0.6370
33	保靖县	0.4885	0.5154	0.5271	0.5376	0.5488	0.5590	0.5692	0.5797	0.5976	0.5996
34	古丈县	0.5728	0.5822	0.5933	0.5960	0.6106	0.6257	0.6424	0.6538	0.6613	0.6597
35	永顺县	0.5782	0.5870	0.5948	0.5957	0.5966	0.6182	0.6372	0.6535	0.6439	0.6474
36	龙山县	0.5645	0.5754	0.5840	0.5936	0.5961	0.6175	0.6392	0.6606	0.6652	0.6663
最大值		0.6715	0.6808	0.6899	0.6938	0.7012	0.7114	0.7311	0.7382	0.7662	0.8036
最小值		0.4885	0.5063	0.5165	0.5281	0.5389	0.5490	0.5596	0.5797	0.5964	0.5966
中位值		0.5703	0.5782	0.5889	0.5976	0.6104	0.6228	0.6402	0.6536	0.6637	0.6691

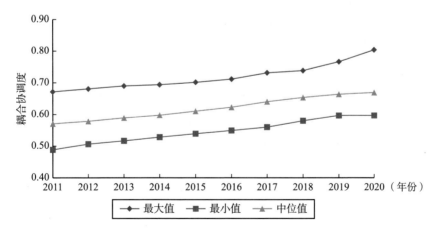

图 8 - 2 2011～2020 年湖南武陵山片区新型城镇化

与生态环境耦合协调度时间演变趋势

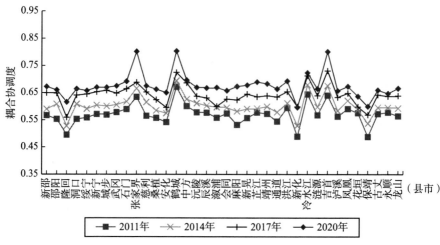

图 8 - 3 2011～2020 年湖南武陵山片区县域新型城镇化
与生态环境耦合协调度演变趋势

　　从县域情况来看，2011 年隆回、新化、保靖三县处于轻度协调的耦合阶段，占比 8.33%，其中保靖县耦合协调发展水平最低。保靖县隶属湘西土家族苗族自治州，位于湖南省西北部，云贵高原东侧，武陵山脉中段，曾是国家级贫困县，经济社会发展相对落后，问题凸显，主要体现在工业结构性矛盾突出，农业产业化程度低，土地、资金、市场等要素制约明显。2011 年保靖县 GDP 增长率 6.1%，低于同期湘西州的 11%，人均 GDP 为 1.3 万元，约为同期湘西州平均水平的 94.6%。保靖县经济发展较为依赖矿业产业，节能减排压力巨大，2011 年通过对涉铅、电解锰等企业采取关停、整治等措施，在污染物减排和单位能耗降低等方面取得明显成效，但生态环境安全问题仍然较为突出，严重制约新型城镇化与生态环境耦合协调发展水平的提升。2011 年张家界市辖区、怀化市鹤城区、冷水江等 5 县市处于良好协调的耦合阶段，占比 13.89%，其余各县市处于中度协调的耦合阶段，占比 77.78%，其中鹤城区耦合协调发展水平最高。鹤城区是怀化的市辖区，位于湖南省西部，是湘、鄂、桂、黔、渝五省市区边境中心，是我国西部重要的交通枢纽。2011 年鹤城区常住人口城镇化率 89.41%，人均 GDP 达到 3.2 万元，人均城市建成区面积 101 平方米，是片区城镇化程度最高的区县。在生态保护方面，鹤城区积极推进"碧水青山蓝天"工程，实施"三边"绿化和农村环境连片整治，生态环境持续得到改善，新型城镇化与生态环境逐步实现协调发展。

2020年，新化、保靖两县处于中度协调的耦合阶段，占比5.56%，其中新化县耦合协调发展水平最低。新化县隶属娄底市，位于湖南中部，资江中游，曾是国家级贫困县，经济社会发展处于省内下游水平，其工业支柱产业主要包括机械、电子、陶瓷、建材、冶金、煤炭、化工、食品、造纸、竹木加工等，其中电子陶瓷、艺术瓷享誉国内外，2020年新化县常住人口城镇化率32.21%（片区倒数第二），人均GDP为2.4万元（片区倒数第六），人均城市建成区面积24平方米（片区倒数第九），是片区城镇化程度较低的县市。在生态保护方面，新化县竭力打好"蓝天、碧水、净土"保卫战和锡矿山矿区污染防治攻坚战，持续加大生态恢复建设力度，生态环境质量不断改善，但由于经济发展底子薄，城镇化落后，城镇化与生态环境耦合协调发展水平没有实现质的提升。2020年张家界市辖区、鹤城、吉首三县市升级至优质协调的耦合阶段，占比8.33%，其余各县市处于良好协调的耦合阶段，占比86.11%，其中鹤城区仍然是片区耦合协调发展水平最高的县市。2020年鹤城区常住人口城镇化率下降至81.65%，人均GDP增长至5.6万元，人均城市建成区面积增长至104平方米，城镇化程度高居片区榜首。2020年鹤城区在餐饮油烟整治、秸秆垃圾禁焚、扬尘防治、土壤污染治理等方面成效明显，城区空气质量优良率达90.4%，污染地块实现零新增，城镇化水平与生态环境质量双提升，推动两者耦合协调发展进入更高阶段。

根据2011～2020年湖南武陵山片区县域新型城镇化与生态环境的耦合协调度位序演变趋势（见图8-4），近年来湖南武陵山片区县域新型城镇化与生态环境的耦合协调发展水平虽普遍提高，但提升速度不一。区域中心城市张家界市辖区、怀化市辖区、吉首市，以及背靠中心城市的中方、冷水江等县市经济社会发展相对较好，10年间耦合协调度位序稳居片区前列，隆回、保靖、新化三县均曾为国家级贫困县，经济社会发展相对落后，10年间耦合协调度位序亦稳居片区末段，其余县市位次波动明显，各有升降，整体上呈现区域分层特征。10年间耦合协调度位次排名上升幅度最大的县市有三个，分别是享有"中国长寿之乡""中国最美养生栖居地"

等美誉的麻阳县（位次排名上升 19 名），被誉为"中国湘西黄牛之乡"和"黄精之乡"的新晃县（位次排名上升 18 名），以及被农业农村部认定为全国绿色食品原料标准化生产基地县和柑橘优势基地县的慈利县（位次排名上升 11 名）。耦合协调度位次下降幅度最大的县市亦有三个，分别是素有"金色桐油之乡"美誉的永顺县（位次排名下降 21 名），"中国锰矿之都"之称的花垣县（位次排名下降 19 名），以及享有"广木之乡""楠竹之乡"的美誉的会同县。

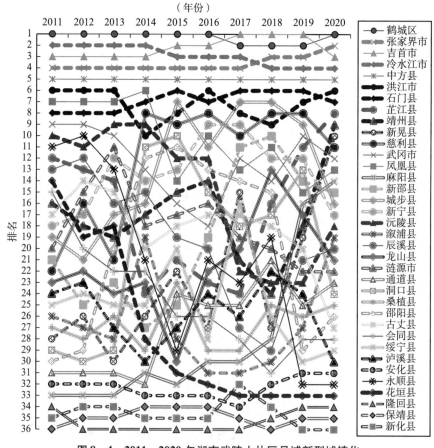

图 8 - 4　2011 ~ 2020 年湖南武陵山片区县域新型城镇化
与生态环境耦合协调度位序演变

二、耦合协调发展的类型判定

根据计算得到的新型城镇化指数与生态环境指数的对比值，结合前述的耦合协调测度划分标准，可以进一步对耦合协调类型进行细分，从而判断出片区县域新型城镇化与生态环境的相对发展水平（见表8-5、表8-6）。

表8-5　　　　　2011~2020年湖南武陵山片区新型城镇化指数

与生态环境指数对比值（$U_i - E_i$）

序号	县（市）	2011年	2012年	2013年	2014年	2015年	2016年	2017年	2018年	2019年	2020年
1	新邵县	-0.2875	-0.2807	-0.2687	-0.2225	-0.2010	-0.1910	-0.1548	-0.1092	-0.1114	-0.1114
2	邵阳县	-0.3031	-0.2951	-0.2547	-0.2226	-0.2161	-0.2028	-0.1664	-0.1444	-0.1566	-0.1370
3	隆回县	-0.3162	-0.2854	-0.2866	-0.2627	-0.2319	-0.2308	-0.1805	-0.1512	-0.1349	-0.1448
4	洞口县	-0.3300	-0.3252	-0.3020	-0.2456	-0.2188	-0.2117	-0.1929	-0.1607	-0.1392	-0.1510
5	绥宁县	-0.3048	-0.2954	-0.2773	-0.2628	-0.2327	-0.2398	-0.1789	-0.1776	-0.1773	-0.1710
6	新宁县	-0.2873	-0.2866	-0.2681	-0.2527	-0.2404	-0.2087	-0.1763	-0.1523	-0.1435	-0.1411
7	城步县	-0.2881	-0.2850	-0.2655	-0.2474	-0.2111	-0.2176	-0.1735	-0.1230	-0.1187	-0.1455
8	武冈市	-0.2565	-0.2499	-0.2459	-0.2303	-0.2231	-0.2073	-0.1539	-0.1296	-0.1032	-0.1050
9	石门县	-0.2539	-0.2463	-0.2388	-0.2158	-0.1988	-0.1843	-0.1251	-0.1020	-0.0675	-0.0702
10	张家界市	-0.1651	-0.1513	-0.1363	-0.1150	-0.0980	-0.0861	-0.0715	-0.0326	-0.0184	-0.0198
11	慈利县	-0.2918	-0.2874	-0.2795	-0.2346	-0.2144	-0.1940	-0.1614	-0.1195	-0.1062	-0.1255
12	桑植县	-0.3022	-0.2994	-0.2858	-0.2684	-0.2589	-0.2440	-0.2212	-0.1796	-0.1695	-0.1657
13	安化县	-0.3251	-0.3238	-0.3017	-0.2893	-0.2783	-0.2529	-0.2123	-0.1860	-0.1770	-0.1731
14	鹤城区	-0.0565	-0.0344	-0.0126	-0.0034	0.0200	0.0433	0.0794	0.1102	0.1311	0.1023
15	中方县	-0.2348	-0.2228	-0.1987	-0.2038	-0.1678	-0.1370	-0.0805	-0.0497	-0.0646	-0.0696
16	沅陵县	-0.2686	-0.2649	-0.2388	-0.2284	-0.2226	-0.2120	-0.1939	-0.1704	-0.1580	-0.1400
17	辰溪县	-0.2700	-0.2634	-0.2609	-0.2492	-0.2427	-0.2295	-0.1998	-0.1773	-0.1350	-0.1317
18	溆浦县	-0.3027	-0.3033	-0.2914	-0.2563	-0.2626	-0.2521	-0.2134	-0.1855	-0.1644	-0.1425
19	会同县	-0.2988	-0.2938	-0.2891	-0.2669	-0.2408	-0.2470	-0.2160	-0.1887	-0.1716	-0.1618

序号	县（市）	2011年	2012年	2013年	2014年	2015年	2016年	2017年	2018年	2019年	2020年
20	麻阳县	-0.3293	-0.3215	-0.3152	-0.2807	-0.2638	-0.2464	-0.2088	-0.1660	-0.1390	-0.1170
21	新晃县	-0.3195	-0.3124	-0.2963	-0.2747	-0.2629	-0.2408	-0.1807	-0.1679	-0.1410	-0.1047
22	芷江县	-0.3122	-0.2977	-0.2864	-0.2803	-0.2535	-0.2396	-0.1989	-0.1584	-0.1402	-0.0958
23	靖州县	-0.2884	-0.2827	-0.2776	-0.2566	-0.2279	-0.2024	-0.1854	-0.1816	-0.1452	-0.1185
24	通道县	-0.3273	-0.3202	-0.2978	-0.2940	-0.2663	-0.2400	-0.2041	-0.1691	-0.1652	-0.1387
25	洪江市	-0.2376	-0.2274	-0.2167	-0.2101	-0.1825	-0.1630	-0.1418	-0.1047	-0.0874	-0.0663
26	新化县	-0.3121	-0.3004	-0.2811	-0.2490	-0.2505	-0.2524	-0.2195	-0.1963	-0.1791	-0.1779
27	冷水江市	-0.0887	-0.0481	-0.0287	-0.0234	0.0059	0.0228	0.0573	0.0784	0.0798	0.0718
28	涟源市	-0.2712	-0.2516	-0.2231	-0.2364	-0.2228	-0.1885	-0.1589	-0.1350	-0.1197	-0.1231
29	吉首市	-0.1214	-0.0974	-0.0832	-0.0451	0.0076	0.0063	0.0796	0.0989	0.1220	0.0944
30	泸溪县	-0.2895	-0.2885	-0.2739	-0.2608	-0.2431	-0.2310	-0.1944	-0.1509	-0.1429	-0.1471
31	凤凰县	-0.2624	-0.2593	-0.2338	-0.2135	-0.2244	-0.1999	-0.1883	-0.1337	-0.1393	-0.1317
32	花垣县	-0.2595	-0.2579	-0.2450	-0.2476	-0.2332	-0.2304	-0.1727	-0.1530	-0.1375	-0.1361
33	保靖县	-0.3217	-0.3075	-0.2905	-0.2756	-0.2411	-0.2571	-0.2065	-0.1637	-0.1705	-0.1725
34	古丈县	-0.2837	-0.2739	-0.2597	-0.2384	-0.2296	-0.2294	-0.2154	-0.1678	-0.1604	-0.1648
35	永顺县	-0.2700	-0.2626	-0.2575	-0.2587	-0.2452	-0.2512	-0.2181	-0.1871	-0.2059	-0.1978
36	龙山县	-0.2829	-0.2728	-0.2678	-0.2570	-0.2444	-0.2279	-0.1949	-0.1529	-0.1422	-0.1436
	最大值	-0.0565	-0.0344	-0.0126	-0.0034	0.0200	0.0433	0.0796	0.1102	0.1311	0.1023
	最小值	-0.3300	-0.3252	-0.3152	-0.2940	-0.2783	-0.2571	-0.2212	-0.1963	-0.2059	-0.1978
	中位值	-0.2878	-0.2839	-0.2680	-0.2483	-0.2308	-0.2228	-0.1830	-0.1529	-0.1398	-0.1366

表8-6　　2011~2020年湖南武陵山片区新型城镇化
与生态环境耦合协调发展类型判定

序号	县（市）	2011年	2012年	2013年	2014年	2015年	2016年	2017年	2018年	2019年	2020年
1	新邵县	E3	E3	E3	E3	E3	F3	F3	F2	F2	F2
2	邵阳县	E3	E3	E3	F3	F3	F3	F3	F2	F3	F2
3	隆回县	D3	E3	E3	E3	E3	E3	E3	E3	E2	F2
4	洞口县	E3	E3	E3	F3	F3	F3	F3	F3	F2	F3

续表

序号	县（市）	2011 年	2012 年	2013 年	2014 年	2015 年	2016 年	2017 年	2018 年	2019 年	2020 年
5	绥宁县	E3	E3	E3	E3	F3	F3	F3	F3	F3	F3
6	新宁县	E3	E3	E3	F3	F3	F3	F3	F2	F2	F2
7	城步县	E3	E3	E3	F3	F3	F3	F3	F2	F2	F2
8	武冈市	E3	E3	F3	F3	F3	F3	F3	F2	F2	F2
9	石门县	E3	E3	F3	F3	F3	F3	F2	F2	F2	F2
10	张家界市	F3	F3	F2	F2	F2	F2	F2	F2	F2	G2
11	慈利县	E3	E3	E3	F3	F3	F3	F3	F2	F2	F2
12	桑植县	E3	E3	E3	E3	E3	F3	F3	F3	F3	F3
13	安化县	E3	E3	E3	E3	E3	E3	E3	F3	F3	F3
14	鹤城区	F2	F2	F2	F2	F2	F2	F2	F2	F2	G2
15	中方县	F3	F3	F3	F3	F3	F2	F2	F2	F2	F2
16	沅陵县	E3	E3	F3	F3	F3	F3	F3	F3	F3	F2
17	辰溪县	E3	E3	E3	F3	F3	F3	F3	F3	F2	F2
18	溆浦县	E3	E3	E3	E3	E3	E3	E3	F3	F3	F2
19	会同县	E3	E3	E3	E3	E3	E3	F3	F3	F3	F3
20	麻阳县	E3	E3	E3	E3	E3	F3	F3	F3	F2	F2
21	新晃县	E3	E3	E3	E3	F3	F3	F3	F3	F2	F2
22	芷江县	E3	E3	E3	E3	F3	F3	F3	F3	F2	F2
23	靖州县	E3	E3	E3	E3	E3	E3	F3	F3	F2	F2
24	通道县	E3	E3	E3	E3	E3	F3	F3	F3	F3	F2
25	洪江市	E3	F3	F3	F3	F3	F3	F2	F2	F2	F2
26	新化县	D3	E3	E3	E3	E3	E3	E3	E3	E3	E3
27	冷水江市	F2	F2	F2	F2	F2	F2	F2	F2	F2	F2
28	涟源市	E3	E3	E3	E3	F3	F3	F3	F2	F2	F2
29	吉首市	F2	F2	F2	F2	F2	F2	F2	F2	F2	G2
30	泸溪县	E3	E3	E3	E3	E3	E3	F3	F3	F3	F2
31	凤凰县	E3	F3	F3	F3	F3	F3	F3	F2	F2	F2
32	花垣县	E3	E3	E3	E3	E3	E3	E3	F3	F3	F3
33	保靖县	D3	E3	E3	E3	E3	E3	E3	E3	E3	E3
34	古丈县	E3	E3	E3	E3	F3	F3	F3	F3	F3	F3
35	永顺县	E3	E3	E3	E3	E3	E3	F3	F3	F3	F3
36	龙山县	E3	E3	E3	E3	E3	F3	F3	F3	F2	F2

从表 8-5 可以看出，2011~2020 年片区各县市新型城镇化指数与生态环境指数的差值大多落在 $(-\infty, -0.15]$ $[-0.15, 0.15]$ 这两个区间，根据城镇化与生态环境耦合协调度划分区间及类型判断标准，片区各县市基本属于城镇化与生态环境同步型、城镇化滞后型这两种发展类型，且主要以城镇化滞后型为主，占比 73.61%，说明片区城镇化滞后问题仍然较为突出。

从表 8-6、表 8-7 可以看出，研究期间，除隆回、新化、保靖三县耦合协调发展类型在 2011 年属于"轻度耦合协调—城镇化滞后型"（D3），张家界市辖区、怀化市鹤城区、吉首市三个区域中心城市的耦合协调发展类型在 2020 年升级至"优质耦合协调—城镇化与生态环境同步型"（G2）外，其他各县市的耦合协调类型均属于"中度耦合协调—城镇化滞后型""中度耦合协调—城镇化与生态环境同步型""良好耦合协调—城镇化滞后型""良好耦合协调—城镇化与生态环境同步型"四种类型（E2、E3、F2、F3），其中"中度耦合协调—城镇化滞后型""良好耦合协调—城镇化滞后型"占主导地位，县市数量占比 72.78%，表明片区新型城镇化进程中，经济社会与生态环境之间互相促进，协调发展的效果不明显。此外，属于"良好耦合协调—城镇化与生态环境同步型"的县市数量逐年呈上升趋势，整体数量占比 25.28%，"优质耦合协调—城镇化与生态环境同步型"实现了零的突破，表明片区新型城镇化与生态环境耦合协调发展具有良好的基础，整体趋势持续向好。

表 8-7　　　　　　　2011~2020 年湖南武陵山片区新型城镇化

与生态环境耦合协调发展类型统计

发展类型	2011 年	2012 年	2013 年	2014 年	2015 年	2016 年	2017 年	2018 年	2019 年	2020 年
轻度耦合协调—城镇化滞后型（D3）	3	0	0	0	0	0	0	0	0	0
中度耦合协调—城镇化与生态环境同步型（E2）	0	0	0	0	0	0	0	0	1	0

续表

发展类型	2011 年	2012 年	2013 年	2014 年	2015 年	2016 年	2017 年	2018 年	2019 年	2020 年
中度耦合协调—城镇化滞后型（E3）	28	29	26	20	13	6	6	3	2	2
良好耦合协调—城镇化与生态环境同步型（F2）	3	3	4	4	4	5	7	14	23	24
良好耦合协调—城镇化滞后型（F3）	2	4	6	12	19	25	23	19	10	7
优质耦合协调—城镇化与生态环境同步型（G2）	0	0	0	0	0	0	0	0	0	3

三、耦合协调发展的时空演化

在前述分析的基础上，根据表 8 - 2 新型城镇化与生态环境耦合协调度划分区间及发展类型判断标准，采用 Arcgis10.2 分析工具，进一步分析 2011 年、2014 年、2017 年和 2020 年湖南武陵山片区县域新型城镇化与生态环境耦合协调发展的时空演化趋势。可以看出，2011～2020 年片区县域新型城镇化与生态环境耦合协调发展呈持续向好趋势，但空间演化上差异性较为明显，呈现以下显著特点。

（1）空间格局上逐步呈以点带面，从线到片的演化趋势。2011 年仅张家界、吉首、鹤城、中方及冷水江 5 县市新型城镇化与生态环境处于良好协调的耦合状态，吉首、鹤城及冷水江 3 县市发展类型为"良好耦合协调—城镇化与生态环境同步型"，且均呈点状零星分布；2014 年处于良好协调耦合状态的县市明显增多，在片区"东北—西南"方向以"石门—张家界—沅陵—鹤城"为连线，片区"西北—东南"方向以"中方—洞口—武冈—新宁"为连线，逐步带动周边慈利、辰溪、洪江、邵阳、城步等县市实现耦合协调状态从"中度"向"良好"转变，在发展类型上新增张家界实现城镇化与生态环境同步。2017年除片区西部的保靖、花垣，西南部的安化、新化、溆浦、隆回6个县市外，其他县市均连片实现了耦合协调发展升级，且在发展类型上新增石门、中方、洪江三县市实现城镇化与生态环境同步。2020年除保靖、新化两县市外，其他县市均处于良好耦合协调发展状态，张家界、吉首、鹤城三县市实现优质耦合协调发展状态零的突破，在发展类型上29县市实现了城镇化与生态环境同步。整体上而言，片区县域新型城镇化与生态环境耦合协调发展逐步升级，范围不断扩大，空间上明显呈现出以点带面，从线到片的演变趋势。

（2）区域中心城市率先突破升级，辐射带动周边县市发展。研究期内，张家界、吉首、鹤城、冷水江4区县作为区域中心城市，经济社会发展较快，基础设施完善，城镇化程度高，新型城镇化与生态环境耦合协调发展领先于其他县市，具有明显的示范作用，辐射带动周边县市耦合协调发展持续升级。张家界市既是我国最重要旅游城市之一，也是国家重点生态功能区和长江中下游重要生态屏障，生态环境优美、旅游业发达，在片区北部耦合协调发展水平最高，辐射带动周边慈利、桑植、石门、沅陵等县市实现耦合协调发展状态升级。吉首市作为湘西土家族苗族自治州的首府，经济社会发展快，城镇化程度高，生态保护水平处于全州前列，带动周边凤凰、花垣、保靖等县市实现城镇化与生态环境耦合协调发展升级。鹤城区是怀化市唯一的市辖区，也是我国西部重要的交通枢纽，众多交通干线交汇于此，物流产业发达，经济发展、环保投入、城镇化水平均位于片区前列，示范带动周边中方、洪江、芷江等县市耦合协调发展。冷水江市是一座典型的资源型工业城市，境内锡矿山富含锑矿，素有"世界锑都"之称，目前矿产资源开发已进入后期，经济转型压力大，生态资源环境问题突出，在国家西部大开发政策和资源枯竭型城市转型发展扶持政策的支持下，经济转型加快，环保投入力度加大，耦合协调发展水平持续提升，带动周边涟源、新化、新邵等县市实现耦合协调发展升级。

（3）片区西北部、东南部部分县市耦合协调发展迟滞，拖累片区整体耦合协调发展。研究初期，片区西北部的保靖、东南部的新化、隆回处于轻度协调的耦合状态，研究中后期耦合协调发展状态虽然从轻度升级至中度，但等级提升并不显著；受此影响，相邻的花垣、安化、溆浦等县市耦合协调发展等级提升也较为迟缓，及至2020年花垣、安化、溆浦三县耦合协调发展状态才从中度升级至良好，说明这些县市新型城镇化与生态环境耦合协调发展迟滞，拖累片区整体耦合协调发展。与片区其他区域相比，片区西北部、东南部部分县市经济社会发展相对滞后，研究期内常住人口城镇化率、人均 GDP、人均建成区面积、燃气普及率、每十万人医院病床数等指标值虽有明显改善，但仍在低位徘徊。此外，这些县市节能环保支出占 GDP 比重均低于片区平均水平。经济发展相对落后，环保投入不足，严重阻碍了这些县市新型城镇化与生态环境耦合协调发展状态的改善。

第三节　新型城镇化与生态环境交互耦合的脱钩分析

一、交互耦合脱钩分析模型及其评定标准

脱钩（decoupling）这一术语源自物理学，表示两个或多个物理量之间的关系中断和脱离。20 世纪末，经济合作与发展组织（OECD）首先将脱钩概念引入农业政策研究，并逐步拓展到环境等领域，研究经济增长与资源消耗或环境污染之间交互耦合关系。根据环境库兹涅茨曲线（EKC）假说，经济增长一般带来环境压力和资源消耗的增长，当采取行之有效的政策或运用新的技术时，可能会以较低的环境压力和资源消耗换来同样甚至更快的经济增长，这个过程被称为脱钩（彭佳雯，2011）。为进一步探究新型城镇化与生态环境之间交互耦合关系，本书借鉴脱钩理论与库兹涅茨曲线假说，在计算城镇化综合指数和生态环境综合指数的基础上，以 Tapio 脱钩模型为基础，构建湖南武陵山片区新型城镇化与生态环境交互耦合的脱钩模型，借以测度生态环境压力变化对新型城镇化变化的敏感程度，具体计算公式如下：

$$\varepsilon_t = \frac{\Delta E_t}{\Delta U_t} = \frac{(E_t - E_{t-1})/E_{t-1}}{(U_t - U_{t-1})/U_{t-1}} \tag{8-6}$$

式中，ε_t 代表第 t 时期的脱钩弹性系数；ΔE_t 代表第 t 时期研究区生态环境综合指数的变动率；E_t 和 E_{t-1} 分别代表第 t 期和第 $t-1$ 期的生态环境综合指数；ΔU_t 代表第 t 时期研究区城镇化综合指数的变动率；U_t 和 U_{t-1} 分别代表第 t 期和第 $t-1$ 期的城镇化综合指数。

借鉴相关研究成果（苑清敏和何桐，2020；崔宁波和巴雪真，2021；宋德勇等，2022），脱钩状态、分类及判断标准如表8-8所示，图形直观表示如图8-5所示。

表8-8　　　　　　　　　　脱钩弹性系数及脱钩状态

类型	脱钩状态	ΔU_t	ΔE_t	ε_t	含义
负脱钩	强负脱钩	<0	>0	$(-\infty, 0)$	最差：逆城镇化进程，生态环境压力持续加大
	弱负脱钩	<0	<0	$[0, 0.8)$	很差：逆城镇化进程，生态环境压力缓减
	扩张负脱钩	>0	>0	$[1.2, +\infty)$	差：城镇化进程停滞，生态环境压力持续加大
联结	衰退联结	<0	<0	$[0.8, 1.2)$	较差：逆城镇化进程，生态环境压力减弱
	扩张联结	>0	>0	$[0.8, 1.2)$	一般：城镇化进程减慢，生态环境压力同步增加
脱钩	衰退脱钩	<0	<0	$[1.2, +\infty)$	较优：城镇化进程停滞，生态环境压力持续减弱
	弱脱钩	>0	>0	$[0, 0.8)$	次优：城镇化进程提速，生态环境压力缓慢增加
	强脱钩	>0	<0	$(-\infty, 0)$	最优：城镇化进程加快，生态环境质量好转

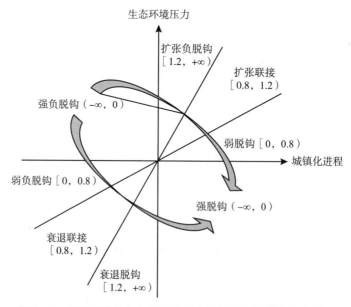

图8-5　新型城镇化与生态环境耦合协调发展的脱钩状态划分

二、脱钩状态及其解耦过程分析

(一) 整体脱钩分析

为了进一步分析湖南武陵山片区新型城镇化进程与生态环境压力之间的脱钩状态及其演变趋势,将研究期划分为 T1 (2011～2012 年)、T2 (2012～2013 年)、T3 (2013～2014 年)、T4 (2014～2015 年)、T5 (2015～2016 年)、T6 (2016～2017 年)、T7 (2017～2018 年)、T8 (2018～2019 年)、T9 (2019～2020 年) 九个时期。基于 Tapio 脱钩模型及其公式,计算得到九个时期片区县域新型城镇化综合指数变化率、生态环境综合指数变化率 (见表 8 - 9、表 8 - 10),以及两者之间的脱钩弹性系数 (见表 8 - 11)。根据表 8 - 6 脱钩状态分类判断标准,可以确定 2011～2020 年湖南武陵山片区县域新型城镇化进程与生态环境压力的脱钩状态类型 (见图 8 - 6)。

表 8 - 9   湖南武陵山片区新型城镇化综合指数变动率 (ΔU)

县 (市)	T1	T2	T3	T4	T5	T6	T7	T8	T9
新邵县	0.0176	0.1047	0.1828	0.0824	0.0501	0.1158	0.1317	− 0.0038	0.0080
邵阳县	0.0543	0.2036	0.1401	0.0628	0.0503	0.1230	0.0692	− 0.0474	0.0610
隆回县	0.2274	0.0073	0.1134	0.1557	0.0030	0.1667	0.1084	0.0704	− 0.0225
洞口县	0.0340	0.1414	0.2396	0.0993	0.0296	0.0746	0.1064	0.0679	− 0.0332
绥宁县	0.0657	0.0902	0.0672	0.1213	0.0034	0.2344	0.0132	0.0004	0.0431
新宁县	0.0409	0.1078	0.0598	0.0739	0.1232	0.1056	0.0701	0.0296	0.0012
城步县	0.0405	0.1037	0.0669	0.1854	− 0.0093	0.1735	0.1138	0.0125	− 0.0486
武冈市	0.0604	0.0650	0.0387	0.0371	0.0680	0.1707	0.0716	0.0804	0.0009
石门县	0.0390	0.0552	0.0831	0.0819	0.0529	0.1647	0.0801	0.0695	0.0037
张家界市	0.0526	0.0498	0.0739	0.0487	0.0363	0.0367	0.0958	0.0186	0.0071
慈利县	0.0836	0.0424	0.2032	0.0723	0.0709	0.0996	0.1257	0.0303	− 0.0291
桑植县	0.0401	0.1010	0.0465	0.0860	0.0640	0.0925	0.1608	0.0346	0.0293
安化县	0.0380	0.1384	0.0581	0.0820	0.1349	0.1301	0.0822	0.0439	0.0166
鹤城区	0.0546	0.0515	0.0214	0.0458	0.0529	0.0721	0.0583	0.0373	− 0.0429

县（市）	T1	T2	T3	T4	T5	T6	T7	T8	T9
中方县	0.0644	0.1020	-0.0144	0.1458	0.0935	0.1366	0.0828	-0.0313	-0.0052
沅陵县	0.0428	0.1262	0.0446	0.0413	0.0549	0.0525	0.0827	0.0409	0.0617
辰溪县	0.0526	0.0375	0.0602	0.0411	0.0532	0.0921	0.0774	0.1171	0.0274
溆浦县	0.0327	0.0946	0.1371	-0.0071	0.0404	0.1484	0.1115	0.0729	0.0754
会同县	0.0255	0.0514	0.0707	0.1135	-0.0068	0.1048	0.0937	0.0543	0.0402
麻阳县	0.0828	0.0734	0.1941	0.0640	0.0837	0.1442	0.1555	0.0998	0.0503
新晃县	0.0523	0.0738	0.1088	0.0698	0.0702	0.2320	0.0263	0.0879	0.0951
芷江县	0.0539	0.0587	0.0038	0.0985	0.0589	0.1434	0.1442	0.0646	0.1161
靖州县	0.0356	0.0563	0.0782	0.1015	0.1009	0.0636	0.0464	0.0991	0.0961
通道县	0.0537	0.1372	0.0419	0.1435	0.0996	0.1404	0.1122	0.0221	0.0566
洪江市	0.0512	0.0469	0.0133	0.1074	0.0894	0.0598	0.1110	0.0449	0.0638
新化县	0.1086	0.1037	0.1324	0.0211	0.0184	0.1046	0.0931	0.0489	0.0162
冷水江市	0.1301	0.0508	0.0143	0.0712	0.0431	0.0685	0.0472	0.0029	-0.0059
涟源市	0.0982	0.1269	-0.0251	0.0769	0.1131	0.0883	0.0811	0.0426	0.0106
吉首市	0.0738	0.0577	0.0821	0.1317	0.0177	0.1500	0.0361	0.0411	-0.0380
泸溪县	0.0329	0.0740	0.0385	0.0895	0.0927	0.1297	0.1253	0.0321	-0.0062
凤凰县	0.0542	0.0740	0.0720	-0.0324	0.1013	0.0753	0.1503	-0.0109	0.0243
花垣县	0.0117	0.0731	-0.0109	0.0790	0.0735	0.2052	0.0637	0.0526	0.0147
保靖县	0.0918	0.1161	0.0463	0.1618	0.0147	0.2024	0.1710	-0.0693	0.0094
古丈县	0.0604	0.0729	0.0763	0.0426	0.0652	0.0870	0.1032	0.0361	-0.0105
永顺县	0.0528	0.0435	0.0021	0.0708	0.0403	0.1256	0.1038	-0.0563	0.0228
龙山县	0.0696	0.0489	0.0607	0.0848	0.0616	0.1361	0.1365	0.0282	0.0025
平均值	0.0606	0.0823	0.0728	0.0820	0.0586	0.1236	0.0956	0.0351	0.0198
标准差	0.0373	0.0383	0.0617	0.0448	0.0356	0.0486	0.0375	0.0422	0.0395
变异系数	0.6158	0.4655	0.8465	0.5468	0.6077	0.3928	0.3923	1.2019	1.9998

表 8 - 10　　湖南武陵山片区生态环境综合指数变动率（ΔE）

县（市）	T1	T2	T3	T4	T5	T6	T7	T8	T9
新邵县	-0.0063	0.0206	-0.0067	0.0028	0.0100	0.0006	0.0013	0.0013	0.0062
邵阳县	0.0046	0.0008	0.0035	0.0215	0.0029	0.0025	0.0038	-0.0104	0.0037
隆回县	0.0151	0.0055	-0.0009	0.0104	-0.0006	-0.0116	0.0090	0.0161	0.0033

续表

县（市）	T1	T2	T3	T4	T5	T6	T7	T8	T9
洞口县	0.0029	0.0069	-0.0091	-0.0004	0.0031	0.0074	0.0046	0.0057	-0.0019
绥宁县	0.0069	0.0013	0.0015	-0.0015	0.0158	0.0056	0.0062	-0.0004	0.0161
新宁县	0.0160	0.0108	-0.0014	0.0136	0.0053	0.0015	0.0007	0.0041	-0.0037
城步县	0.0110	0.0063	-0.0038	0.0227	0.0072	0.0160	-0.0190	0.0014	0.0141
武冈市	0.0150	0.0241	-0.0110	0.0057	0.0063	-0.0045	0.0016	0.0075	0.0043
石门县	0.0038	0.0129	-0.0016	0.0132	0.0040	-0.0099	0.0150	-0.0111	0.0085
张家界市	0.0072	0.0046	0.0110	0.0039	0.0058	0.0018	0.0062	-0.0103	0.0097
慈利县	0.0256	0.0030	0.0044	-0.0001	0.0017	-0.0013	0.0047	-0.0025	0.0144
桑植县	0.0102	0.0136	-0.0139	0.0210	0.0025	0.0043	0.0111	0.0032	0.0126
安化县	0.0106	0.0054	-0.0010	0.0133	0.0122	-0.0117	-0.0031	0.0105	0.0033
鹤城区	0.0020	0.0026	0.0017	-0.0029	0.0068	0.0041	0.0045	0.0029	0.0045
中方县	0.0098	0.0089	0.0013	0.0162	0.0033	-0.0088	0.0096	0.0005	0.0051
沅陵县	0.0120	0.0073	0.0029	0.0113	0.0102	-0.0041	0.0059	0.0034	0.0083
辰溪县	0.0105	0.0128	0.0059	0.0082	0.0023	-0.0067	0.0029	-0.0059	0.0136
溆浦县	0.0140	0.0142	-0.0096	0.0089	-0.0008	-0.0005	0.0105	0.0058	0.0092
会同县	0.0007	0.0128	-0.0118	0.0034	0.0084	-0.0049	0.0013	0.0014	0.0078
麻阳县	0.0115	0.0135	0.0044	-0.0048	0.0056	-0.0001	0.0072	0.0144	-0.0056
新晃县	0.0054	-0.0025	0.0034	0.0093	-0.0082	0.0059	-0.0076	0.0066	-0.0012
芷江县	-0.0058	0.0036	-0.0100	-0.0066	0.0031	-0.0022	0.0098	0.0101	0.0005
靖州县	0.0038	0.0146	-0.0052	-0.0060	0.0052	0.0048	0.0222	-0.0050	0.0180
通道县	0.0047	0.0058	0.0098	0.0071	-0.0026	0.0053	0.0004	0.0073	-0.0121
洪江市	0.0056	0.0037	-0.0057	0.0058	0.0174	-0.0014	0.0063	0.0014	0.0114
新化县	0.0157	0.0023	-0.0064	0.0135	0.0131	-0.0119	0.0063	-0.0040	0.0081
冷水江市	0.0174	0.0043	0.0024	0.0056	0.0082	-0.0001	0.0089	0.0003	0.0097
涟源市	0.0030	0.0027	0.0136	0.0127	-0.0055	-0.0045	0.0068	0.0006	0.0149
吉首市	0.0044	0.0163	-0.0106	0.0094	0.0208	0.0035	0.0030	0.0028	0.0079
泸溪县	0.0117	0.0020	-0.0088	0.0067	0.0232	-0.0006	-0.0077	0.0068	0.0038
凤凰县	0.0197	-0.0129	-0.0011	0.0028	0.0084	0.0232	-0.0076	0.0027	0.0032
花垣县	0.0022	0.0078	-0.0002	0.0099	0.0333	0.0002	0.0036	0.0068	0.0081

续表

县（市）	T1	T2	T3	T4	T5	T6	T7	T8	T9
保靖县	0.0036	0.0100	-0.0100	0.0026	0.0397	0.0042	0.0211	-0.0353	0.0103
古丈县	0.0065	0.0050	-0.0052	0.0050	0.0351	0.0221	-0.0275	0.0101	0.0011
永顺县	0.0091	0.0104	0.0036	0.0079	0.0328	0.0031	0.0023	-0.0011	-0.0012
龙山县	0.0088	0.0118	0.0067	0.0164	0.0000	0.0109	0.0039	-0.0006	0.0046
平均值	0.0083	0.0076	-0.0016	0.0075	0.0093	0.0012	0.0036	0.0013	0.0061
标准差	0.0065	0.0067	0.0069	0.0073	0.0112	0.0081	0.0092	0.0088	0.0064
变异系数	0.7887	0.8848	-4.2577	0.9804	1.2048	6.8162	2.5717	6.6651	1.0492

表 8-11　　　　　湖南武陵山片区新型城镇化与生态环境的
脱钩状态特征值（$\Delta E/\Delta U$）

县（市）	T1	T2	T3	T4	T5	T6	T7	T8	T9
新邵县	-0.3595	0.1970	-0.0368	0.0339	0.1989	0.0055	0.0098	-0.3400	0.7842
邵阳县	0.0847	0.0040	0.0250	0.3427	0.0571	0.0200	0.0548	0.2195	0.0608
隆回县	0.0664	0.7486	-0.0082	0.0667	-0.2104	-0.0697	0.0835	0.2284	-0.1453
洞口县	0.0853	0.0485	-0.0381	-0.0043	0.1042	0.0993	0.0430	0.0842	0.0579
绥宁县	0.1046	0.0141	0.0217	-0.0122	4.6748	0.0241	0.4702	-0.9387	0.3746
新宁县	0.3918	0.0997	-0.0238	0.1847	0.0429	0.0138	0.0102	0.1385	-3.1497
城步县	0.2713	0.0604	-0.0563	0.1224	-0.7717	0.0925	-0.1673	0.1138	-0.2908
武冈市	0.2485	0.3700	-0.2834	0.1534	0.0925	-0.0263	0.0220	0.0929	4.6034
石门县	0.0964	0.2342	-0.0192	0.1613	0.0763	-0.0599	0.1879	-0.1597	2.3085
张家界市	0.1362	0.0913	0.1488	0.0804	0.1604	0.0484	0.0651	-0.5550	1.3637
慈利县	0.3067	0.0702	0.0215	-0.0008	0.0239	-0.0133	0.0376	-0.0815	-0.4957
桑植县	0.2545	0.1343	-0.2996	0.2448	0.0398	0.0464	0.0692	0.0934	0.4306
安化县	0.2796	0.0393	-0.0166	0.1627	0.0907	-0.0897	-0.0383	0.2380	0.1964
鹤城区	0.0365	0.0506	0.0798	-0.0631	0.1277	0.0571	0.0773	0.0765	-0.1054
中方县	0.1529	0.0873	-0.0927	0.1108	0.0351	-0.0641	0.1161	-0.0167	-0.9943
沅陵县	0.2813	0.0576	0.0645	0.2727	0.1867	-0.0773	0.0714	0.0825	0.1339
辰溪县	0.1992	0.3418	0.0981	0.1989	0.0433	-0.0723	0.0380	-0.0506	0.4962
溆浦县	0.4269	0.1504	-0.0700	-1.2574	-0.0204	-0.0032	0.0939	0.0801	0.1220

县（市）	T1	T2	T3	T4	T5	T6	T7	T8	T9
会同县	0.0285	0.2496	-0.1667	0.0302	-1.2346	-0.0472	0.0139	0.0255	0.1950
麻阳县	0.1383	0.1836	0.0227	-0.0755	0.0668	-0.0009	0.0461	0.1446	-0.1105
新晃县	0.1040	-0.0342	0.0312	0.1331	-0.1162	0.0253	-0.2898	0.0746	-0.0126
芷江县	-0.1075	0.0606	-2.6518	-0.0666	0.0521	-0.0151	0.0683	0.1563	0.0041
靖州县	0.1066	0.2601	-0.0660	-0.0595	0.0519	0.0759	0.4780	-0.0504	0.1877
通道县	0.0879	0.0422	0.2342	0.0496	-0.0264	0.0378	0.0037	0.3311	-0.2130
洪江市	0.1095	0.0796	-0.4271	0.0540	0.1951	-0.0240	0.0568	0.0322	0.1783
新化县	0.1446	0.0222	-0.0481	0.6394	0.7131	-0.1134	0.0680	-0.0808	0.5030
冷水江市	0.1338	0.0845	0.1660	0.0793	0.1894	-0.0018	0.1891	0.1065	-1.6247
涟源市	0.0310	0.0215	-0.5396	0.1650	-0.0490	-0.0505	0.0836	0.0135	1.4007
吉首市	0.0589	0.2816	-0.1288	0.0711	1.1734	0.0236	0.0825	0.0694	-0.2080
泸溪县	0.3555	0.0264	-0.2297	0.0745	0.2507	-0.0046	-0.0614	0.2116	-0.6096
凤凰县	0.3645	-0.1738	-0.0157	-0.0873	0.0828	0.3085	-0.0508	-0.2528	0.1329
花垣县	0.1848	0.1068	0.0150	0.1248	0.4525	0.0009	0.0569	0.1290	0.5529
保靖县	0.0391	0.0859	-0.2167	0.0160	2.7117	0.0208	0.1234	0.5092	1.0981
古丈县	0.1073	0.0688	-0.0677	0.1169	0.5382	0.2539	-0.2670	0.2801	-0.1072
永顺县	0.1714	0.2384	1.7234	0.1121	0.8133	0.0250	0.0222	0.0189	-0.0507
龙山县	0.1265	0.2423	0.1098	0.1937	0.0000	0.0803	0.0286	-0.0205	1.8645
平均值	0.1458	0.1290	-0.0761	0.0658	0.3005	0.0146	0.0527	0.0279	0.2481
标准差	0.1436	0.1516	0.5465	0.2608	0.9353	0.0827	0.1412	0.2470	1.1685
变异系数	0.9848	1.1750	-7.1788	3.9632	3.1130	5.6647	2.6804	8.8599	4.7096

　　从表 8-9、表 8-10、表 8-11 及图 8-6 可以看出，湖南武陵山片区新型城镇化综合指数变动率均值在各期都呈正向增长，T1～T5 期间增长幅度趋于平稳，T6 期达到峰值后开始回落，呈现收敛态势，表明研究期间片区新型城镇化进程在不断推进，但中后期推进速度明显放缓；生态环境综合指数变动率均值，除在 T2 期负向增长外，其余各期均正向增长，但增长幅度平稳且不大，表明研究期间随着城镇化进程的推进，片区生态环境压力仍

然存在但变化不大；两者之间的脱钩弹性系数波动较为明显，但总体上变动范围介于（–0.08，0.31）之间，根据表 8 – 6 脱钩状态分类判断标准，可以看出除在 T2 期片区整体上处理于强脱钩状态外，其余各期均处于弱脱钩状态，表明整体上片区生态环境承受压力低，对城镇化进程并未造成大的不利影响，片区新型城镇化进程处于持续、稳步地推进之中。

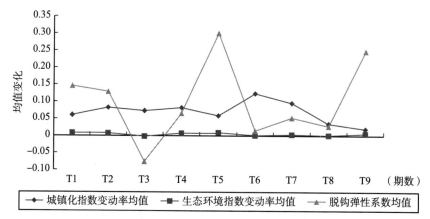

图 8 – 6　湖南武陵山片区新型城镇化指数与生态环境指数的脱钩弹性系数变化趋势

从县域情况看（见表 8 – 12），研究期片区县域新型城镇化与生态环境之间的脱钩状态主要以强脱钩与弱脱钩为主，随着时间推移，强负脱钩、弱负脱钩、扩张负脱钩及扩张联结等脱钩类型逐步增加，并呈周期性变化，表明随着县域新型城镇化进程推进，生态环境压力日益加大，与之复钩的现象周期性出现。具体来讲，T1 ~ T2 期各县市均为强脱钩或弱脱钩状态，T3 期开始强负脱钩、弱负脱钩、扩张负脱钩等状态类型逐步出现，但处于强脱钩状态县市的数量从 2 个也增加到 20 个，表明从这一时期开始，片区县域新型城镇化与生态环境之间的脱钩状态出现了两极分化现象。虽然在 T3 ~ T5 期强脱钩类型与各种负脱钩类型的县市数量上均在减少，但弱脱钩类型的县市再次增多，两极分化的现象仍然存在。T6 ~ T7 期负脱钩类型与连接类型再次归零，均转化为强脱钩与弱脱钩类型，表明片区县域新型城镇化与生态环境之间的解耦效应持续存在。T8 ~ T9 期负脱钩类型与连接类型再次出现，并在数量上呈扩大趋势。究其原因可能是片区各县市在新冠疫情影响下，经济增长逐步放缓甚至倒退，政府公共支出大幅削减，间接延缓了城镇化进程与生态环境改善，从而致使财政基础较为薄弱的县市再一次出现周期性复钩现象。

表 8 – 12　　　　　湖南武陵山片区各期县域新型城镇化
与生态环境脱钩状态数量统计

脱钩状态	T1	T2	T3	T4	T5	T6	T7	T8	T9
强负脱钩	0	0	2	2	2	0	0	3	9
弱负脱钩	0	0	1	0	0	0	0	3	1
扩张负脱钩	0	0	1	0	3	0	0	0	5
扩张联结	0	0	0	0	1	0	0	0	1
弱脱钩	34	34	12	27	25	19	30	22	15
强脱钩	2	2	20	7	5	17	6	8	5

（二）脱钩状态空间演变分析

基于前面的综合分析，T1～T2 期片区各县市均处于弱脱钩或强脱钩状态，处于强脱钩状态的县市包括居于片区东西两侧的芷江、新邵，以及居于片区西侧的凤凰、新晃，表明该时期片区各县市新型城镇化系统与生态环境系统之间逐步解耦，相互之间的依存关系弱化。T3～T5 期处于强脱钩状态和负脱钩状态的县市明显增多，且各期空间差异显著，其中处于各种负脱钩状态的县市最初点状零星分布在片区西北部的花垣、永顺，强负脱钩状态分布在片区东部的涟源、中部的中方，T4 期转移至中部的溆浦、西部的凤凰，在 T5 期转移至片区南部的会同、绥宁和城步，以及西北部的保靖、永顺、吉首；处于强脱钩或弱脱钩的县市呈明显片状分布，强脱钩状态的县市范围逐步缩小，最后呈点状分布，弱脱钩状态的县市范围则逐步扩大成片，这表明部分县市新型城镇化系统与生态环境系统之间再次实现耦合发展，复钩迹象明显。T6～T7 期各种负脱钩状态清零，强脱钩状态与弱脱钩状态成片出现，表明片区县域新型城镇化系统与生态环境系统之间的解耦效应周期性持续存在；T8～T9 期各负脱钩状态再次涌现，主要分布在片区"西北—东南"方向的永顺、保靖、凤凰、中方及新邵和邵阳等县市，之后负脱钩类型范围呈扩大趋势，蔓延至北部石门、慈利、张家界，西部古丈、吉首、泸溪，中部的鹤城、中方，南部的隆回、洞口、武冈、城步等县市；强脱钩或弱脱钩状态的县市虽有减少，但整体上仍呈片状分布。整体而言，研究期内片区新型城镇化系统与生态环境系统之间呈现周期性脱钩（解耦）现象，或周期性复钩（耦合）现象，这可能与近年来经济发展出现周期性波动有关，经济快速发展时，政府公共支出增长，环保投入规模扩大，城镇化进程持续推进，脱钩效应显著。反之，经济发展放慢步伐时，政府压缩公共支出规模和环保投入规模，城镇化进程停滞或退步，周期性复钩现象难以避免。

第四节　本章小结

湖南武陵山片区是我国重要的欠发达的少数民族聚居区，具有独特的生态功能优势、突出的区位特征和重要的战略地位。为进一步探究片区新型城镇化与生态环境的交互耦合关系及其解耦过程，本书构建新型城镇化与生态环境耦合协调度的评价指标体系，运用耦合协调度模型、Tapio 脱钩模型对 2011～2020 年湖南武陵山片区新型城镇化与生态环境耦合协调关系及其解耦过程进行测度与分析，并从县域角度选取 2011 年、2014 年、2017 年和 2020 年四个时间截面，运用 Arcgis10.2 分析软件进一步分析片区县域新型城镇化与生态环境耦合协调发展的时空演变趋势，进而刻画两者交互耦合的脱钩状态特征，得到如下主要结论。

第一，2011～2020 年，湖南武陵山片区新型城镇化与生态环境耦合协调度介于 0.45～0.85，跨越轻度协调的耦合、中度协调的耦合、良好协调的耦合、优质协调的耦合四种类型；片区县域新型城镇化与生态环境的耦合协调发展基础扎实，总体趋势持续向好，但处于优质协调耦合类型的县市较少，整体上尚未实现优质协调耦合升级，协调发展的深度和广度还有待挖掘和加强。

第二，研究期内，片区大部分县市属于"中度耦合协调—城镇化滞后型""良好耦合协调—城镇化滞后型"这两种发展类型，新型城镇化进程滞后问题仍然较为突出，制约片区县域城镇化与生态环境耦合协调发展状态升级改善；研究后期"良好耦合协调—城镇化与生态环境同步型"的县市数量逐年呈上升趋势，"优质耦合协调—城镇化与生态环境同步型"实现了零的突破，整体趋势持续向好。

第三，从空间分布来看，研究期内片区新型城镇化与生态环境耦合协调发展逐步升级，升级范围不断扩大，在空间格局上逐步呈现以点带面，从线到片的演化趋势；区域中心城市率先突破升级，辐射带动周边县市实现了城镇化与生态环境耦合协调发展升级；片区西北部、东南部部分县市耦合协调发展迟滞，拖累片区整体耦合协调发展。

第四，研究期内，片区县域新型城镇化系统与生态环境系统之间的脱钩状态主要以弱脱钩与强脱钩为主，随着时间推移，强负脱钩、弱负脱钩、扩张负脱钩及扩张联结等脱钩类型逐步增加；另外，可能受近年来经济发展出现周期性波动的影响，片区新型城镇化系统与生态环境系统的脱钩（解耦）现象和复钩（耦合）现象周期性交替出现。

第九章 武陵山片区新型城镇化 与生态环境协调发展机制 和路径

城镇化是现代化的必由之路，是解决农业、农村、农民问题的重要途径，也是解决新时代我国社会主要矛盾、推动经济高质量发展的强大引擎。然而随着工业化、城镇化进程的快速推进，环境污染、生态退化、资源枯竭的问题日益突显，迫使人们重新审视人与自然的关系，反思经济社会发展模式，探究人与自然和谐共生的可持续发展道路。生态文明作为一种新的社会文明形态，与传统文明相比，更强调尊重自然、顺应自然，追求人与自然和谐共生。党的十八大确定的以人为核心的新型城镇化战略就突出强调了生态文明建设的重要性，提出要"把生态文明建设放在突出地位，融入经济建设、政治建设、文化建设、社会建设各方向和全过程，努力建设美丽中国，实现中华民族永续发展"。因此，按生态文明原则，推进新型城镇化进程，必须要考虑生态环境的承载能力，在城镇化进程中实现生态文明建设任务，在生态文明建设中提升城镇化质量和现代化建设水平。换而言之，推动城镇化与生态环境协调发展既是未来新型城镇化发展的必然要求，也是加快生态文明建设的必然要求。

第一节 新型城镇化与生态环境协调发展机制

武陵山片区推动新型城镇化与生态环境协调发展，要以习近平新时代中国特色社会主义思想为指导，秉承以人为本，绿色发展理念，坚持循环经济、低碳生活、健康宜居的发展观，将人与自然和谐共生的生态文明理念融入片区城镇化全过程，以区域中心城市带动县域城镇化发展，推动城乡深度融合发展，增强人民群众的获得感、幸福感、安全感。新型城镇化与生态环境协调发展是一项系统性工程，复杂程度高，涉及面广，有必要建立完善武陵山片区城镇化与生态环境保护协调发展机制，运用各种调控手段干预、调整、促进新型城镇化进程与生态环境保护之间的关系。

一、战略规划协调机制

在新型城镇化推进过程与生态环境保护过程中，武陵山片区各级政府都积极制定诸如新型城镇化发展规划、生态文明建设示范市规划、生态环境保护规划、国土生态修复规划、自然资源保护与利用规划、地质灾害防治规划等一系列战略规划文件。这些规划文件为促进片区新型城镇化与生态环境协调发展提供了思路和指导，但在实施过程中却存在规划相互冲突，执行不力，甚至与规划相违背的问题，究其原因主要有三：一是各部门依职能制定规划，相互之间协同性不够；二是规划制定、执行、修改程序不完备，权威性受损；三是规划制定过于宏观，操作性不强，难以发挥应有指导作用。为规避上述问题，提高规划的权威性，武陵山片区各级政府在发展规划协调上要重点关注以下几点。

（一）强化协同，"多规合一"

在发展规划制定过程中，要主动与国家层面的相关发展规划相衔接，与本地区其他相关发展规划相协调，将地区国民经济和社会发展规划、新型城镇化发展规划、生态文明建设示范市规划、生态环境保护规划等多规划融合成一个体系，实现一个市县区一本规划、一张蓝图，解决各类规划相互冲突、缺乏衔接、自成体系等问题。同时建立跨部门的协同沟通机制，协调各部门之间规划协调的事宜，提高规划的权威性和严谨性。

（二）因地制宜，严格规划

科学合理的发展规划是推进生态城镇化建设，促进新型城镇化与生态环境保护协调发展的前提和基础，是各级政府部门科学决策的依据。发展规划既要立足现实，从本地市情、县情、区情实际出发，结合地理位置、自然条件、资源禀赋、历史文化传统，实事求是、因地制宜、全面系统地制定发展规划，也要着眼未来，充分考虑未来城镇化发展空间、人口、资源、经济、社会等各方面的因素，规划尽可能翔实、全面、科学、系统，具有操作性。

（三）有序推进，强化落实

规划编制过程，要广泛征求意见，达成社会共识，规划一旦确定，就要维护规划的权威性和连续性，依法定程序颁发、执行和修订发展规划，不能随意变更，任意调整，要"一张蓝图干到底"，政府各相关部门要依职权进一步细化规划，制定细则，把纸上发展规划转化为实实在在的行动。各部门要依法行政、依规行政，在各类项目立项审批、执行、验收过程中要以发展规划为出发点和落脚点。同时要强化规划执行的监督检查，确保各项工作不偏离规划，确保规划有序推进，落到实处。

二、区域联动管理机制

武陵山片区地处我国中西部湘、鄂、渝、黔四省市边远地区，经济社会发展相对落后，人民日益增长的美好生活需要和不平衡不充分的发展之间的矛盾在片区更为突出。推进以人为核心，以绿色发展为导向的生态城镇化建设，对于缓和片区社会主要矛盾意义重大。目前片区生态城镇化建设仍处于探索阶段，区域协同和联动管理仍待进一步研究，主要存在以下三方面的短板：一是片区各县市经济基础、资源禀赋不尽相同，地方政府在工作思路、实施路径上存在较大差异，片区整体协同效果不佳；二是本位主义思想作祟，地域规划相互抵触，产业布局互补性不强，区域经济协同发展滞后；三是区域发展不平衡，污染治理协作性不高，生态环境保护力度不一。为解决上述问题，需要从以下几个方面发力。

（一）县域联动，共建共享

在规划编制过程中，片区各县市要加强县域间发展规划衔接，建立统筹片区内部各县市的权威机构，协调县域间生态城镇化建设，避免县域间在城镇发展、产业发展、生态保护上陷入无序地同质竞争状态，增加内部发展内耗；在基本公共服务上，推动县城基本公共服务一体化进程，逐步实现基本公共服务在县域间均衡化、平等化和标准化，提高县域社会城镇化水平；在交通基础设施建设上，积极推动县城之间交通一体化，减少县域堡垒，优化公路网、铁路网等交通干线布局，实现优质资源共建共享。

（二）提高认识，一体推进

在新型城镇化推进过程中，武陵山片区各县市要牢固树立"一体化"意识和"一盘棋"思想，增强片区人民群众的区域认同感和归属感。要坚持"生态优化，绿色发展"的理念，加快片区县域生态环境资源整合，统筹山水林田湖草生态系统治理，协同优化生产、生活、生态空间结构，不断增强片区县域生态环境价值，提升片区整体绿色竞争力。要明确片区整体生态环境保护目标，逐步推动区域规划一体化、环境治理一体化、常态监管一体化和风险防控一体化，确保片区生态环境保护步调一致，新型城镇化水平稳定提升。

（三）改革创新，协作治理

构建生态环境保护命运共同体、利益共同体和责任共同体，完善生态环境保护的会议协商、联合执法、协调督促机制。在信息、资源、设备上加快县域间联动协同，逐步实现信息共享、资源共投、设备共用，努力确保县域边界地带的山丘、水域、湿地实现"山同绿，水同清、地同形"；在跨境河流污染治理上，片区各地要创新跨域监管机制、执法联动机制和要素共享机制，改变流域污染治理各自为政、单打独斗、资源分散的不利局面，努力实现监管共同发力，执法同频共振、要素同向聚合，确保流域污染治理取得新成效。

三、产业协同发展机制

近年来"以经济建设为中心"的城镇化思路仍受追捧，有些地方不惜以浪费资源、破坏环境为代价发展高能耗、高水耗、高污染的产业，"经济发展、环保欠账"成为一些地方的突出问题。加强区域产业协同,有利于提高区域资源配置效率,推动节能减排,有利于促进区域产业结构优化,推动良性竞争,有助于提高区域整体经济活力,加快人口、资源与环境的协调发展。目前武陵山片区产业协同发展尚未形成成熟的机制,主要体现在以下几个方面:一是片区旅游资源丰富,但旅游产业同质化现象突出,县域间恶性竞争加剧;二是边远贫困县市支柱产业缺乏,区域造血能力不足,贫困人口脱贫致富难度大;三是相邻县市因地理环境、资源禀赋相近,产业布局互补性不足,发展利益存在冲突。为解决前述问题,需要重点关注以下几个方面。

(一) 区域连接,优势互补

在经济发展过程中,片区各县市要依托高速公路、铁路,加强与长沙、武汉、贵阳、重庆主城区等周边的重要城市,与长三角地区、珠三角地区、成渝经济区、长株潭城市群、武汉城市群等重要经济区的经济联系,积极发展特色经济和优势产业,促进片区人口适度集聚,加快新型城镇化进程;同时要强化片区内部区域协作,以市场为导向,加强县域产业协作和布局衔接,结合县域实际,积极发展支柱产业,淘汰落后产能,努力形成各具地域特色的生态旅游业、生态农业和生物加工制造业,增强片区造血功能与内生动力。

(二) 强化特色、注重创新

武陵山片区旅游资源十分丰富,要坚持差异化开发策略,积极推进旅游城镇化与生态城镇化,在旅游产业发展的同时,积极推进区域城镇化发展和生态环境保护。具体而言,一方面是要做好区域旅游的整体规划,保持自然景观的原真性、完整性,减少商业性开发,严格保护景观生态环境,保持景观区域的生物多样性;深度挖掘历史人文景观的地域特色、民俗特点、名人效应,注重创新,减少雷同,深度塑造个性化品牌。另一方面,要加强区域旅游业协同发展,积极打造片区精品旅游线路,建立服务标准,提高跨域旅游服务水平。

(三) 分工协作，优化升级

武陵山片区地处我国中西部边远山区，整体区位优势不明显，资源承载能力有限，片区各县市要结合自身的资源禀赋，积极打造产业生态，发展优势产业。一方面，要积极构建区域产业分工协作机制和协同创新机制，推动区域产业整体优化升级，提高片区高端智能绿色发展水平；另一方面，要全力打破地方贸易保护壁垒，加快构建统一大市场，推动资源与要素合理流动，推进区域高水平开发合作；同时积极营造优质的营商环境，灵活运用多种政策工具，积极培育优质企业群体，吸引片区人才回流，提高片区就地城镇化水平。

四、生态保护长效机制

武陵山片区是长江流域重要的水源涵养区和生态屏障，资源环境承载能力较弱，在武陵山片区建立完善的生态保护长效机制，是推动片区生态环境质量持续改善的重要制度保障。近年来片区生态环境质量持续好转，呈现稳中向好的态势，但成效并不稳固，主要体现在：污染排放和生态破坏的严峻形势没有根本性改变，生态环境事件多发频发的高风险态势并有根本性扭转，跨区域的现代治理体系还不完善，生态环境保护结构性、根源性、趋势性压力尚未根本缓解，与推进经济社会高质量发展，人与自然和谐共生的目标还存在一定差距。因此，为筑牢长江流域生态安全屏障，持续加强武陵山片区生态修复保护力度，探索建立武陵山片区生态环境保护长效机制是一种必然。

(一) 制定生态环境问题清单，建立整改攻坚工作责任制

武陵山片区历史遗留生态环境问题整治任务繁重，将历史遗留问题分区分类分级，纳入生态环境问题整改责任清单，由一级环保部门牵头成立跨区域的问题整改工作责任机构，分类制定责任清晰的整改计划，分级压实党政主体责任。属地党政主要负责人作为第一责任人，要定期开展联合实地督办，定期发布整改通报，全面推进生态环境问题整改。属地行业监管部门要

牵头研究制定、执行、检查问题整改计划，采取清单销号管理，落实属地行业监管责任，加快历史遗留问题整改，确保问题整改取得实效。

（二）开展生态环境风险联合整治，构建监督监测巡查工作制

在片区构建监督监测巡查工作机制，定期开展生态环境风险联合整改。具体执行上由上级生态环境主管部门牵头环境保护统一管理工作，异地抽调环保专干、第三方机构专家、环境执法人员，组建生态环境监督检查专项工作队，围绕问题清单逐一进行风险排查和整改专项检查，同时运用无人机航拍技术，对片区生态环境进行全方位、多角度空中排查和取证。对于弄虚作假的地区、企业和个人，要依据环境保护有关法规之规定进行坚决查处，确保生态环境风险和隐患空间上不留盲区。

（三）动态跟踪反馈问题整改，构建问题整改跟踪督导制

在片区构建问题整改跟踪督导机制，对照问题清单动态跟踪和反馈。要结合监督监测巡查情况，逐一与整改实时图像比对，确定问题整改进度，发现整改新问题。对于整改存在困难的情形，牵头责任部门要及时组织会商，调度、汇总、分析，全面掌握问题整改进度，及时对突发问题进行处置，确保问题整改跟踪督导机制落到实处。同时要灵活采取会议调度、实地督查、电话督办、公文督办和通报考核等方式，对问题整改进度进行预警。对拖延塞责，整改不力的单位和个人，及时进行问责处理，确保督办整改落实到行动上。

第二节　新型城镇化与生态环境协调发展实现路径

促进片区新型城镇化与生态环境协调发展，除了要构建行之有效的协调发展机制，协调政府、企业、个人及其他利益相关者的利益关系，强化其责任外，还要统筹片区生产、生活、生态需要，建立并完善路径清晰的行动蓝图。本节从推进以县城为载体的城镇化建设、促进城乡一体化融合发展、构建绿色产业发展体系、倡导绿色低碳生活方式、建立健全生态环境市场、促

进历史文化传承与生态文明理念融合等六方面提出片区新型城镇化与生态环境协调发展的具体举措。

一、推进以县城为载体的城镇化建设

武陵山片区城镇化率与全国平均水平仍有不少差距，城镇化率仍有较大提升空间。推进以县城为重要载体的城镇化建设，让进城新市民在为城市发展贡献力量的同时，分享城市的社会保障和公共服务，这既是片区新型城镇化的重要组成内容，也是促进社会公平正义的必然选择。

（一）破除户籍限制，解决城市落户难问题

改革开放以来，片区农村大量富余劳动力进入城镇，为片区经济发展提供了大量廉价劳动力，为社会繁荣做出重要贡献，受户籍限制，这些从农村转移进城的新市民，难以在城市落地生根，不能公平享受就业、医疗、住房等城市基本公共服务。在片区推进以人为本的新型城镇化，就是要加快改革二元户籍制度，破除依附在城市户籍上的各种城市特权，让进城的新市民可以公平地分享城市基本公共服务。片区各级政府要积极梳理、废除、修订、优化各种不合时宜的政策制度，引导新市民在当地落地生根，安居乐业。

（二）均等公共服务，实现常住人口全覆盖

基本公共服务是基本民生保障，实现基本公共服务均等化是推动新型城镇化高质量发展的重要体现，也是共同富裕的内在要求。在武陵山片区新型城镇化进程中，除了加快实现就业、医疗、教育等基本公共服务均等化、普惠化外，还要不断强化进城新市民职业技能培训，提高其职业素质和能力，尽早融入城市工作生活；不断加强基本公共服务的统筹协调，推进区域协调发展，加大对"老、少、边、穷"地区的基本公共服务财政投入，保障欠发达地区人民群众共享基本公共服务，逐步实现地区之间基本公共服务均等化。

（三）加快住房改革，破解新市民住房难题

能否解决好进城新市民的住房问题，事关城镇化的成败和城市的长治久

安。片区在推进农业转移人员市民化过程中，要坚持市场化原则，加大工作力度，逐步解决新市民等低收入群体的住房问题，让进城落户的新市民平等享有廉租住房、公共租赁住房、租赁补贴等保障。统筹兼顾棚户区和城中村改造，既要考虑城市的发展问题，也要考虑在此租住的新市民的实际需求，加快城市基础设施和公共交通服务向这些地区的延伸覆盖，提升棚户区和城中村居住环境整治水平。

二、推进城乡一体化融合发展

城乡一体化融合发展是解决"三农"问题的根本途径。当前，我国常住人口城镇化率已经超过60%，正处于破除城乡二元结构、加快推进城乡一体化融合发展的窗口期。片区各县市要顺应城乡一体化融合发展大势，促进城乡"人、地、钱、技"等要素双向自由流动，加快构建以城带乡、城乡互补、协调互促、共同繁荣的新型城乡关系，推动城乡高质量融合发展。

（一）坚持城镇化和乡村振兴两手抓

城镇与乡村是一个互补互促、互利互融的有机整体，武陵山片区各县市要坚持新型城镇化和乡村振兴两手抓，积极推动城乡一体融合发展。一方面，要积极落实以人为核心的新型城镇化战略，提升怀化、恩施、黔江、铜仁等6个区域中心城市以及其他县域城镇的人口与经济要素承载力，促进要素资源在中小城市合理分配和自由流动，促进城镇间分工协作和共同发展；另一方面，要加快落实乡村振兴战略，坚持工业反哺农业，城市反哺农村，推动乡村经济、基础设施、公共服务资源均衡配置，实现城乡有机融合，相互促进。

（二）加快城乡生态环境一体化建设

坚持"生态优先，绿色发展"原则，加快推进城乡生态环境一体化建设。一是在集中式饮用水水源保护区开展饮用水水源地规范化建设，加快实施生态修复，保证供水安全，定期开展水质监测，推进城乡一体化供水；二是开展城镇生活垃圾、生活污水集中转运处理一体化设施建设，实行城乡生活污水、生活垃圾集中式标准化处理；三是实施公共绿地、城乡道路、水域岸线的绿化美化工程，积极打造森林城市和品质乡村；四是以美丽乡村建设为抓手，以改善农村人居环境为突破口，全面提升农村基础设施建设，改善村民人居环境品质。

(三) 大力发展壮大绿色县域经济

县域是城乡融合发展的重要切入点，构建以城带乡、城乡互补、协调互促、共同繁荣的新型城乡关系，必须要大力发展壮大县域经济。一是借助龙头企业、新型农村集体经济组织等市场主体的带动力量，打造县域生态农业产业链和特色绿色产业集群；二是稳妥推进农村宅基地和土地经营权流转制度改革，盘活集体所有制土地资源，加快发展新型农村集体经济，为农业规模化经营和劳动力转移创造有利条件；三是加快培育位优势好、经济实力强、未来潜力大的中小特色镇，推进产镇融合，提升经济发展效益和就地就业水平。

三、构建绿色产业发展体系

武陵山片区应从资源优势、区位特点和产业基础出发，以市场为导向，加快产业结构调整，积极构建以生态旅游业、生态农林业、智能加工制造业为代表的绿色产业发展体系，推动片区经济绿色、低碳、循环发展。同时因地制宜补齐片区短板弱项，促进县域产业配套设施提质增效。

(一) 大力发展特色生态旅游业

武陵山片区旅游资源丰富，要积极发挥资源优势，以交通要道为纽带，以世界自然遗产旅游区、历史文化名城、国家级风景名胜区和国家级森林公园为依托，着力打造连接各地民俗文化的精品旅游线路；以六个中心城市为依托，构建以生态旅游为特点的旅游组团。同时加强与区外旅游线路连接和区域旅游合作，积极开展旅游线路联合开发，联合营销，构建区域合作机制；积极开发具有少数民族特色的康体健身旅游、生态科普旅游和红色旅游，推动形成具有区域特色的支柱型产业。

（二）大力发展特色生态农林业

消费生态食品已成为一种新的消费时尚，发展生态农业不仅可以减少对生态环境、土壤结构的危害，也满足了人们对生态食品的消费需求。考虑到武陵山片区特殊生态定位，走特色生态农业发展道路，成为片区各县市的必然选择。具体而言，要加快推动具有区域性特色的生态农林产品基地建设，比如油茶基地、茶叶基地、烤烟基地、柑橘基地、中药材基地等。同时要加快农业科研成果转化和农产品市场建设，充分利用片区生物物种丰富的优势，促进农业生物育种创新与推广，提高农林业产品市场化水平。

（三）推动制造业高质量发展

重点发展具有明显比较优势，能够带动农业农村发展，就业容量大的产业，比如油茶、烟叶、竹木、蔬菜、水果、畜禽等农林产品加工业，以及以天麻、杜仲、黄连等区域优势药材资源为基础的医药化工产业；此外，在生态环保等配套设施完备且污染排放达标的前提下，积极发展具有资源优势的锰、铝、汞、硒等矿产资源，延长产业链条，增加产业产品附加值；依托区域中心城市的产业基础和劳动力资源优势，积极承接产业转移，发展家用机械、高端电子元件、轨道交通配套、通用装备等产业。

（四）加快推进现代服务业发展

武陵山片区各县市服务业比重整体偏低，要加快推动现代服务业发展。具体而言，要充分发挥怀化等区域中心城市的交通优势和物流集散优势，建设区域综合性物流中心，积极发展第三方物流业；利用区域物流中心地位优势，发展以专业批发为主，特色零售为辅，业态完整，配套齐备，繁荣活跃、辐射周边的商贸服务业；积极鼓励各种社会资本创办就业容量大的家政服务、社区服务和养老服务为主的民生服务业；基于片区旅游资源禀赋，积极培育文化体验、休闲娱乐、乡村民宿和康养旅游等产业。

四、倡导绿色低碳的生活方式

人民群众是生态文明建设的重要主体，积极倡导绿色低碳生活，普及绿色生活常识、引导人们牢固树立"绿色环保，低碳生活"意识，逐步形成"节约适度、绿色低碳、文明健康"的生活方式和消费模式，这不仅是武陵山片区生态文明建设的客观需要，也是促进片区城镇化与生态环境协调发展的必然要求。

（一）倡导绿色消费

武陵山片区各县市可以通过强化宣传引导、加强市场监管，实施激励政策等举措，积极倡导绿色消费，推动形成美好生活新风尚。一是通过文明社区创建，开展形式多样的主题活动，运用多媒体宣传手段，引导人们节水、节电、绿色出行，培养民众勤俭节约、绿色低碳的生产方式、消费模式和生活习惯；二是加快对节能、节水器具生产、流通领域开展执法检查，严格市场监管，从源头减少非标产品供给；三是制定"绿色和智能消费"产品购置补贴政策，倡导购买节能、节水器具，形成绿色消费、节约用电、用水的良好社会氛围。

（二）推广绿色建筑

积极推动环保舒适的绿色建筑实现规模化发展。一是制定并严格执行绿色建筑标准，实施绿色建筑制造产业财税支持政策，加快绿色建筑制造产业规模化发展；二是打造绿色建筑制造体系，积极培育装配式建筑龙头企业、绿色建材龙头企业，加快建设装配式建筑制造产业和绿色建材产业基地，强化绿色建筑及其材料的市场供给；三是引导新建保障性住房、医院、养老院、学校等公共建筑、基础配套设施等执行绿色建筑标准，采用绿色建材，同时启动对已有政府大楼等公共建筑和设施的绿色节能改造。

（三）构建绿色交通体系

科学规划城乡公共交通线网，打造绿色交通体系。一是加快完善城市枢纽场站和城乡公交站点等配套建设，合理设计城乡公交线路，实现长途客运、短途公交、火车、出租车零距离换乘，提高公共交通出行效率；二是加快智能交通体系建设，实现交通线路、站点信息查询全覆盖，推动绿色公交、智能公交、快速公交建设，制定合理的票价，增强公交出行的吸引力；三是积极推广新能源和清洁能源汽车，建设满足市场需求，车桩相随、智能高效的充电配套基础设施，提高设施使用效率和服务水平。

五、建立健全生态环境市场

建立健全片区生态环境市场，推动要素和资源在不同地区、行业和企业高效配置，实现减排成本最小化，带动绿色技术创新和产业投资，从而提高资源节约集约水平。培育和发展片区生态环境市场，要明确各类环境权益市场定位，打破行政壁垒和市场分割，逐步形成监管严格、公开透明的统一生态环境市场。

（一）积极参与构建环境权益市场

武陵山片区各县市要积极参与构建全国统一的碳排放权、用水权、排污权、用能权交易市场，全面清理土地、水源、矿产等各类生态资源产权，依法依规建立环境权益价值管理体系；按市场化原则鼓励企业、中介等利益相关方积极参与环境权益交易试点工作，积累交易经验，推进形成片区环境权益交易二级市场；强化宣传引导，确保政府、企业、公众及中介等相关利益者充分了解、认识环境权益交易的重要性，深入把握交易规则，倒逼政府、企业增强环境治理责任感，提高公众环境维权意识和能力。

（二）推动绿色产品认证与标识体系建设

积极开展绿色产品认证与标识，是片区引导绿色消费，促进产业绿色发展的重要手段，是片区实现产业升级和消费升级的重要推动力，也是片区在生态环境市场取得竞争优势的关键之一。要结合本地区特色，打造具有竞争优势的绿色产业和产品体系，积极推动绿色产品认证与标识，形成拳头产品；应用数字化手段和技术，强化绿色产品生产、认证、后期监管情况的大数据采集和动态监测，增强企业绿色生产和监管，提高企业管理水平；同时积极参与绿色产品标准制定，加强外部协作，形成先发优势。

（三）建立完善跨地区、部门和要素的交易机制

建立全国统一的生态环境市场是大势所趋，要充分认识其重要性，积极主动参与其中。一是及时清理不合时宜的政策与制度，废除在市场准入、专项资金、专项补贴、税收优惠等方面的地方性保护措施，建立公开透明的环境权益交易机制；二是生态环境治理涉及生态环境、自然资源、水利和农业农村等多个部门，建立常态化的跨部门协调工作机制，在生态环境资金、地方项目谋划上加强联动管理；三是强化水、气、土、固等生态环境要素协同治理和综合治理，为推动与生态环境要素相关的环境权益纳入统一交易平台创造条件。

六、促进历史文化传承与生态文明理念融合

新型城镇建设必须要全盘考虑，既要做好生态文明保护，也要做好地域城市文化的保护与传承，两手抓两手都要硬。武陵山片区要以社会主义核心价值观为引领，坚持"生态兴则文明兴，生态衰则文明衰"的绿色文明思想，积极建立健全生态文化产业体系，培育具有地域民族文化特色的生态文化，努力促进历史文化传承与生态文明理念有机融合。

（一）加强生态文明思想教育

加强生态文明宣传教育，弘扬和传播生态文化，推动"两山"理念入脑入心。一是推行校园、企业、机关生态文明教育，将生态文明思想融入学校日常课堂教学，融入企业文化和生产经营，融入党政机关工作实际，提升全社会的生态文明意识；二是积极推进生态文明示范创建，推进"两山"基地建设，开展形式多样的绿色创建活动，强化全社会生态价值认同；三是打造集观光、休闲、生态文化体验于一体的旅游综合体，加强片区博物馆、文化馆、图书馆、影院、群众文化广场、乡镇文化站建设，使其成为生态文明教育的重要阵地。

（二）积极挖掘传统文化内涵

城市传统文化涵盖的范围很广，既包括人文历史、地域习俗等精神方面的内容，也包括历史古迹、文化遗产等物质方面的内容。做好城乡规划，促进文化传承与生态文明的融合发展，使城市不仅拥有和谐的自然生态环境，也拥有丰富深厚的历史文化底蕴。武陵山片区各县市在城乡规划建设过程中，要注重生态环境与文化传承，积极挖掘地域特色文化，比如稻作文化、红色文化、民族文化等，加强传统村落古城保护，加强非物质文化遗产传承，将美丽的生态文明和独特文化有机融合，提升区域城市知名度。

（三）推动生态文明共建共享

推动生态文明共建共享，提升全社会的整体素质。一是动员公众积极参与生态文明建设，组织开展全民参与的生态建设活动，比如全民节水行动、垃圾分类减量行动、餐厅"光盘"行动等，提升公众参与的积极性和主动性；二是积极开展世界地球日、世界环境日、全国节能宣传周等活动，提高群众参与度，凝聚环境保护共识；三是组织编制、出版、推广生态文明宣传读本、拍摄和传播生态文明宣传影片，打造生态文明建设先进典型和成功案例，让生态环境保护的文化广为流传，渗入人们的日常工作生活。

第三节　本章小结

本章深入剖析了武陵山片区新型城镇化与生态环境协调发展存在的问题，在此基础上从战略规划、区域联动、产业协同和生态保护的角度，指出了新型城镇化与生态环境协调发展机制的优化方向，以及推动片区新型城镇化与生态环境协调发展的实现路径和具体策略。主要结论如下。

第一，武陵山片区各县市在推进新型城镇化进程中，应按生态文明原则，综合考虑片区生态环境的承载能力，坚持在城镇化进程中实现生态文明建设任务，在生态文明建设中提升城镇化质量和现代化建设水平。换而言之，推动城镇化与生态环境协调发展既是新型城镇化发展的客观要求，也是加快生态文明建设的必然要求。

第二，新型城镇化与生态环境协调发展是一项系统性工程，复杂程度高，涉及面广，建立完善符合武陵山片区实际的城镇化与生态环境保护的协调发展机制极其重要，片区各县市应当在深入分析当前存在问题的基础上，运用各种调控手段干预、调整、促进新型城镇化进程与生态环境保护之间的关系。

第三，武陵山片区新型城镇化与生态环境保护协调发展机制优化，应当基于现实情况，着眼未来发展，形成具有严谨性、权威性、一致性的战略规划协调机制，具有创新性、协同性、常态化的区域联动管理机制，具有互补性、协作性、地域特色的产业协同发展机制，以及责任清晰、监督有力、整改坚决的生态保护长效机制。

第四，促进片区新型城镇化与生态环境协调发展，除了要构建行之有效的协调发展机制外，还要统筹片区生产、生活、生态需要，从推进城镇化建设、促进城乡一体化、构建绿色产业体系、倡导绿色生活方式、建立健全生态环境市场、促进历史文化传承与生态文明理念融合等方面入手，建立路径清晰的行动蓝图。

第十章　研究结论与展望

第一节　研 究 结 论

　　本书立足武陵山片区实际，综合运用生态经济学、区域经济学、系统学等多学科理论与方法，对武陵山片区新型城镇化与生态环境协调发展问题进行系统研究。首先，系统地阐述了城镇化与生态环境风险有关的概念内涵、理论基础、交互影响机理，详尽地介绍了武陵山片区发展概况，总结了片区城镇化进程与生态环境保护现状。其次，构建新型城镇化质量评价指标体系，运用熵权法和层次分析法相结合的组合赋权方法，建立综合评价模型，对案例区县域新型城镇化质量进行评价。再次，基于 PSR 模型框架，借鉴熵权法与灰色关联思想，构建区域生态环境安全综合评价模型，对研究案例区的生态环境安全进行综合评价，并在 ESDA 分析框架基础上，借助 ESTDA，运用 LISA 时间路径、时空跃迁等分析工具，对案例区生态环境安全格局的时空演化特征进行刻画。从次，选取人均 GDP、常住人口城镇化率和城市建成区面积三个指标表征新型城镇化水平，选取城市污水排放量和年细颗粒物（PM2.5）平均浓度两个指标表征生态环境风险水平，构建 PVAR 模型，采用格兰杰因果关系检验、脉冲响应、预测方差分解等方法进一步考察新型城镇化与生态环境风险之间的交互效应。最后，构建耦合协调度模型、Tapio 脱钩模型对案例区新型城镇化与生态环境耦合协调关系及其解耦过程进行测度与分析，并在前述研究的基础上，提出片区新型城镇化与生态环境协调发展的实现路径和具体策略。本书主要结论如下。

一、武陵山片区新型城镇化发展质量发生了翻天覆地的变化，新型城镇化取得了重大进展

以湖南武陵山片区为例，2011～2020年，湖南武陵山片区各县市新型城镇化质量等级逐步提升，处于低等级发展状态的县市数量逐步减小，高等级发展状态的县市日渐增多。特别是"十三五"期间，更高发展等级的县市范围逐步扩大，新型城镇化质量明显优于前期。具体而言，张家界、怀化、吉首等区域中心城市新型城镇化发展质量明显强于周边县市，怀化市周边的洪江、中方、芷江、新晃、靖州，以及常德市的石门县在中心城市的辐射影响下，新型城镇化质量等级提升较快，其余县市新型城镇化质量等级提升则较为迟缓。研究期内片区12个县市城镇化质量排名上升，18个县市排名下降，其中综合排名进步最大的前三个县市分别是怀化市的麻阳、新晃和芷江，退步最大的前三个县市分别是湘西自治州的永顺、古丈和怀化市的会同，怀化市鹤城区、吉首市及冷水江市在不同的年份排名虽有变化，但一直稳居质量综合排名榜前三名。研究期内，张家界、涟源两市城镇化质量排名与常住人口城镇化率排名保持同步，张家界、中方、靖州三县市城镇化质量排名与城市夜间灯光强度排名保持同步，石门、保靖两县城镇化发展质量与公共财政支出水平的排名保持同步，各县市城镇化质量排名与地区GDP排名虽呈现不同程度的偏离，但大多数县市的城镇化质量排名分布靠近参考线两侧，匹配度较好。

二、武陵山片区县域生态环境的整体安全状况较为乐观，满足或基本满足人们生存发展需要

以湖南武陵山片区为例，2011～2020年，片区县域生态环境安全综合评价指数值介于0.55～0.85，生态环境安全跨越一般、良好、优越三个等级，片区县域生态环境的整体安全状况较为理想，但各县市未实现理想状态等级零的突破，生态环境质量有较大提升空间。从空间格局上看，研究期内片区县域生态环境安全形势总体持续稳定向好，逐步形成点状辐射，逐步成

片的空间格局，但片区"东北—西南"连线县市生态环境安全等级普遍高于"西北—东南"连线县市。从时空动态特征上看，研究期内片区生态环境安全具有显著的集聚特征，但集聚特征并非一成不变，具有明显的动态性。LISA 时间路径相对长度较大的县市主要集中在片区北部、中部、西部及西南部，呈现出更具动态的空间结构特性。弯曲度较大的县市主要集中在片区中西部，说明对相邻地区具有更强的空间依赖。移动方向上具有同向协同变动趋势的县市共计 19 个，占比 51.35%，表明区域生态环境安全演化具有较强的空间整合性。从转移矩阵来看，片区县域生态环境安全的局部空间结构不稳定，各县市跃迁类型转移具有活跃性特征，但同时县域生态环境安全的 Moran's I 散点保持在同一象限内的比例为 75.7%，即 Moran's I 的空间凝聚力 St = 0.757，片区县域生态环境安全总体上路径依赖或锁定特征大于动态特征，片区县域生态环境安全水平的相对位置不易改变。

三、武陵山片区新型城镇化发展水平与生态环境风险之间存在着明显交互效应

格兰杰因果关系检验结果表明，武陵山片区新型城镇化发展水平与生态环境风险之间存在着一定的因果关系，以牺牲生态环境为代价，在一定程度上可以推动经济城镇化发展，而经济城镇化对城市空气污染加重起到了推波助澜的作用。经济发展，生态环境恶化，影响农业转移人口市民化的意愿。脉冲响应分析结果表明，通过单纯追求经济发展，推高新型城镇化发展水平，是难以持续的，随着经济结构优化升级，劳动生产率提升，就业容量缩小，间接影响人口城镇化进程。人口红利现象正在消退，经济结构与产业结构调整升级势在必行，以房地产行业为代表的城市空间扩张对 GDP 拉动效应逐步减弱，以城市空间扩张为标志的城镇化运动逐步退出历史舞台，城市存量空间优化调整成为必然。空气环境污染对经济发展起到显著的反作用，拖累了城市经济增长，当然这种反向影响随着空气环境质量的改善而逐步减弱。预测方差分解表明，经济高质量发展与区域生态环境保护相辅相成，走绿色发展道路，是片区各县市促进经济高质量发展的必然选择。人口城镇化发展，不仅受经济发展的直接影响，还受生态环境质量的间接影响，且生态

环境质量的好坏对人口城镇化进程的影响在不断增强，相比之下城市空间扩张对常住人口城镇化率的影响并不显著；土地城镇化高质量发展，不仅受耕地保护红线约束，也受到生态环境质量状况的影响。

四、武陵山片区县域新型城镇化与生态环境的耦合协调发展基础扎实，但协调发展的深度和广度还有待挖掘和加强

2011～2020年，湖南武陵山片区新型城镇化与生态环境耦合协调度介于0.45～0.85，跨越轻度协调的耦合、中度协调的耦合、良好协调的耦合、优质协调的耦合四种类型，片区县域新型城镇化与生态环境的耦合协调发展基础扎实，总体趋势持续向好。片区大部分县市属于"中度耦合协调—城镇化滞后型""良好耦合协调—城镇化滞后型"这两种发展类型，新型城镇化进程滞后问题仍然较为突出，制约片区县域城镇化与生态环境耦合协调发展状态升级改善。研究后期"良好耦合协调—城镇化与生态环境同步型"的县市数量逐年呈上升趋势，"优质耦合协调—城镇化与生态环境同步型"实现了零的突破。从空间分布来看，研究期内片区新型城镇化与生态环境耦合协调发展逐步升级，升级范围不断扩大，在空间格局上逐步呈现以点带面，从线到片的演化趋势。区域中心城市率先突破升级，辐射带动周边县市实现了城镇化与生态环境耦合协调发展升级。片区西北部、东南部部分县市耦合协调发展迟滞，拖累片区整体耦合协调发展。研究期内，片区县域新型城镇化系统与生态环境系统之间的脱钩状态主要以弱脱钩与强脱钩为主，随着时间推移，强负脱钩、弱负脱钩、扩张负脱钩及扩张联结等脱钩类型逐步增加。受近年来经济发展出现周期性波动的影响，片区新型城镇化系统与生态环境系统的脱钩（解耦）现象和复钩（耦合）现象周期性交替出现。

五、推动新型城镇化与生态环境协调发展关键是要制定完善行之有效的协调发展机制和路径清晰的行动蓝图

武陵山片区各县市在推进新型城镇化进程中，应按生态文明原则，综合考虑片区生态环境的承载能力，坚持在城镇化进程中实现生态文明建设任

务，在生态文明建设中提升城镇化质量和现代化建设水平。新型城镇化与生态环境协调发展是一项系统性工程，复杂程度高，涉及面广，建立完善符合武陵山片区实际的城镇化与生态环境保护的协调发展机制极其重要，片区各县市应当在深入分析当前存在问题的基础上，运用各种调控手段干预、调整、促进新型城镇化进程与生态环境保护之间的关系。武陵山片区新型城镇化与生态环境保护协调发展机制优化，应当基于现实情况，着眼未来发展，形成具有严谨性、权威性、一致性的战略规划协调机制，具有创新性、协同性、常态化的区域联动管理机制，具有互补性、协作性、地域特色的产业协同发展机制，以及责任清晰、监督有力、整改坚决的生态保护长效机制。促进片区新型城镇化与生态环境协调发展，除了要构建行之有效的协调发展机制外，还要统筹片区生产、生活、生态需要，从推进城镇化建设、促进城乡一体化、构建绿色产业体系、倡导绿色生活方式、建立健全生态环境市场、促进历史文化传承与生态文明理念融合等方面入手，建立路径清晰的行动蓝图。

第二节　研究展望

推动城镇化与生态环境协调发展是一项复杂的系统工程，本书以湖南武陵山片区为例，对片区县域新型城镇化质量状况与生态环境安全现状进行了综合评价，对两者之间的交互效应进行了实证分析，对其耦合协调发展进行了测度与归类，并提出促进片区新型城镇化与生态环境协调发展的对策建议。研究取得了一些成果，但受本人研究水平与时间限制，还存在许多有待进一步解决的问题。

第一，武陵山片区地处高山丘陵地带，地域面积大，且分属不同省份，受经费及时间所限，课题组未能一一赴各地进行实地调查，所获取的县域层面数据资料较为匮乏，部分预设指标存在数据缺失，不得已选取湖南片区作为武陵山片区的典型区域进行研究。随着数据资料的不断补充完善，未来研究可扩展至整个武陵山片区，以期为我国主体功能区城镇化与生态环境协调发展提供样本。

第二，构建全面、科学、有针对性的城镇化质量与生态环境风险评价指标体系是区域新型城镇化与生态环境协调发展研究的基础和关键，在研究过程中，由于相关统计资料不全、统计口径不一，完整的长时间序列指标数据获取难度大，本研究仅着重分析片区 2011～2020 年的演化过程，所构建的指标体系还需要进一步健全，时间尺度还需要进一步扩展，这些都有待今后深入补充研究。

第三，本书多尺度（片区、省域、县域尺度）对武陵山片区新型城镇化与生态环境协调发展进行了分析，但缺乏与长三角、珠三角等发达地区，以及成渝地区、洞庭湖区等相邻地区的对比分析，未来可以尝试引入 SD 模型、CGE 模型、RS 技术，建立基于多种方法和技术的复合模型，进一步丰富跨域比较分析的研究内容，以期找到地区间发展差异和发展经验，为片区发展提供借鉴。

参 考 文 献

[1] 中共中央，国务院．国家新型城镇化规划（2014 – 2020 年）［DB/ OL］．http：//www.gov.cn/gonghao/content/2014/content_2644805.htm，2014 – 03 – 16.

[2] 邵佳，冷婧．湖南武陵山片区新型城镇化与生态环境耦合协调发展［J］．经济地理，2022，42（09）：87 – 95.

[3] 张沛．中国城镇化的理论与实践：西部地区发展研究与探索［M］．南京：东南大学出版社，2009：85.

[4] 陈浩．中国农村劳动力外流与农村发展［J］．人口研究，1996（04）：1 – 11.

[5] 李惠娟．户籍制度的改革和农村剩余劳动力的转移［J］．南方经济，2001（09）：47 – 49.

[6] 安晓明．农产品主产区县域城镇化的动力机制与政策启示——基于进城农民自主选择的视角［J］．城市发展研究，2022，29（11）：8 – 11.

[7] 丁万钧，李诚固．基于全球化环境平台的长春市城市化动力机制和支撑体系［J］．东北师大学报（自然科学版），2004（03）：108 – 114.

[8] 李小静，赵美玲．农村产业融合推动就地城镇化发展探析［J］．农业经济，2017，366（11）：83 – 85.

[9] 杨钧．农村产业结构调整对城镇化的影响效应研究［J］．经济经纬，2018，35（06）：87 – 93.

[10] 刘淑茹，段勇恒，党继强．产业结构优化、城乡收入差距与城镇化高质量发展［J］．生产力研究，2021，349（08）：61 – 65 + 94.

[11] 黄海立．新型城镇化与产业结构优化协调发展实证研究［J］．统计与决策，2021，37（05）：108 – 111.

［12］刘伟．以绿色产业推动城镇化高质量发展的路径研究［J］．经济纵横，2022，437（04）：116－121.

［13］辜胜阻，李正友．中国自下而上城镇化的制度分析［J］．中国社会科学，1998（02）：60－70.

［14］李强，陈宇琳，刘精明．中国城镇化"推进模式"研究［J］．中国社会科学，2012，199（07）：82－100＋204－205.

［15］胡智勇．新时期沿海发达地带城市化动力机制与战略对策的实例研究［J］．科技进步与对策，2001（06）：27－29.

［16］刘西锋，李诚固，谭雪兰．东北地区城市化的特征与机制分析［J］．城市问题，2002（05）：17－20.

［17］李春华，张小雷，王薇．新疆城市化过程特征与评价［J］．干旱区地理，2003（04）：396－401.

［18］宁越敏．新城市化进程——90年代中国城市化动力机制和特点探讨［J］．地理学报，1998（05）：88－95.

［19］朱磊．基于主体意识的城市化动力机制的研究［J］．开放导报，2006（04）：78－81.

［20］熊曦，杨坤，肖俊等．武陵山片区绿色城镇化发展的动力机制与实现路径［J］．湖南行政学院学报，2021，128（02）：115－123.

［21］赵永平，朱威南．数字经济环境下的城镇化高质量发展及其动力机制研究［J］．兰州财经大学学报，2022，38（05）：28－40.

［22］安晓明．农产品主产区县域城镇化的动力机制与政策启示——基于进城农民自主选择的视角［J］．城市发展研究，2022，29（11）：8－11.

［23］李玲．广东省政区体系变化与人口城市化［J］．热带地理，1997（04）：334－340.

［24］沈迟．关于城市化水平计算方法的探讨［J］．城市规划，1997（01）：22.

［25］常阿平．我国城市化质量现状的实证分析［J］．统计与决策，2005（06）：49－50.

［26］何文举，邓柏盛，阳志梅．基于"两型社会"视角的城市化质量研究——以湖南为例［J］．财经理论与实践，2009，30（06）：118－121.

［27］李静，张平宇．三江平原垦区城镇化质量测度研究［J］．现代城市研究，2014（05）：63－69.

［28］夏南凯，程上．城镇化质量的指数型评价体系研究——基于浙江省的实证［J］．城市规划学刊，2014，214（01）：39－45.

［29］李莉，茹伊丽，林仲豪．广东省中心镇新型城镇化质量时空特征及驱动机制［J］．生态经济，2022，38（07）：121－131.

［30］叶裕民．中国城市化质量研究［J］．中国软科学，2001（07）：28－32.

［31］苏红键，朱保念，李善国．中国城镇化质量评价研究进展与展望［J］．城市问题，2015，245（12）：26－31.

［32］李燕娜．湖南省新型城镇化质量指标体系构建及评价研究［J］．中国农业资源与区划，2020，41（02）：172－177.

［33］金丹，孔雪松．湖北省城镇化发展质量评价与空间关联性分析［J］．长江流域资源与环境，2020，29（10）：2146－2155.

［34］欧进锋，许抄军，陈东．广东省新型城镇化高质量发展水平演变及其影响因素［J］．经济地理，2023，43（03）：78－87.

［35］马胜春，赵思悦，胡娟．西部地区新型城镇化发展质量评价及其空间溢出效应分析［J］．统计与决策，2023，39（05）：61－64.

［36］张雪茹，尹志强，姚亦锋．成渝地区城镇化质量测度及空间差异分析［J］．地域研究与开发，2017，36（03）：66－70.

［37］蓝庆新，刘昭洁，彭一然．中国新型城镇化质量评价指标体系构建及评价方法——基于2003—2014年31个省市的空间差异研究［J］．南方经济，2017，328（01）：111－126.

［38］肖祎平，杨艳琳，宋彦．中国城市化质量综合评价及其时空特征［J］．中国人口·资源与环境，2018，28（09）：112－122.

［39］居尔艾提·吾布力，宋永永，薛东前等．关中平原城市群城镇化质量时空演变及提升策略研究［J］．资源开发与市场，2022，38（01）：39－45＋22.

［40］瞿诗进，马珺，李全峰等．长江中游地区县城城镇化质量演变规律与驱动机制［J］．经济地理，2023，43（02）：93－102.

［41］万广华，江葳蕤，赵梦雪．城镇化的共同富裕效应［J］．中国农村经济，2022，448（04）：2－22.

［42］陆铭，陈钊．城市化、城市倾向的经济政策与城乡收入差距［J］．经济研究，2004（06）：50－58.

［43］李靖，廖和平，刘愿理等．四川省新型城镇化与城乡收入差距时空演化及关联性分析［J］．地理科学进展，2023，42（04）：657－669.

［44］项本武，张鸿武．城市化与经济增长的长期均衡与短期动态关系——基于省际面板数据的经验证据［J］．华中师范大学学报（人文社会科学版），2013，52（02）：47－54.

［45］王婷．中国城镇化对经济增长的影响及其时空分化［J］．人口研究，2013，37（05）：53－67.

［46］孙文凯．城市化与经济增长关系分析——兼评中国特色［J］．经济理论与经济管理，2011，244（04）：33－40.

［47］景维民，王鑫．城镇化：经济可持续增长的新引擎——基于人力资本积累的角度［J］．经济问题，2015，428（04）：39－45.

［48］王萱．新型城镇化、劳动力流动与产业结构升级［J］．商业经济研究，2022，858（23）：178－181.

［49］吴青山，吴玉鸣，郭琳．新型城镇化对劳动力错配的影响：理论分析与经验辨识［J］．经济评论，2022，237（05）：67－82.

［50］王桂新．中国人口流动与城镇化新动向的考察——基于第七次人口普查公布数据的初步解读［J］．人口与经济，2021，248（05）：36－55.

［51］罗淳，朱要龙．中国城镇化进程中人口形态的三重转变及其协同发展［J］．人口与经济，2023，257（02）：111－123.

［52］黄明，耿中元．我国城镇化与城镇就业的实证研究［J］．中国管理科学，2012，20（S2）：747－753.

［53］汪泓，崔开昌．中国就业增长与城镇化水平关系的实证研究［J］．南京社会科学，2012，298（08）：28－32＋48.

［54］麻学锋，孙洋．脱贫地区旅游业、城镇化及就业吸纳关系研究——以恩施土家族苗族自治州为例［J］．中南林业科技大学学报（社会科学版），2022，16（06）：78－87.

［55］刘秉镰，高子茗．城市群空间结构视角下中国式城镇化的内涵、机制与路径［J］．西安交通大学学报（社会科学版）2023（04）：1－18.

［56］罗必良，洪炜杰．城镇化路径选择：福利维度的考察［J］．农业经济问题，2021，501（09）：5－17.

［57］陈宏胜，王兴平，刘晔等．城镇化与居民主观福祉关系研究——兼论对城乡规划的检视与启示［J］．城市规划，2020，44（07）：18－27＋90.

［58］殷贺，王仰麟，蔡佳亮等．区域生态风险评价研究进展［J］．生态学杂志，2009，28（05）：969－975.

［59］付在毅，许学工．区域生态风险评价［J］．地球科学进展，2001，16（02）：267－271.

［60］庞雅颂，王琳．区域生态安全评价方法综述［J］．中国人口，资源与环境，2014，24（03）：340－344.

［61］肖笃宁，陈文波，郭福良．论生态安全的基本概念和研究内容［J］．应用生态学报，2002，13（03）：354－358.

［62］解雪峰，吴涛，肖翠等．基于PSR模型的东阳江流域生态安全评价［J］．资源科学，2014，36（08）：1702－1711.

［63］曹君丽，刘聪聪，徐勇戈．基于PSR模型的生态宜居城市建设指标与评价研究——以西安市为例［J］．生态经济，2023，39（02）：100－107.

［64］张苗，陈银蓉，周浩．基于DSR模型的城市土地低碳集约利用评价——以武汉市为例［J］．水土保持研究，2015，22（05）：169－175.

［65］高玉琴，郑航，王子睿等．基于DSR模型的秦淮河流域防洪能力变化及成因分析［J］．水利水电科技进展，2023，43（03）：1－8.

［66］谈迎新，於忠祥．基于DSR模型的淮河流域生态安全评价研究［J］．安徽农业大学学报（社会科学版），2012，21（05）：35－39.

［67］张会恒，魏彦杰．基于DSR模型的生态文明发展水平测度：以安徽省为例［J］．阜阳师范学院学报（社会科学版），2016，172（04）：5－10.

［68］熊曦．基于DPSIR模型的国家级生态文明先行示范区生态文明建设分析评价——以湘江源头为例［J］．生态学报，2020，40（14）：5081－5091.

［69］张曼玉，彭建军．基于DPSIR模型的中原城市群生态安全评价研

究 [J]. 国土资源科技管理, 2023, 40 (02): 28-43.

[70] 傅晓华, 杨欣欣, 宋心语. 基于 DPSIR-TOPSIS 模型长江经济带资源环境承载力评价 [J]. 中南林业科技大学学报 (社会科学版), 2022, 16 (06): 38-47.

[71] 李世祥, 刘梦茹, 殷保国等. 长江经济带低碳竞争力评价及障碍因素诊断 [J]. 生态经济, 2023, 39 (06): 39-44.

[72] 杨沛, 李天宏, 毛小苓. 基于 PESR 模型的深圳河流域生态风险分析 [J]. 北京大学学报 (自然科学版), 2011, 47 (04): 727-734.

[73] 左伟, 王桥, 王文杰等. 区域生态安全评价指标与标准研究 [J]. 地理学与国土研究, 2002, 18 (01): 67-71.

[74] 王耕, 吴伟. 区域生态安全机理与扰动因素评价指标体系研究 [J]. 中国安全科学学报, 2006, 16 (05): 11-15.

[75] 李晓燕, 王宗明, 张树文. 吉林省西部生态安全评价 [J]. 生态学杂志, 2007, 26 (06): 954-960.

[76] 王正环. 一种改进的 DSR 模型 [J]. 三明学院学报, 2008, 74 (02): 236-240.

[77] 呙亚玲, 李巧云. 基于改进 PSR 模型的洞庭湖区生态安全评价及主要影响因素分析 [J]. 农业现代化研究, 2021, 42 (01): 132-141.

[78] 彭文英, 李梦筱, 潘娜. 基于 PSR 模型改进的县域生态文明建设评价及对策研究 [J]. 生态经济, 2023, 39 (02): 207-214.

[79] 朱颖, 顾春望, 李欣等. 基于 DPSIRM 模型的苏州吴江区湿地生态安全评价 [J]. 浙江农林大学学报, 2022, 39 (05): 1114-1123.

[80] 张利, 陈影, 王树涛等. 滨海快速城市化地区土地生态安全评价与预警——以曹妃甸新区为例 [J]. 应用生态学报, 2015, 26 (08): 2445-2454.

[81] 吴静, 白中科, 赵雪娇. 资源型城市城镇化进程及其土地利用生态风险研究 [J]. 中国矿业, 2020, 29 (08): 60-68.

[82] 姚彤, 赵君. 内蒙古鄂尔多斯市城镇化进程中土地生态安全动态评价研究 [J]. 中国农业资源与区划, 2020, 41 (06): 138-143.

[83] 阚大学, 吕连菊. 中国城镇化和水资源利用的协调性分析——基

于熵变方程法和状态协调度函数［J］. 中国农业资源与区划，2019，40（12）：1 – 9.

［84］李青松，苏维词，张凤太. 三峡库区重庆段新型城镇化与水资源利用效率脱钩关系研究［J］. 重庆师范大学学报（自然科学版），2023（04）：1 – 14.

［85］王敏，阮俊杰，王卿等. 快速城镇化地区景观生态风险变化评估——以上海市青浦区为例［J］. 水土保持通报，2016，36（05）：185 – 190 + 197 + 2.

［86］王飞，叶长盛，华吉庆等. 南昌市城镇空间扩展与景观生态风险的耦合关系［J］. 生态学报，2019，39（04）：1248 – 1262.

［87］程玉卓，王志杰，班先娅等. 城市化和生态文明建设对喀斯特山地城市景观生态风险的影响评价——以贵阳市花溪区为例［J］. 水土保持研究，2023，30（05）：1 – 7.

［88］陈婷婷，张代民，孙希华. 青岛市水土保持生态安全评价研究［J］. 安徽农业科学，2008，36（09）：3857 – 3859.

［89］王根绪，程国栋，钱鞠. 生态安全评价研究中的若干问题［J］. 应用生态学报，2003，14（09）：1551 – 1556.

［90］邹长新，陈金林，李海东. 基于模糊综合评价的若尔盖湿地生态安全评价［J］. 南京林业大学学报（自然科学版），2012，36（03）：53 – 58.

［91］宋晓莉，余静，孙海传等. 模糊综合评价法在风险评估中的应用［J］. 微计算机信息，2006，22（12）：71 – 79.

［92］邱微，赵庆良，李崧等. 基于"压力—状态——响应"模型的黑龙江省生态安全评价研究［J］. 环境科学，2008（04）：1148 – 1152.

［93］吴晓，吴宜进. 基于灰色关联模型的山地城市生态安全动态评价——以重庆市巫山县为例［J］. 长江流域资源与环境，2014，23（03）：385 – 391.

［94］张家其，吴宜进，葛咏等. 基于灰色关联模型的贫困地区生态安全综合评价——以恩施贫困地区为例［J］. 地理研究，2014，33（08）：1457 – 1466.

［95］张钦礼，邵佳，彭秀丽等．民族贫困地区生态安全评价及影响因素分析——以湘西自治州为例［J］．中南大学学报（社会科学版），2016，22（03）：83-90.

［96］郑乐乐，马小雯，安翔等．基于 DPSIR-GM（1，1）模型的甘肃省生态安全评价与预测［J］．生态科学，2022，41（04）：60-69.

［97］蔡文．物元模型及其应用［M］．北京：科学技术文献出版社，1998.

［98］谢花林，张新时．城市生态安全水平的物元评判模型研究［J］．地理与地理信息科学，2004，20（02）：87-90.

［99］刘雯波，郑华伟，刘友兆．基于物元模型的苏南地区土地生态安全评价［J］．水土保持通报，2013，33（06）：175-180.

［100］黄辉玲，罗文斌，吴次芳等．基于物元分析的土地生态安全评价［J］．农业工程学报，2010，26（03）：316-322.

［101］卢涛，王占岐，魏超等．基于 DPSIR 模型的合肥市土地生态安全物元分析评价［J］．水土保持研究，2015，22（04）：221-227+231.

［102］张凤太，王腊春，苏维词．基于物元分析-DPSIR 概念模型的重庆土地生态安全评价［J］．中国环境科学，2016，36（10）：3126-3134.

［103］杨建宇，张欣，李鹏山等．基于物元分析的区域土地生态安全评价方法研究［J］．农业机械学报，2017，48（S1）：238-246.

［104］梁睿，黄义忠，牟禹恒等．基于物元分析的瑞丽市土地生态安全评价及障碍因素诊断［J］．西南农业学报，2022，35（10）：2436-2444.

［105］周静，管卫华．基于生态足迹方法的南京可持续发展研究［J］．生态学报，2012，32（20）：6471-6480.

［106］徐智超，温璐，张雪峰等．基于生态足迹的阿拉善地区生态安全评价［J］．生态科学，2022，41（05）：90-97.

［107］姚争，冯长春，阚俊杰．基于生态足迹理论的低碳校园研究——以北京大学生态足迹为例［J］．资源科学，2011，33（06）：1163-1170.

［108］傅伯杰，吕一河，陈利顶等．国际景观生态学研究新进展［J］．生态学报，2008，28（02）：798-804.

［109］常成，刘霞，张光灿等．利用马尔柯夫过程预测蒙阴县土地利

用/覆被格局变化 [J]. 土壤，2010，42（02）：309 – 313.

[110] 边延辉，张光辉，包洪福等. 马尔柯夫模型在洪河湿地景观变化研究中的应用 [J]. 东北农业大学学报，2008，39（03）：53 – 57.

[111] 何东进，游巍斌，洪伟等. 近十年景观生态学模型研究进展 [J]. 西南林业大学学报，2012，32（01）：98 – 104.

[112] 李书娟，曾辉，夏洁. 景观空间动态模型研究现状和应重点解决的问题 [J]. 应用生态学报，2004，15（04）：701 – 706.

[113] 张显峰，崔宏伟. 基于 GIS 与空间统计分析的可持续发展度量方法研究：以缅甸 Myingyan District 为例 [J]. 遥感学报，2001，5（01）：34 – 40.

[114] 傅伯杰. 景观生态学原理及应用（第 2 版）[M]. 北京：科学出版社，2011.

[115] 常禹，布仁仓. 地理信息系统与基于个体的空间直观景观模型 [J]. 生态学杂志，2002，20（02）：61 – 65.

[116] 杨艳青，柴旭荣. 基于遥感和 GIS 的土地利用分类方法研究 [J]. 山西师范大学学报（自然科学版），2015，29（04）：69 – 74.

[117] 高鑫，徐景东，冯阳等. 基于遥感与 GIS 的土地利用分类方法研究——以河北省安新县为例 [J]. 科技创新与应用，2019，263（07）：116 – 118.

[118] 吴璞周，卫海燕. 基于 GIS 和人工神经网络的区域水资源压力评价模型及其验证 [J]. 水土保持通报，2007，161（06）：160 – 164.

[119] 丛沛桐，祖元刚，王瑞兰等. GIS 与 ANN 整合技术在森林资源蓄积量预测中的应用 [J]. 地理科学，2004（05）：591 – 596.

[120] 曾明宇，陈振雄，刘庭威. 基于 ANN 的森林蓄积遥感估测研究 [J]. 中南林业调查规划，2010，29（03）：36 – 39.

[121] 杜秀敏，黄义雄，金蓉等. 厦门市景观格局的 BP 人工神经网络模型 [J]. 资源科学，2008（09）：1362 – 1366.

[122] 李丽，张海涛. 基于 BP 人工神经网络的小城镇生态环境质量评价模型 [J]. 应用生态学报，2008，19（12）：2693 – 2698.

[123] 徐延达，傅伯杰，吕一河. 基于模型的景观格局与生态过程研

究［J］．生态学报，2010，30（01）：212-220.

［124］孟岩，赵庚星，程晋南等．基于 MODIS 遥感数据和 GIS 的山东省生态环境状况评价［J］．中国生态农业学报，2008，16（04）：1020-1024.

［125］王传辉，吴立，王心源等．基于遥感和 GIS 的巢湖流域生态功能分区研究［J］．生态学报，2013，33（18）：5808-5817.

［126］隋玉正，史军，崔林丽等．上海城市人居生态质量综合评价研究［J］．长江流域资源与环境，2013，22（08）：965-971.

［127］黄宝强，刘青，胡振鹏等．生态安全评价研究述评［J］．长江流域资源与环境，2012，21（S2）：150-156.

［128］魏彬，杨校生，吴明等．生态安全评价方法研究进展［J］．湖南农业大学学报（自然科学版），2009，35（05）：572-579.

［129］王朝科．建立生态安全评价指标体系的几个理论问题［J］．统计研究，2003（09）：17-20.

［130］安宝晟，程国栋．西藏生态足迹与承载力动态分析［J］．生态学报，2014，34（04）：1002-1009.

［131］李佩武，李贵才，张金花等．深圳城市生态安全评价与预测［J］．地理科学进展，2009，28（02）：245-252.

［132］胡秀芳，赵军，查书平等．草原生态安全模糊评价方法研究——以甘肃天祝高寒草原为例［J］．干旱区资源与环境，2011，25（03）：71-77.

［133］余敦，高群，欧阳龙华．鄱阳湖生态经济区土地生态安全警情研究［J］．长江流域资源与环境，2012，21（06）：678-683.

［134］方创琳，黄金川，步伟娜．西北干旱区水资源约束下城市化过程及生态效应研究的理论探讨［J］．干旱区地理，2004（01）：1-7.

［135］鲍超，方创琳．干旱区水资源对城市化约束强度的时空变化分析［J］．地理学报，2008（11）：1140-1150.

［136］鲍超，方创琳．干旱区水资源对城市化约束强度的情景预警分析［J］．自然资源学报，2009，24（09）：1509-1519.

［137］蔺雪芹，方创琳．水资源硬约束下的武威城市化过程与节水型

城市建设［J］. 干旱区资源与环境，2009，23（01）：117－124.

［138］刘宁. 土地资源约束条件下的中国城市化［J］. 经济体制改革，2005（06）：94－97.

［139］刘耀彬，刘莹，胡观敏. 资源环境约束下的江苏省城市化适宜水平测度与分析［J］. 华东经济管理，2011，25（10）：14－17.

［140］王进，呇涛. 资源环境承载力约束下的半城市化地区发展情景分析——以厦门市集美区为例［J］. 中国人口·资源与环境，2012，22（S1）：293－296.

［141］薛伟贤，刘骏. 基于资源约束的当代中国城市化发展轨迹与特征［J］. 系统管理学报，2015，24（06）：925－930.

［142］李竞，侯丽朋，唐立娜. 基于环境库兹涅茨曲线的我国大气污染防治重点区域环境空气质量与经济增长关系研究［J］. 生态学报，2021，41（22）：8845－8859.

［143］廉勇. 经济层次与环境污染：基于碳排放的环境库兹涅茨曲线研究［J］. 统计与决策，2021，37（20）：146－150.

［144］杨婷，任明仑，周开乐. 基于库兹涅茨曲线的城市群环境与经济关联机制［J］. 大连理工大学学报（社会科学版），2022，43（06）：47－56.

［145］刘贺贺，杨青山，张郁. 东北地区城镇化与生态环境的脱钩分析［J］. 地理科学，2016，36（12）：1860－1869.

［146］傅春，雷柠菡，程浩等. 城镇化水平与资源环境压力脱钩分析——以江西省为例［J］. 江苏农业科学，2017，45（22）：329－333.

［147］史宝娟，张立华. 天津地区城市化与生态环境压力脱钩关系研究［J］. 生态经济，2018，34（03）：166－170.

［148］王小兰，王海明，王旭熙. 新型城镇化水平与生态环境压力脱钩关系时空差异分析——以四川省绵阳市为例［J］. 中国农业资源与区划，2019，40（03）：121－129.

［149］高庆彦，潘玉君. 中国省域城镇化水平与资源环境压力脱钩的时空分析［J］. 生态经济，2020，36（01）：99－105＋171.

［150］王少剑，方创琳，王洋. 京津冀地区城市化与生态环境交互耦

合关系定量测度［J］. 生态学报，2015，35（07）：2244-2254.

［151］王国霞，刘婷. 中部地区资源型城市城市化与生态环境动态耦合关系［J］. 中国人口·资源与环境，2017，27（07）：80-88.

［152］韩秀丽，胡烨君，马志云. 乡村振兴、新型城镇化与生态环境的耦合协调发展——基于黄河流域的实证［J］. 统计与决策，2023，39（11）：122-127.

［153］崔学刚，方创琳，李君等. 城镇化与生态环境耦合动态模拟模型研究进展［J］. 地理科学进展，2019，38（01）：111-125.

［154］张贵祥，杨志峰. 广州市生态风险重点及其防范策略［J］. 中国人口，资源与环境，2003，13（04）：82-87.

［155］陈星，周成虎. 生态安全：国内外研究综述［J］. 地理科学进展，2005，24（06）：8-20.

［156］史培军，杜鹃，叶涛等. 加强综合灾害风险研究，提高应对灾害风险能力［J］. 自然灾害学报，2006，15（05）：1-6.

［157］张锐. 耕地生态风险评价与调控研究［D］. 南京农业大学，2015.

［158］安琼. 生态移民安置区生态风险预警调控研究［D］. 宁夏大学，2017.

［159］景杰. 人口城镇化进程中的生态风险防范［J］. 宏观经济管理，2015，379（07）：76-77+80.

［160］曾睿. 农村城镇化进程中的生态风险及其法治路径［J］. 湖南农业大学学报（社会科学版），2015，16（05）：97-102.

［161］吕永龙，王尘辰，曹祥会. 城市化的生态风险及其管理［J］. 生态学报，2018，38（02）：359-370.

［162］余敦，赵琪琛，王检萍等. 2000-2019年鄱阳湖平原耕地利用生态风险评价及分区调控研究［J］. 江西农业大学学报，2023，45（03）：774-786.

［163］顾朝林. 论中国建制镇发展、地域差异及空间演化——兼与"中国反城市化论"者商榷［J］. 地理科学，1995（03）：208-216+297.

［164］谢天成，施祖麟. 中国特色新型城镇化概念、目标与速度研究

[J]. 经济问题探索，2015（06）：112 - 117.

[165] 侯丽. 粮食供应、人口增长与城镇化道路选择——谈小城镇在国家城镇化中的历史地位 [J]. 国际城市规划，2011，26（01）：24 - 27.

[166] 黄锟. 中国城镇化的最新进展和目标模式 [J]. 武汉大学学报（哲学社会科学版），2014，67（02）：109 - 116.

[167] 姚士谋，陈振，朱英明. 中国城市群 [M]. 北京：中国科学技术大学出版社，2006.

[168] 陆大道，陈明星. 关于"国家新型城镇化规划（2014 - 2020）"编制大背景的几点认识 [J]. 地理学报，2015，70（02）：179 - 185.

[169] 张红宇. 中国特色城镇化道路的路径探索——由土地制度创新引发的宏观效应 [J]. 求索，2022，331（03）：124 - 133.

[170] 徐宪平. 面向未来的中国城镇化道路 [J]. 宏观经济管理，2012（07）：4 - 5 + 13.

[171] 张纯元. 具有中国特色的城镇化道路的探讨 [J]. 北京大学学报（哲学社会科学版），1985（06）：13 - 19 + 76.

[172] 国家发展改革委宏观经济研究院课题组，马晓河. 迈向全面建成小康社会的新型城镇化道路研究 [J]. 中国物价，2014（08）：18 - 23.

[173] 杨承训. 中国特色社会主义城镇化道路 [J]. 经济研究参考，2017（66）：47 - 48.

[174] 张梦瑶. 中国特色新型城镇化高质量发展的实践路径探析——基于新发展理念视角 [J]. 当代经济管理，2021，43（09）：75 - 80.

[175] 任杲，赵蕊. 中国新型城镇化内涵演进机理、制约因素及政策建议 [J]. 区域经济评论，2022（03）：57 - 65.

[176] 李自珍，李维德，石洪华等. 生态风险灰色评价模型及其在绿洲盐渍化农田生态系统中的应用 [J]. 中国沙漠，2002，22（06）：617 - 622.

[177] 刘红，王慧，刘康. 我国生态安全评价方法研究述评 [J]. 环境保护，2005（08）：34 - 37.

[178] 李景源，孙伟平，刘举科. 中国生态城市建设发展报告 [M]. 北京：社会科学文献出版社，2012.

［179］常绍舜．从经典系统论到现代系统论［J］．系统科学学报，2011，19（03）：1-4．

［180］乔标，方创琳．城市化与生态环境协调发展的动态耦合模型及其在干旱区的应用［J］．生态学报，2005（11）：211-217．

［181］方创琳，杨玉梅．城市化与生态环境交互耦合系统的基本定律［J］．干旱区地理，2006（01）：1-8．

［182］乔标，方创琳，黄金川．干旱区城市化与生态环境交互耦合的规律性及其验证［J］．生态学报，2006（07）：2183-2190．

［183］刘海猛，方创琳，李咏红．城镇化与生态环境"耦合魔方"的基本概念及框架［J］．地理学报，2019，74（08）：1489-1507．

［184］方创琳，周成虎，顾朝林等．特大城市群地区城镇化与生态环境交互耦合效应解析的理论框架及技术路径［J］．地理学报，2016，71（04）：531-550．

［185］余健，房莉，仓定帮等．熵权模糊物元模型在土地生态安全评价中的应用［J］．农业工程学报，2012，28（05）：260-266．

［186］黄贯虹，方刚．系统工程方法与应用［M］．广州：暨南大学出版社，2005：45-48．

［187］王新民，秦健春，张钦礼等．基于 AHP-TOPSIS 评判模型的姑山驻留矿采矿方法优选［J］．中南大学学报（自然科学版），2013，44（03）：1131-1137．

［188］匡乐红，徐林荣，刘宝琛．组合赋权法确定地质灾害危险性评价指标权重［J］．地下空间与工程学报，2006，2（06）：1063-1067．

［189］李倩娜，唐洪松．沱江流域城市生态安全评价及其耦合特征分析［J］．生态经济，2021，37（12）：91-97+114．

［190］郑乐乐，马小雯，安翔等．基于 DPSIR-GM（1，1）模型的甘肃省生态安全评价与预测［J］．生态科学，2022，41（04）：60-69．

［191］马小雯，郭精军．黄河流域生态安全评价及障碍因素研究［J］．统计与决策，2023，39（08）：63-68．

［192］张中浩，聂甜甜，高阳等．长三角城市群生态安全评价与时空跃迁特征分析［J］．地理科学，2022，42（11）：1923-1931．

［193］郭秀云．灰色关联法在区域竞争力评价中的应用［J］．统计与决策，2004，5（11）：55－56．

［194］邵佳，黄渊基．基于变权未确知测度理论的西部欠发达地区生态风险评价研究［J］．西安财经学院学报，2017，30（05）：26－33．

［195］潘竟虎，张永年．中国能源碳足迹时空格局演化及脱钩效应［J］．地理学报，2021，76（01）：206－222．

［196］郭永锐，张捷，卢韶婧等．中国入境旅游经济空间格局的时空动态性［J］．地理科学，2014，34（11）：1299－1304．

［197］李美芳，欧金沛，黎夏．基于地理信息系统的2009－2013年甲型H1N1流感的时空分析［J］．地理研究，2016，35（11）：2139－2152．

［198］方世敏，黄琰．长江经济带旅游效率与规模的时空演化及耦合协调［J］．地理学报，2020，75（08）：1757－1772．

［199］毕斗斗，王凯，王龙杰等．长三角城市群产业生态效率及其时空跃迁特征［J］．经济地理，2018，38（01）：166－173．

［200］黄睿，王坤，黄震方等．绩效视角下区域旅游发展格局的时空动态及耦合关系——以泛长江三角洲为例［J］．地理研究，2018，37（05）：995－1008．

［201］张艾莲，杜梦娟，刘柏．中国分地区消费信贷行为差异化影响的供给侧启示——基于29个省级单位面板数据的PVAR模型实证分析［J］．金融经济学研究，2016，31（06）：40－48．

［202］樊晶慧．RCEP背景下中日农产品贸易潜力研究［D］．江苏大学，2023．

［203］霍明，邵宏宇，朱建军．我国工业企业R&D投入绩效作用与区域差异分析［J］．商业研究，2015（08）：21－30．

［204］陶玉枝．动态联立方程组下能源供求及效率关系的研究［D］．闽南师范大学，2016．

［205］韩忆晨．基于VAR模型的山东省猪粮价格联动关系研究［D］．山东财经大学，2022．

［206］肖况．城镇化与生态环境相互作用关系研究［D］．西南交通大学，2021．

[207] 常新锋，管鑫．新型城镇化进程中长三角城市群生态效率的时空演变及影响因素 [J]．经济地理，2020，40（03）：185 – 195．

[208] 云小鹏．黄河流域城镇化与生态环境耦合协调测度及交互关系研究 [J]．经济问题，2022（08）：86 – 95．

[209] 冯俊华，张路路．陕西省新型城镇化与生态环境协调度研究 [J]．生态学报，2022，42（11）：4617 – 4629．

[210] 韩燕，张玉婷．甘肃省城镇化与生态环境耦合协调度 [J]．水土保持研究，2021，28（03）：256 – 263．

[211] 崔木花．中原城市群 9 市城镇化与生态环境耦合协调关系 [J]．经济地理，2015，35（07）：72 – 78．

[212] 周燕华，施生旭．民族地区城镇化与生态环境耦合协调评价研究——以福建省 10 个县（市）为例 [J]．林业经济，2019，41（08）：95 – 101．

[213] 彭佳雯，黄贤金，钟太洋等．中国经济增长与能源碳排放的脱钩研究 [J]．资源科学，2011，33（04）：626 – 633．

[214] 苑清敏，何桐．京津冀经济 – 资源 – 环境的脱钩协同关系研究 [J]．统计与决策，2020，36（06）：79 – 83．

[215] 崔宁波，巴雪真．黑龙江省耕地生态安全压力与农业经济发展的脱钩分析 [J]．水土保持研究，2021，28（05）：308 – 315．

[216] 宋德勇，宋沁颖，张麒．中国交通碳排放驱动因素分析——基于脱钩理论与 GFI 分解法 [J]．科技管理研究，2022，42（11）：216 – 228．

[217] Ravenstein E G. The laws of migration [J]. Journal of the Statistic Society, 1885, 48 (2): 167 – 235.

[218] Heberle, Rudolf. Book Review [J]. American Journal of Sociology, 1938, 44 (1): 156.

[219] Agesa, Richard U. The incentive for rural to urban migration: a re-examination of the Harris-Todaro model [J]. Applied Economics Letters, 2000, 7 (2): 107 – 110.

[220] Kevin Honglin Zhang, Shunfeng Song. Rural-urban migration and urbanization in China: Evidence from time-series and cross-section analyses-Science

Direct [J]. China Economic Review, 2003, 14 (4): 386 – 400.

[221] Vernon Henderson J, Wang H G. Aspects of the rural-urban transformation of countries [J]. Journal of Economic Geography, 2005 (1): 23 – 42.

[222] Davis J C, Henderson J V. Evidence on the political economy of the urbanization process [J]. Journal of Urban Economics, 2003, 53 (1): 98 – 125.

[223] Duranton G, Puga D. Micro-foundations of urban agglomeration economies [J]. Handbook of Regional and Urban Economics, 2004 (4): 2063 – 2117.

[224] Duranton G, Puga D. From sectoral to functional urban specialisation [J]. Journal of Urban Economics, 2005, 57 (2): 343 – 370.

[225] Guy M, Ferdinand R, Redding S J. Urbanization and Structural Transformation [J]. Quarterly Journal of Economics, 2008 (2): 535 – 586.

[226] Xu B, Watada J. An Alternative Measure: Chinese Urbanization [C]. Knowledge-Based Intelligent Information and Engineering Systems, 11th International Conference, September 12 – 14, 2007.

[227] Charnes A, Cooper WW, Li S. Using data envelopment analysis to evaluate efficiency in the economic performance of Chinese cities [J]. Socio-Economic Planning Sciences, 1989, 23 (6): 325 – 344.

[228] Ebenezer Howard. Garden Cities of Tomorrow [M]. 北京: 商务印书馆, 2010.

[229] Lessmann, Christian. Spatial inequality and development: Is there an inverted-Urelationship? [J]. Journal of Development Economics, 2014, 106: 35 – 51.

[230] Brantley Liddle. Urbanization and Inequality/Poverty [J]. Urban Science, 2017, 1 (4): 35.

[231] Wang X, Shao S, Li L. Agricultural inputs, urbanization, and urban-rural income disparity: Evidence from China [J]. China Economic Review, 2019, 55: 67 – 84.

[232] Chen M, Zhang H, Liu W, et al. The Global Pattern of Urbanization and Economic Growth: Evidence from the Last Three Decades [J]. Plos One,

2014, 9 (8): 103799.

［233］ Harris N. Urbanization, economic development and policy in developing countries ［J］. Habitat International, 1990, 14 (4): 3 –42.

［234］ HendersonV. The Urbanization Process and Economic Growth: The So-What Question ［J］. Journal of Economic Growth, 2003, 8 (1): 47 –71.

［235］ Lampard E. The History of Cities in the Economically Advanced Areas ［J］. Economic Development and Cultural Change, 1955, 3 (2): 81 –136.

［236］ OECD. Towards Sustainable Development: Environmental Indicators ［M］. Paris, OECD, 1998.

［237］ Rapport D J, Singh A. An Ecohealth-based framework for State of Environment Reporting ［J］. Ecological Indicators, 2006, 6 (2): 409 –428.

［238］ DPCSD (United Nations department for policy coordination and sustainable development). Indicators for sustainable development: framework and methodologies ［M］. New York: United Nations, 1996.

［239］ Singh K R, Murty H R, Gupta S K, et al. An overview of sustainability assessment methodologies ［J］. Ecological Indicator, 2012, 15 (1): 281 –299.

［240］ Bradshaw T K, Muller B. Impacts of Rapid Urban Growth on Farmland Conversion: Application of New Regional Land Use Policy Models and Geographical Information Systems ［J］. Rural Sociology, 1998, 63 (1): 1 –25.

［241］ Gueneralp B, Seto K C. Environmental impacts of urban growth from an integrated dynamic perspective: A case study of Shenzhen, South China ［J］. Global Environmental Change, 2008, 18 (4): 720 –735.

［242］ Carpio O V, Fath B D. Assessing the environmental impacts of urban growth using Land use/Land cover, water quality and health indicators: a case study of Arequipa, Peru ［J］. America Journal of Environmental Sciences, 2011, 7 (2): 90 –101.

［243］ Al-Kharabsheh A, Ta'Any R. Influence of urbanization on water quality deterioration during drought periods at South Jordan ［J］. Journal of Arid Environments, 2003, 53 (4): 619 –630.

［244］Esposito P. , Patriarca F. , Perini L. Land degradation, economic growth and structural change: evidences from Italy ［J］. Environment, Development and Sustainability, 2016, 23 (5): 496 - 505.

［245］Al-Mulali U, Sakiru S A, Ozturk I. Investigating the presence of the environmental Kuznets curve (EKC) hypothesis in Kenya: an autoregressive distributed lag (ARDL) approach ［J］. Natural Hazards, 2016, 80: 1729 - 1747.

［246］Nayan N K, Das A, Mukerji A, et al. Spatio-temporal dynamics of water resources of Hyderabad Metropolitan Area and its relationship with urbanization ［J］. Land Use Policy, 2020, 99: 105010.

［247］Balha A, Vishwakarma B D, Pandey S, et al. Predicting impact of urbanization on water resources in megacity Delhi ［J］. Remote Sensing Applications Society and Environment, 2020, 20: 100361.

［248］Iii, Isidoro R Malaque, M. Yokohari. Urbanization process and the changing agricultural landscape pattern in the urban fringe of Metro Manila, Philippines ［J］. Environment & Urbanization, 2007, 19 (1): 191 - 206.

［249］Mondal B, Dolui G, Pramanik M, et al. Urban expansion and Wetland shrinkage estimation using a GIS-based model in the East Kolkata Wetland, India ［J］. Ecological Indicators, 2017, 83 (12): 62 - 73.

［250］William Rees W E. Ecological footprints and appropriated carrying capacity: what urban economics leaves out? ［J］. Environment and Urbanization, 1992, 4 (2): 121 - 130.

［251］Arnold Tukker, Tanya Bulavskaya, Stefan Giljum, et al. Environmental and resource footprints in a global context: Europe's structural deficit in resource endowments ［J］. Global Environmental Change, 2016, 40 (9): 171 - 181.

［252］Lan J, Malik A, Lenzen M, et al. A structural decomposition analysis of global energy footprints ［J］. Applied Energy, 2016, 163 (2): 436 - 451.

［253］Pagani M, Vittuari M, Johnson T G, et al. An assessment of the energy footprint of dairy farms in Missouri and Emilia-Romagna ［J］. Agricultural

Systems, 2016, 145 (6): 116 – 126.

[254] Meghan O'Brien, Helmut Schütz, Stefan Bringezu. The land footprint of the EU bio-economy: Monitoring tools, gaps and needs [J]. Land Use Policy, 2015, 47 (1): 235 – 246.

[255] Hsien H. Khoo. Review of bio-conversion pathways of lignocellulose-to-ethanol: Sustainability assessment based on land footprint projections [J]. Renewable and Sustainable Energy Reviews, 2015, 46 (6): 100 – 119.

[256] Stefan Gössling, Carina Borgström Hansson, Oliver Hörstmeier, et al. Ecological footprint analysis as a tool to assess tourism sustainability [J]. Ecological Economics, 2002, 43 (2/3): 199 – 211.

[257] Klaus Hubacek, Stefan Giljum. Applying physical input-output analysis to estimate land appropriation (ecological footprints) of international trade activities [J]. Ecological Economics, 2003, 44 (1): 137 – 151.

[258] White Thomas J. Sharing resources: The global distribution of the Ecological Footprint [J]. Ecological Economics, 2007, 64 (2): 402 – 410.

[259] Manfred Lenzen, Shauna A. Murray. A modified ecological footprint method and its application to Australia [J]. Ecological Economics, 2001, 37 (2): 229 – 255.

[260] Li Bing, Zhang Jianqiang, Quan Jinmin. The research on enterprise's ecological footprint and ecological efficiency [J]. Environmental Engineering, 2007, 25 (6): 85 – 88.

[261] Crompton S, Roy R, Caird S. Household ecological foot printing for active distance learning and challenge of personal lifestyles [J]. International Journal of Sustainability in Higher Education, 2002, 3 (4): 313 – 323.

[262] Wu J G. Landscape ecology, cross-disciplinarity, and sustainability science [J]. Landscape Ecology, 2006, 21: 1 – 4.

[263] Stephen Wolfram. Universality and complexity in cellular automata [J]. Physical D: Nonlinear Phenomena, 1984, 10 (1/2): 1 – 35.

[264] Barker W L, Egbert S L, Frazier G F. A spatial model for studying the effects of climatic change on the structure of landscape subject to large disturb-

ance [J]. Ecological Modeling, 1991, 56: 109 – 125.

[265] Wallin D O, Swanson F J, Marks B, et al. Comparison of managed and pre-settlement landscape dynamics in forests of the Pacific Northwest, USA [J]. Forest Ecology & Management, 1996, 85 (1 – 3): 291 – 309.

[266] Pacala S W, Canham C D, Saponara J, et al. Forest Models Defined by Field Measurements: Estimation, Error Analysis and Dynamics [J]. Ecological Monographs, 1996, 66 (1): 1 – 43.

[267] Johnson W C. Estimating dispersibility of Acer, Fraxinus and Tilia in fragmented landscapes from patterns of seedling establishment [J]. Landscape Ecology, 1988, 1 (3): 175 – 187.

[268] Childress W M, Coldren C L, Mclendon T. Applying a complex, general ecosystem model (EDYS) in large-scale land management [J]. Ecological Modelling, 2002, 153 (1/2): 97 – 108.

[269] Mey Jurdi, Samira Ibrahim Korfali, Yester Karahagopian, et al. A prototype study for the management of surface water resources, Lebanon-Science Direct [J]. Water Policy, 2001, 3 (1): 41 – 46.

[270] Jeffrey J. The urbanization of the world: A new concept [J]. Society Indication Research, 2008, 8 (9): 275 – 282.

[271] Churchill S A, Inekwe J, Ivanovski K, et al. The Environmental Kuznets Curve across Australian States and Territories [J]. Energy Economics, 2020, 90 (7): 1 – 11.

[272] Xuejiao Ma, Najid Ahmad, Pao Yu Oei. Environmental Kuznets curve in France and Germany: Role of renewable and nonrenewable energy [J]. Renewable Energy, 2021, 172 (3): 88 – 99.

[273] Anna Rita Germani, Alan P. Ker, Angelo Castaldo. On the existence and shape of an environmental crime Kuznets Curve: A case study of Italian provinces [J]. Ecological Indicators, 2020, 108 (1): 1 – 9.

[274] Tapio P. Towards atheory of decoupling: Degrees of decoupling in the EU and the case of road traffic in Finland between 1970 and 2001 [J]. Transport Policy, 2005, 12 (2): 137 – 151.

［275］ Enevoldsen M K, Ryelund A V, Andersen M S. Decoupling of industrial energy consumption and CO_2-emissions in energy intensive industries in Scandinavia ［J］. Energy Economics, 2007, 29 (4): 665 – 692.

［276］ Freitas L C D, Kaneko S. Decomposing the decoupling of CO_2 emissions and economic growth in Brazil ［J］. Ecological Economics, 2011, 70 (8): 1459 – 1469.

［277］ Muhadaisi Ariken, Fei Zhang, Ngai weng Chan, et al. Coupling coordination analysis and spatio-temporal heterogeneity between urbanization and eco-environment along the silk road economic belt in China ［J］. Ecological Indicators, 2021, 121 (2): 107014.

［278］ Liu X, Guo P, Yue X, et al. Urban transition in China: Examining the coordination between urbanization and the eco-environment using a multi-model evaluation method ［J］. Ecological Indicators, 2021, 130 (1): 108056.

［279］ Gregory R, Failing L, Higgins P. Adaptive management and environmental decision making: A case study application to water use planning ［J］. Ecological Economics, 2006, 58 (2): 434 – 447.

［280］ Astles K L, Holloway M G, Steffe A, et al. An ecological method for qualitative risk assessment and its use in the management of fisheries in New South Wales, Australia ［J］. Fisheries Research, 2006, 82 (1 – 3): 290 – 303.

［281］ Patricia A Cirone, P Bruce Duncan. Integrating human health and ecological concerns in risk assessments ［J］. Journal of Hazardous Materials, 2000, 78 (1 – 3): 1 – 17.

［282］ Gentile J H, Harwell M A, W Cropper Jr, et al. Ecological conceptual models: a framework and case study on ecosystem management for South Florida sustainability ［J］. Science of the Total Environment, 2001, 274 (1 – 3): 231 – 253.

［283］ Mcdaniels T L. Creating and using objectives for ecological risk assessment and management ［J］. Environmental Science & Policy, 2000, 3 (6): 299 – 304.

［284］Failing L, Gregory R, Harstone M. Integrating science and local knowledge in environmental risk management: A decision-focused approach ［J］. Ecological Economics, 2007, 64 (1): 47 – 60.

［285］Osric Tening Forton., Veronica E. Manga., Aaron S. Tening., et al. Land contamination risk management in Cameroon: a critical review of existing policy framework ［J］. Land Use Policy, 2012, 29 (4): 750 – 760.

［286］B. I. P. Barratt., A. Moeed. Environmental safety of biological control: policy and practice of New Zealand ［J］. Biological Control, 2005, 35 (3): 247 – 252.

［287］Danko L V, Kuzmin S B, Snytko V A. Risk Assessment and Disaster Management for Natural and Anthropogenically Induced Geologic Hazards: Application to the Preolkhon Region, Western Lake Baikal, Siberia, Russia ［J］. Natural Resources Research, 2000, 9 (4): 315 – 319.

［288］Friedmann J. Four Theses in the Study of China's Urbanization ［J］. International Journal of Urban and Regional Research, 2006, 30 (2): 440 – 451.

［289］Hezri A A, Dovers S R. Sustainability indicators, policy and governance: Issues for ecological economics ［J］. Ecological Economics, 2007, 60 (1): 86 – 99.

［290］Dewan A M, Yamaguchi Y. Land use and land cover change in Greater Dhaka, Bangladesh: Using remote sensing to promote sustainable urbanization ［J］. Applied Geography, 2009, 29 (3): 390 – 401.

［291］Jiboye A D. Sustainable Urbanization: Issues and Challenges for Effective Urban Governance in Nigeria ［J］. Journal of Sustainable Development, 2011, 6 (12): 211 – 224.

［292］Kocabas A. The transition to low carbon urbanization in Turkey: Emerging policies and initial action ［J］. Habitat International, 2013, 37 (1): 80 – 87.

［293］Macke J, Sarate J R, Moschen S. Smart sustainable cities evaluation and sense of community ［J］. Journal of Cleaner Production, 2019, 239 (12):

103 – 118.

［294］ Jabareen Y. Planning the resilient city: Concepts and strategies for coping with climate change and environmental risk ［J］. Cities, 2013, 31 (4): 220 – 229.

［295］ Xinyue Ye, Rey S. A framework for exploratory space-time analysis of economic data ［J］. The Annals of Regional Science, 2013, 50 (1): 315 – 339.

［296］ Rey S J, Murray A T, Anselin L. Visualizing regional income distribution dynamics ［J］. Letters in Spatial and Resource Sciences, 2011, 4 (1): 81 – 90.

［297］ Rey S J. Spatial Empirics for Economic Growth and Convergence ［J］. Geographical Analysis, 2010, 33 (3): 195 – 214.

［298］ Rey S J, Janikas M V. STARS: Space-Time Analysis of Regional Systems ［J］. Geographical Analysis, 2006, 38 (1): 67 – 86.

［299］ Douglas Holtz-Eakin, Harvey S. Rosen, Whitney Newey. Whitney, et al. Estimating Vector Autoregressions with Panel Data ［J］. Econometrica, 1988, 56 (6): 1371 – 1395.

［300］ Pedroni P. Critical Values for Cointegration Tests in Heterogeneous Panels with Multiple Regressors ［J］. Oxford Bulletin of Economics and Statistics, 1999, 61 (S1): 653 – 670.